ARMBÄNDER HANDMADE

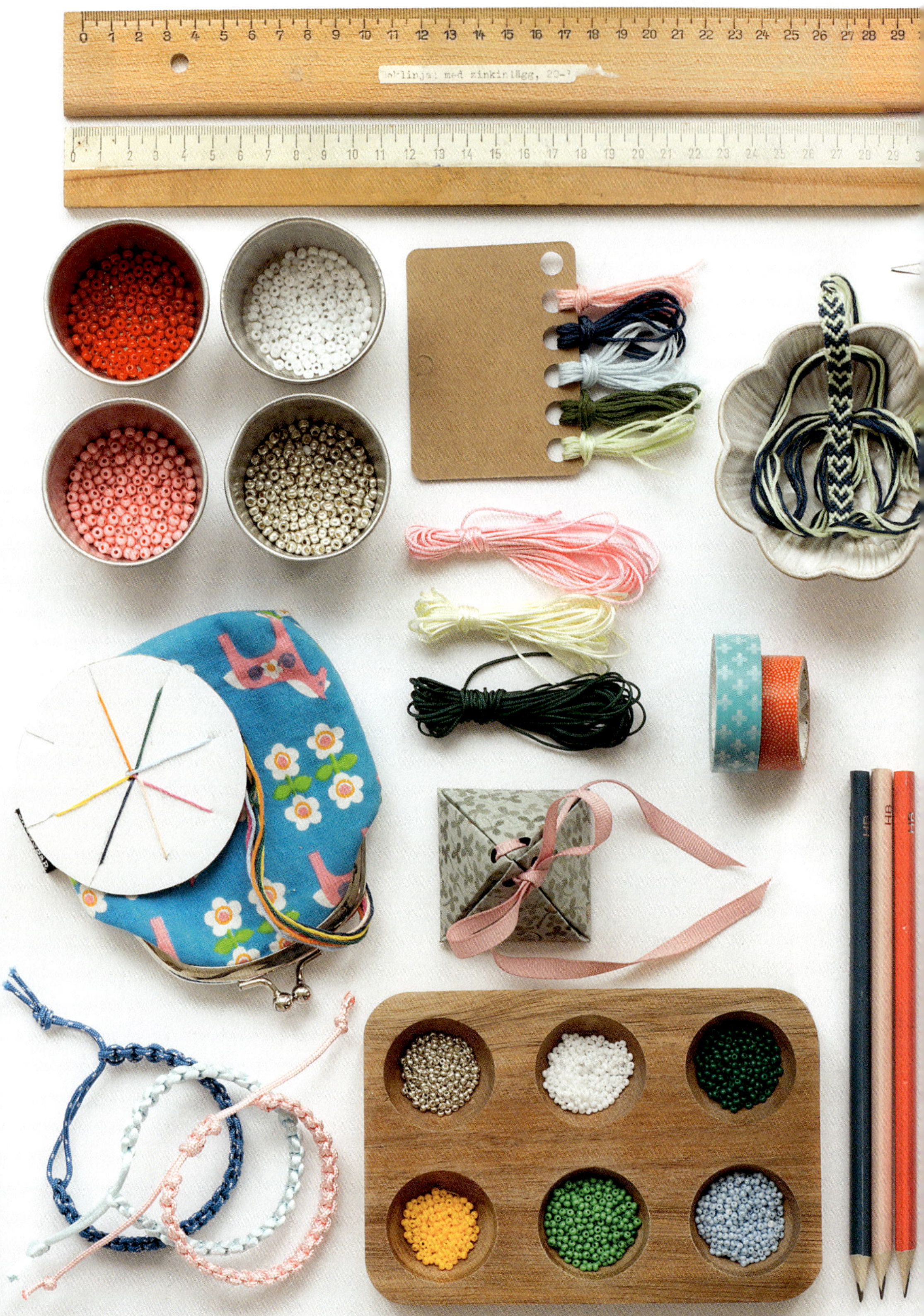
med zinkinlägg,
HB
HB

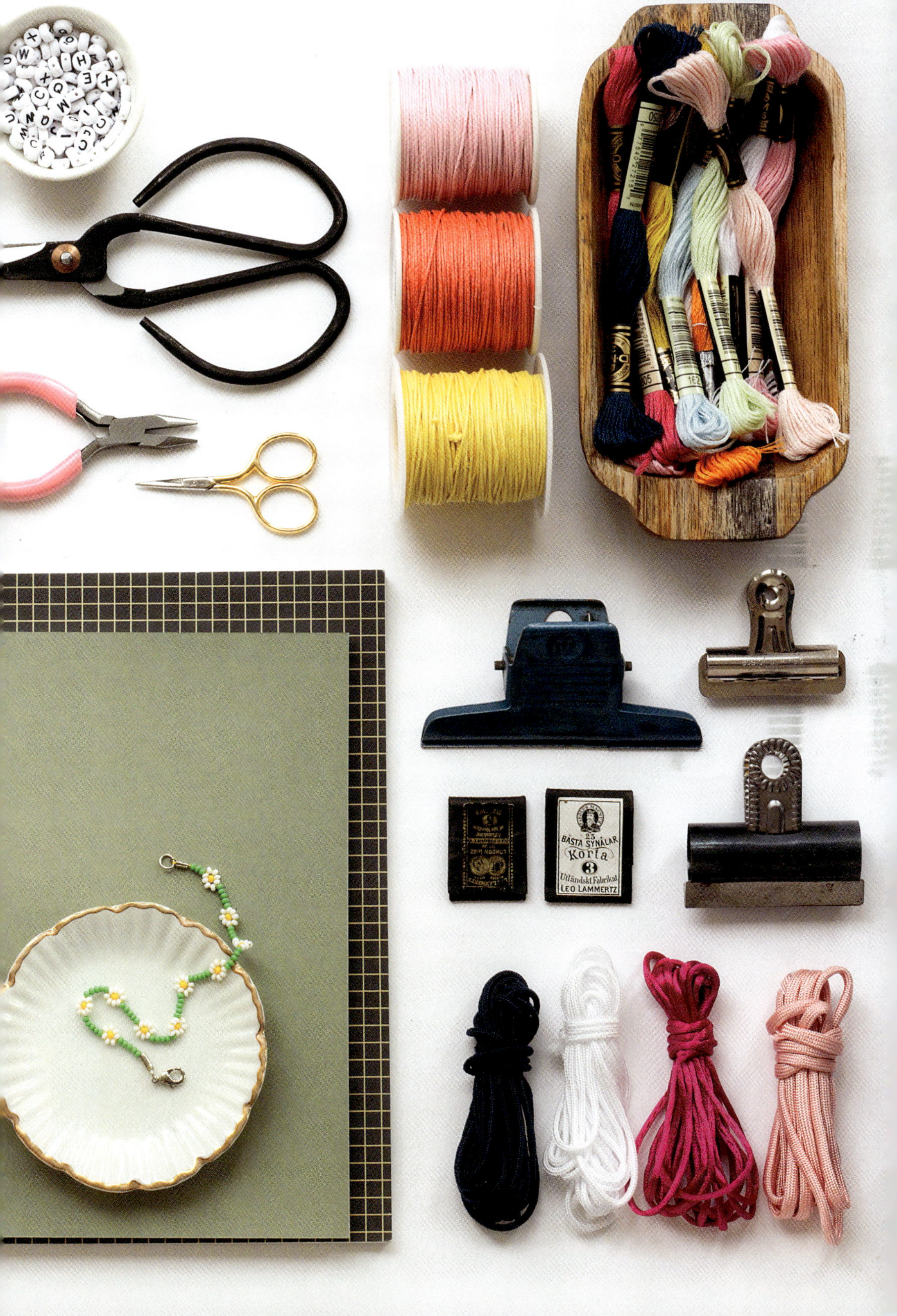
25
BÄSTA SYNÅLAR
Korta
3
Utländskt Fabrikat
LEO LAMMERTZ

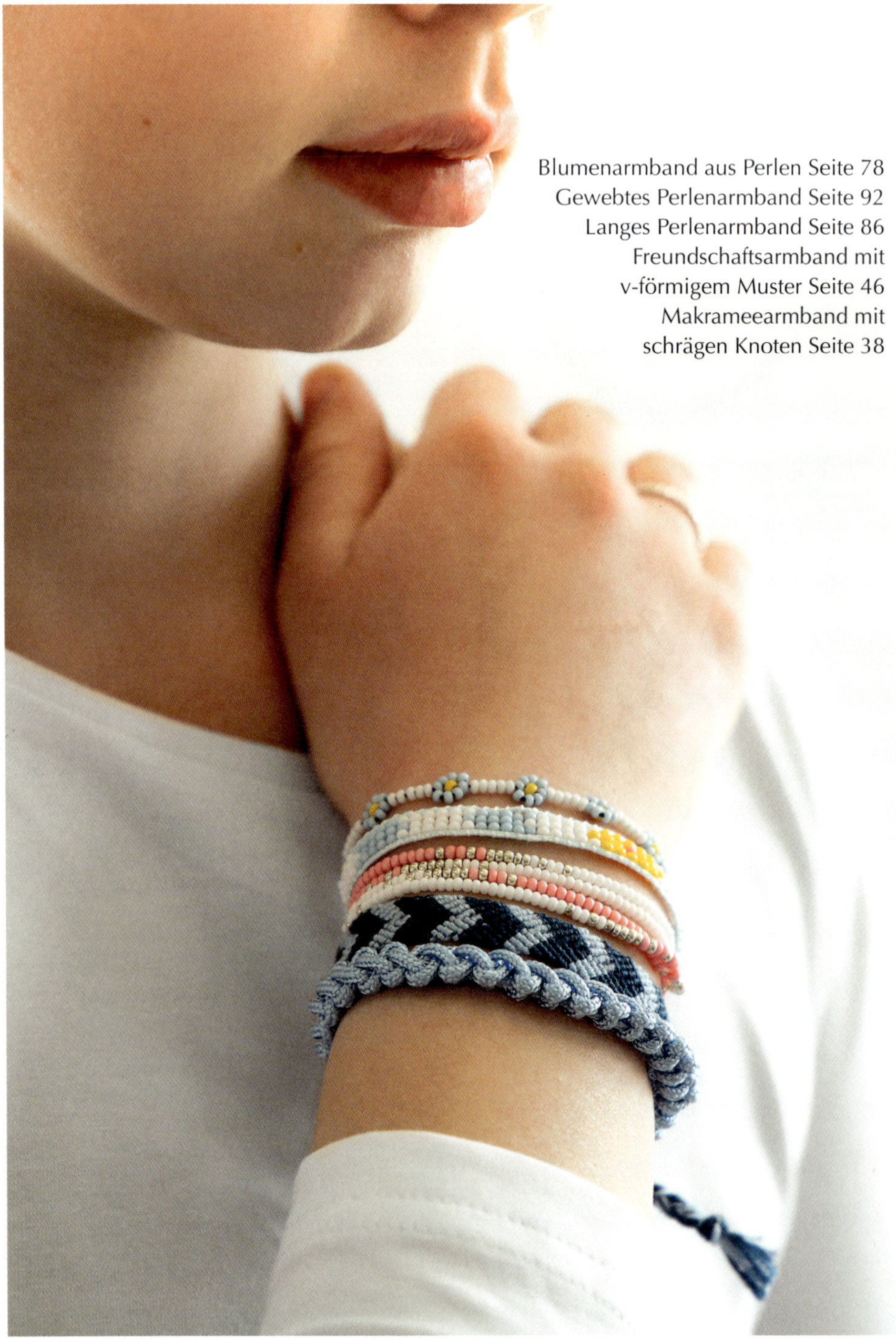

Blumenarmband aus Perlen Seite 78
Gewebtes Perlenarmband Seite 92
Langes Perlenarmband Seite 86
Freundschaftsarmband mit
v-förmigem Muster Seite 46
Makrameearmband mit
schrägen Knoten Seite 38

KARIN SCHAEFER

ARMBÄNDER HANDMADE

Knüpfen, fädeln, flechten

INHALT

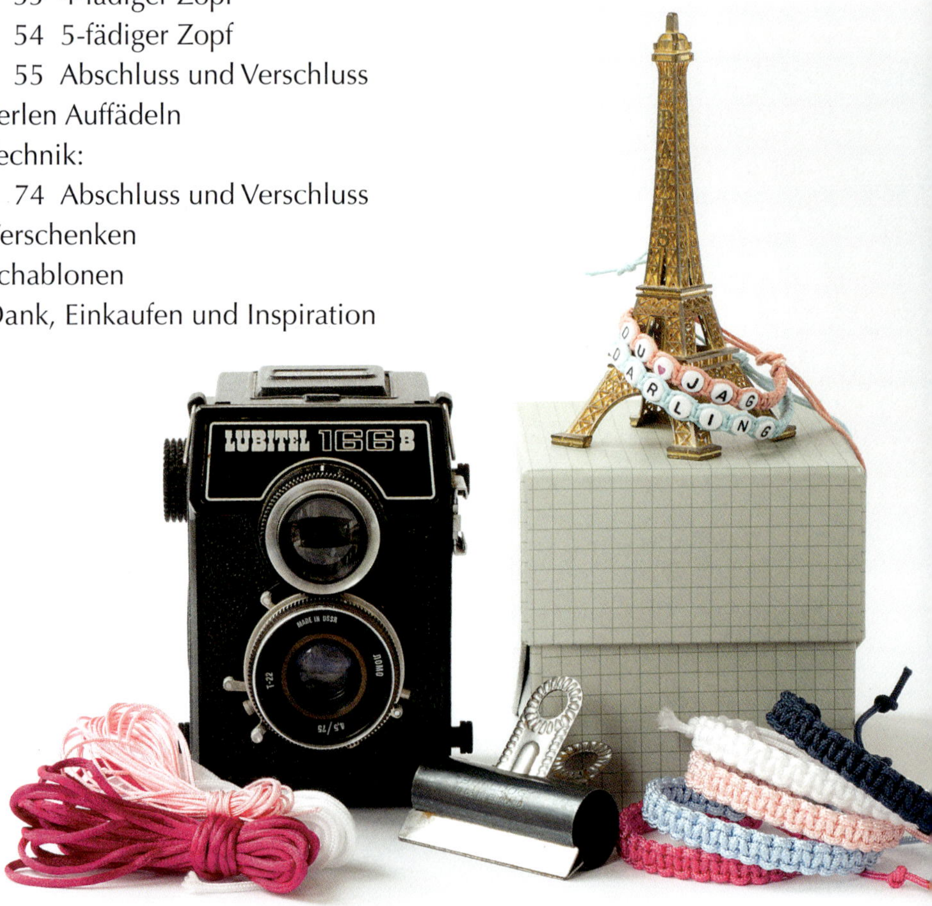

VORWORT

Schon immer habe ich es geliebt, mit meinen eigenen Händen etwas herzustellen, aber ich habe ganz spezielle Vorstellungen, wenn es darum geht, was ich machen will. Es darf kein zu großes Projekt sein. Es darf auch kein Material sein, das ein richtiges Loch ins Portemonnaie reißt. Klebrige Projekte scheiden aus. Schweres Werkzeug scheidet aus. Projekte mit großem Zeitaufwand scheiden auch aus. Und schließlich möchte ich am liebsten, dass die Dinge, die ich herstelle, sich auch verwenden lassen. Jetzt wundert ihr euch, was dann noch übrig bleibt? Armbänder natürlich!

Ein eigenes Armband herzustellen ist in jedem Fall ein schönes kleines Projekt, bei dem man knüpft, flechtet und Perlen auffädelt. Man kann damit ein Geschenk für jemanden, den man mag, herstellen, oder schnell etwas Passendes zu einem Kleid für ein Fest am selben Abend. Manche Armbandprojekte kann man mitnehmen und im Bus oder vor der Lieblingsserie im Fernsehen hervorholen. Andere erfordern etwas mehr Planung und ein bisschen Geduld. Mit anderen Worten: Projekte ganz nach meinem Geschmack.

Wenn man das Thema googelt, wird schnell deutlich, dass es viele verschiedene Möglichkeiten gibt, eigene Armbänder herzustellen. Manche Armbänder benötigen keine Erfahrung, während andere sogar für Geschickte herausfordernd sind. Ich habe Techniken, Farben und Materialien ausgewählt, die ich mag. Einen Schwierigkeitsgrad habe ich bei den verschiedenen Projekten im Buch nicht angegeben. Die meisten Armbänder sind einfach herzustellen, sobald du mit der Technik vertraut bist. Aber bei einigen speziellen Anleitungen habe ich in der Einleitung einen Hinweis zum Schwierigkeitsgrad gegeben. Du kannst deine Armbänder genauso machen, wie ich es gemacht habe, aber ich hoffe, dass du deine eigenen Varianten erfindest. Es gibt kaum etwas Tolleres, als das eigene Design zu tragen. Probiere, versuche, probiere wieder, ändere, mache etwas Neues.

Jetzt ist es aber Zeit, mit dem Gestalten anzufangen, finde ich. Prima, dass du dabei bist!

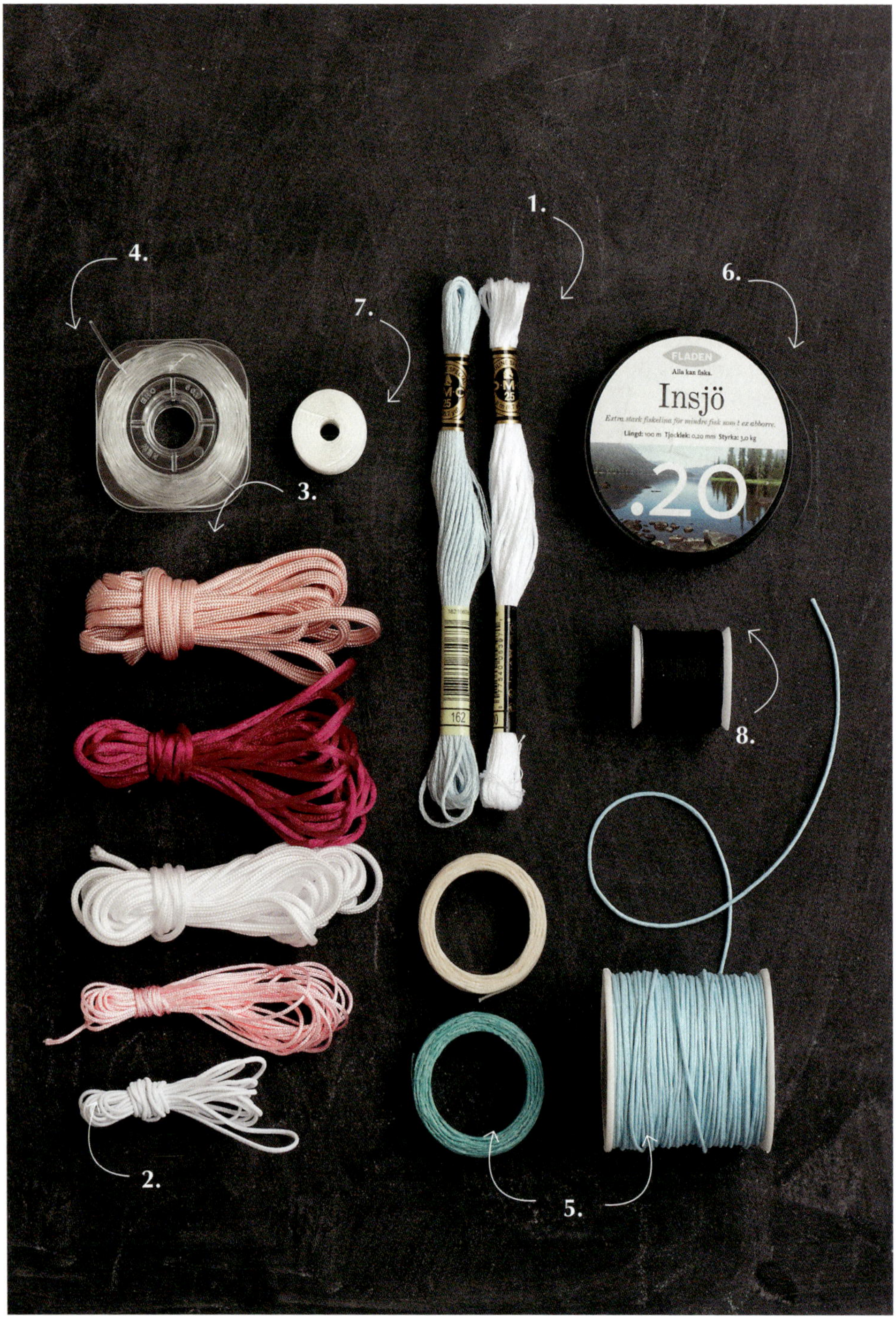
1.
4.
7.
6.
3.
8.
2.
5.
FLADEN
Alla kan fiska.
Insjö
.20

MATERIAL UND WERKZEUG

Der Vorteil beim Herstellen eigener Armbänder ist, dass man keine großen Mengen an Material und Werkzeug braucht und sich alles gut beschaffen lässt. Ich liste hier das für die Armbänder in diesem Buch verwendete Material und Werkzeug auf. Aber lauf bloß nicht los und kaufe alles, was auf der Liste steht. Entscheide dich zuerst für ein Armband und kaufe dann das dafür nötige Material ein. Du wirst merken, dass man viele verschiedene Armbänder mit relativ wenig Material und Werkzeug aus der Liste unten herstellen kann. Ganz hinten im Buch findest du meine Tipps zum Einkaufen.

Denkst du auch über Alternativen nach, über anderes Material, mit dem man flechten, knüpfen und Perlenarbeiten machen kann? Vielleicht hast du schon etwas dafür zu Hause, auch wenn ich es im Buch nicht erwähnt habe. Gehe auf Entdeckungstour nach Bändern, Garnresten, Geschenkband und Schnüren in Schubladen und im Nähkästchen. Normalerweise schaue ich auch meinen alten Schmuck durch auf der Suche nach Halsbändern mit Perlen, die ich nicht mehr trage. Die lassen sind wunderbar wiederverwenden!

BEACHTEN
Die Länge von Schnüren oder Fäden, die ich beim jeweiligen Armband nenne, ist nur eine Empfehlung. Wenn dein Armband kürzer oder länger sein soll, benötigst du eine andere Länge. Schreibe auf, wie lang die Fäden sind, die du verwendest, und hebe diese Informationen auf.

PERLEN

Seed beads
Die Perlen, die ich in diesem Buch am häufigsten verwende, werden Seed beads oder Rocailles-Perlen genannt. Es sind kleine Glasperlen, die es in allen möglichen Farben gibt. Ich ziehe opake Farben vor, es gibt aber auch transparente Perlen, Perlen mit Metallschimmer oder mit einem Metallkern. In diesem Buch habe ich die Größen Ø 2,4–2,8 mm und Ø 3,7–4,3 mm benutzt, und mit ihnen kann man eine Menge verschiedener Armbänder herstellen.

TIPP Lege ein Stück Filz oder ein Küchenhandtuch unter die Arbeit, damit die Perlen nicht wegrollen, wenn du sie verlierst.

Steckperlen
Hama-Perlen, Nabbi-Perlen oder Steckperlen sind Perlen mit vielen Namen. Ich nenne sie einfach Bügelperlen, dann weißt du sicher, wovon ich rede. Sie sind aus Plastik und man kann sie in Beuteln mit nur einer Farbe oder mit vielen Farben gemischt kaufen. Ich mag einen Mix aus pastellfarbenen Perlen und die verwende ich hauptsächlich in diesem Buch.

Buchstabenperlen
Die eigene Botschaft zu tragen ist lustig und kann bedeutend aussehen. Buchstabenperlen bekommt man in großen Mischpackungen, aber es gibt auch kleine Packungen mit einzelnen Buchstaben. Vielleicht brauchst du gar nicht das ganze Alphabet?

SCHNÜRE

1. Stickgarn
Stickgarn aus Baumwolle gibt es in über 450 verschiedenen Farben. Es besteht aus sechs Fäden, die man trennen kann, wenn man einen dünneren Faden möchte. Ich habe Stickgarn für die Freundschaftsarmbänder auf Seite 43 und Kumihimo auf Seite 70 benutzt.

2. Nylonfaden für Makramee
Für viele meiner geknüpften Armbänder verwende ich verschiedene Sorten von Nylonfäden. Es gibt sie in vielen schönen Farben

und Stärken. Ich verwende die Stärken 1, 2 und 3 mm. Weil sie aus Nylon sind, kann man die Enden sehr gut anbrennen, wenn man die Fäden befestigt. Wie das geht, zeige ich auf Seite 20.

3. Paracord
Paracord, oder Fallschirmleine, wie es auf Schwedisch heißt, ist eine starke Leine mit einem Kern aus Fäden, der außen von einem Gewebe umhüllt wird. Ich verwende sie nur zum Knüpfen der Überlebensarmbänder, weil ich finde, dass sie für andere Typen zu dick ist.

4. Elastischer Schmuckfaden
Gummiband ist perfekt zum Herstellen von Armbändern ohne Verschluss. Ich verwende ein einfaches Band, das 0,5 mm dick ist, und ein gewebtes Band mit 1 mm. Das dünne Band lässt sich schwer verknoten. Die besten Tipps zum Verknoten findest du auf Seite 75.

5. Gewachster Faden aus Baumwolle oder Leinen
Der Vorteil von gewachsten Fäden ist, dass sie sich leichter führen lassen und nicht so schnell verdrehen. Auch Knoten und Abschlüsse halten besser. Wenn der Faden, den du verwendest, nicht oder nur leicht gewachst ist, kannst du Wachs kaufen und ihn selbst wachsen.

6. Angelschnur
Angelschnur ist stark, preiswert und gut zu bekommen. Weil die Schnur so steif ist, benötigt man keine Nadel, um die Perlen aufzufädeln. Der Nachteil ist, dass sie durchsichtig ist und man sie manchmal schlecht erkennt, wenn man arbeitet. Damit der Knoten nicht aufgeht, verwendet man eine Quetschperle oder gibt einen kleinen Klecks Kleber auf den Knoten. Mehr dazu findest du auf Seite 74.

7. Perlengarn
Wenn du einen richtig dünnen Faden brauchst, ist es verlockend, ein Nähgarn zu nehmen. Aber du solltest beachten, dass Nähgarn leicht reißen kann, denn es ist nicht für die Abnutzung gemacht, der es als Schmuckstück ausgesetzt ist. Ich schlage vor, stattdessen ein spezielles Perlengarn zu verwenden. Es ist stark, aber dünn und leicht zu verarbeiten. Perlengarn gibt es in Schwarz und Weiß. Wenn du andere Farben möchtest, kann Zwirn (8.) eine Alternative sein. Das ist ein extra starkes Nähgarn, und man kann es in Geschäften für Nähzubehör kaufen.

WERKZEUG

Perlennadel
Eine Perlennadel ist länger und biegsamer als eine gewöhnliche Nähnadel. Auf den ersten Blick sieht es aus, als ob die Nadel kein Nadelöhr hätte. Sie besteht aus zwei Metallfäden, die oben und unten aneinander gelötet sind, und die Nadel selbst ist deshalb wie ein großes Nadelöhr. Ich verwende Perlennadeln, wenn gewöhnliche Nadeln zu dick sind, zum Beispiel wenn ich mit kleinen Seed beads arbeite.

Nähnadel
Gewöhnliche Nähnadeln sind im Gegensatz zu Perlennadeln ganz steif. Es gibt sie in vielen verschiedenen Stärken.

Stopfnadel
Stopfnadeln sind dick und rund und haben ein größeres Öhr. Ich benutze sie für dicke Nylonfäden.

Clipboard, Klemme oder Sicherheitsnadel
Ein Clipboard ist ein gutes Hilfsmittel, wenn du Armbänder knüpfst. Wenn du keins hast, kannst du dir selbst aus einem Stück Karton und einer Klemme eins machen. In den meisten Fällen kannst du die Fäden auch mit einer Sicherheitsnadel an deinem Hosenbein oder mit Klebestreifen am Tisch befestigen.

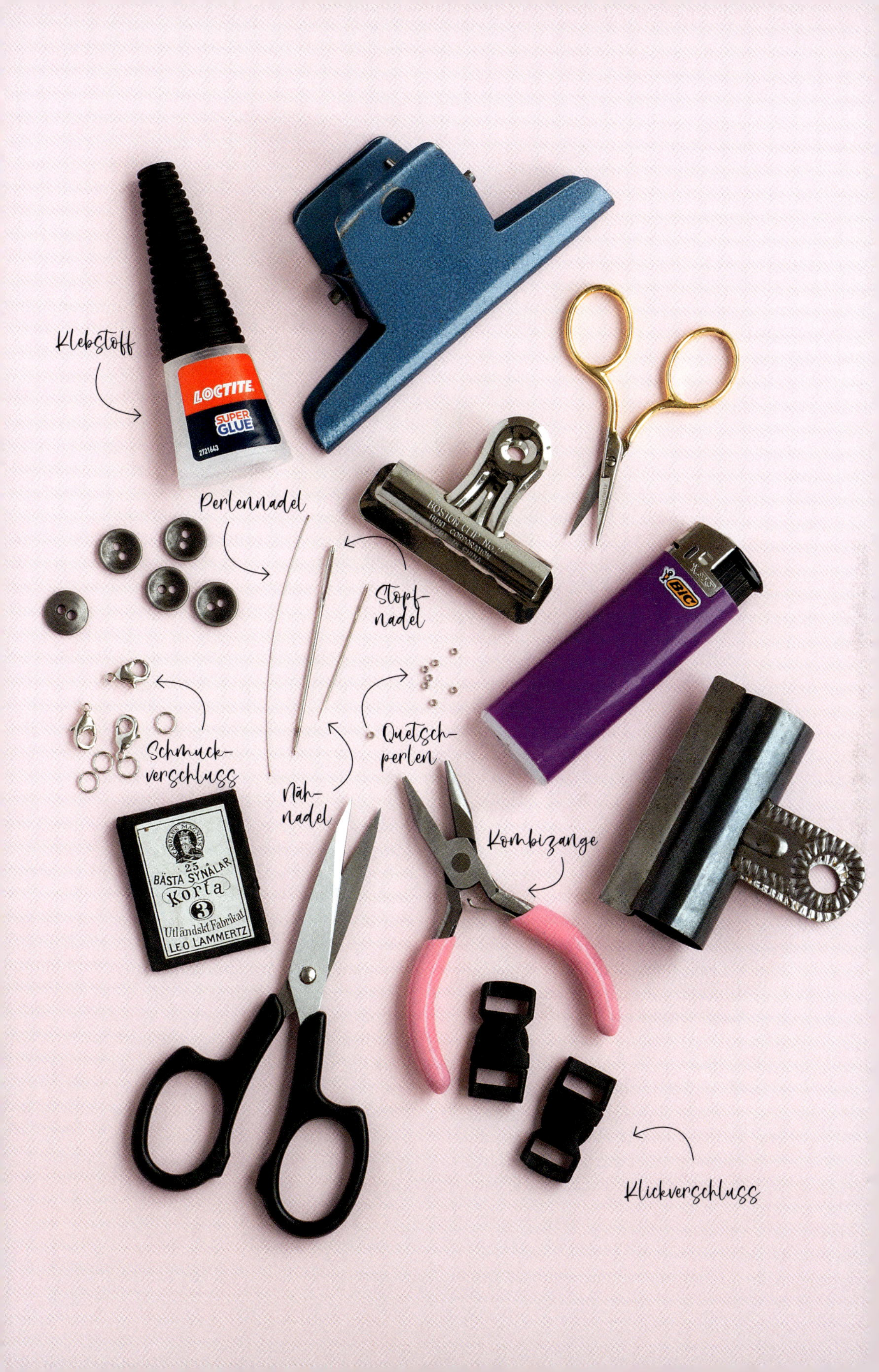

Klebstoff
Perlennadel
Stopf-
nadel
Schmuck-
verschluss
Quetsch-
perlen
Näh-
nadel
Kombizange
Klickverschluss

Schere
Eine kleine, scharfe Schere zum Schneiden der Fäden, zum Beispiel eine Nagelschere, ist ein Muss für die Herstellung von Armbändern.

Lineal
Ein Lineal oder ein Maßband braucht man zum Ausmessen der Fadenlängen und der fertigen Armbänder.

Zange
Bei einigen der Armbänder benötigt man eine kleine Zange, um die Quetschperlen zusammenzudrücken. Ich verwende eine Kombizange, die sowohl flach als auch rund ist. Kleine Zangen findet man in Hobbygeschäften, aber vielleicht benutzt du sie nicht oft. Wähle andere Armbänder aus, wenn du nicht extra eine Zange kaufen möchtest.

Feuerzeug
Die Enden von Nylonfäden lassen sich mithilfe eines Feuerzeuges gut verschmelzen. Das muss man vorsichtig machen, weil man sich erstens schnell die Finger verbrennen kann und es zweitens immer gefährlich ist, mit Feuer zu arbeiten.

SONSTIGES

Karton
Aus Karton schneide ich die Kreise zu, die ich für ein Kumihimo-Armband benötige. Man kann fertige Kumihimo-Platten kaufen, aber für ein einfaches Armband wie hier im Buch reichen Kartonscheiben völlig aus.

Knöpfe
Ich verwende nur wenige Knöpfe hier im Buch, aber sie eignen sich sehr gut als Verschluss für ein selbst gemachtes Armband. Auf Seite 56 zeige ich, wie das geht. Ein Tipp ist, zu Hause nach einzelnen Knöpfen zu schauen, bevor du neue kaufst. Die Knöpfe, die ich hier im Buch verwende, habe ich in der Waschküche gefunden. Dort legen wir oft Knöpfe hin, die sich gelöst haben. und die Extra-Knöpfe, die an neu gekaufter Kleidung sind.

Klickverschluss
Meist werden Klickverschlüsse für Überlebensarmbänder verwendet. Das sind Plastikverschlüsse mit zwei Teilen. Ein Überlebensarmband kann man auch ohne Verschluss machen, siehe Seite 34.

Schmuckverschlüsse
Schmuckverschlüsse mit Karabiner oder Federring werden für die Armbänder benötigt, die man auch abnehmen möchte. Es gibt viele verschiedene Varianten zu kaufen.

Quetschperlen
Quetschperlen sind kleine weiche Metallperlen, die auf den Faden aufgefädelt und mit einer Zange zusammengedrückt werden, wenn man ein Armband mit Verschluss statt mit Knoten machen möchte.

Klebstoff
Viele Knoten lassen sich gut mit einem Klecks Klebstoff versiegeln. Ich verwende einen Sekundenkleber. Der trocknet innerhalb von Sekunden, ist wasserbeständig und ergibt eine unsichtbare Verbindung. Der Nachteil ist, dass der Klebstoff nicht mehr abgeht, wenn er getrocknet ist. Die Fingerspitzen sind innerhalb einer Sekunde zusammengeklebt – und der Klebstoff klebt super fest. Mein Tipp ist ein Schmuckkleber, der allerdings etwas länger zum Trocknen braucht. Den findet man in Hobbygeschäften. Universalkleber geht auch gut.

Klebeband
Um zu verhindern, dass Perlen vom Faden kullern, befestige ich etwas Klebeband am Ende, bis das Armband fertig ist. Schlau, oder?

Notizbuch
Man vergisst schnell, und vielleicht möchtest du mehrere gleiche Armbänder machen. Schreibe deshalb auf, was für Material du verwendest, eventuelle Farbnummern und die Länge der Fäden. Vielleicht stellst du fest, dass du weniger oder mehr Material verwendest als ich. Es kann auch nützlich sein aufzuschreiben, wie lange die Armbänder halten, ob sie sich gut tragen und ob es nächstes Mal etwas zu verbessern gibt.

Bevor du mit einem Armband anfängst, gibt es einige Dinge zu klären:
- Soll das Armband einen Verschluss oder Knopf haben?
- Wie lang soll das fertige Armband sein?
- Hast du alles an Material, was für das jeweilige Armband benötigt wird?

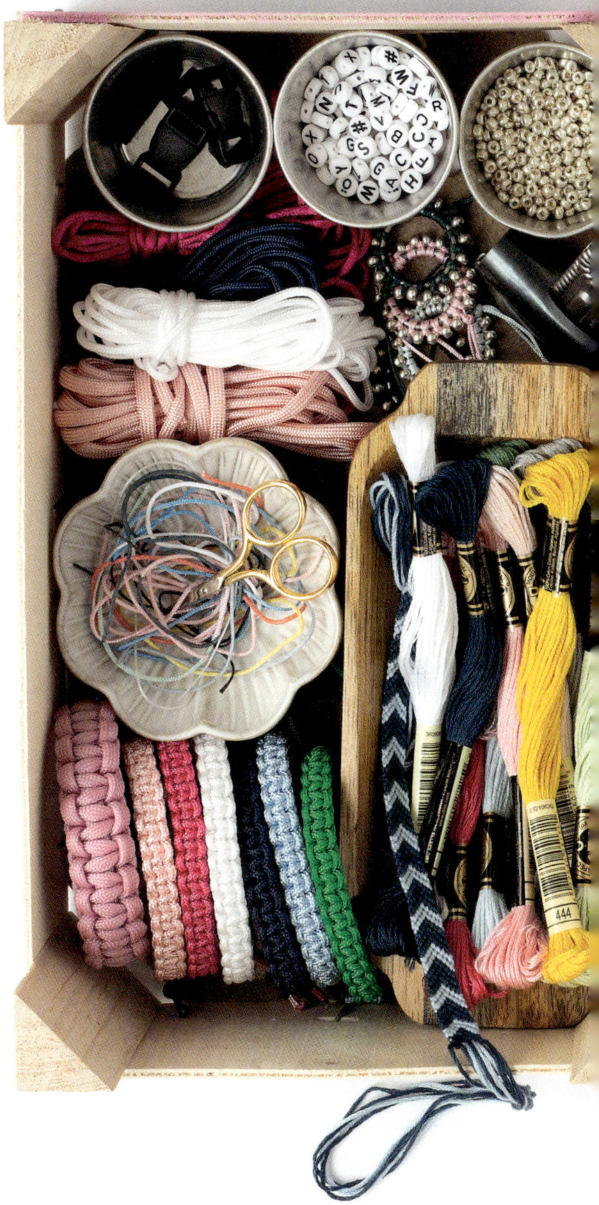

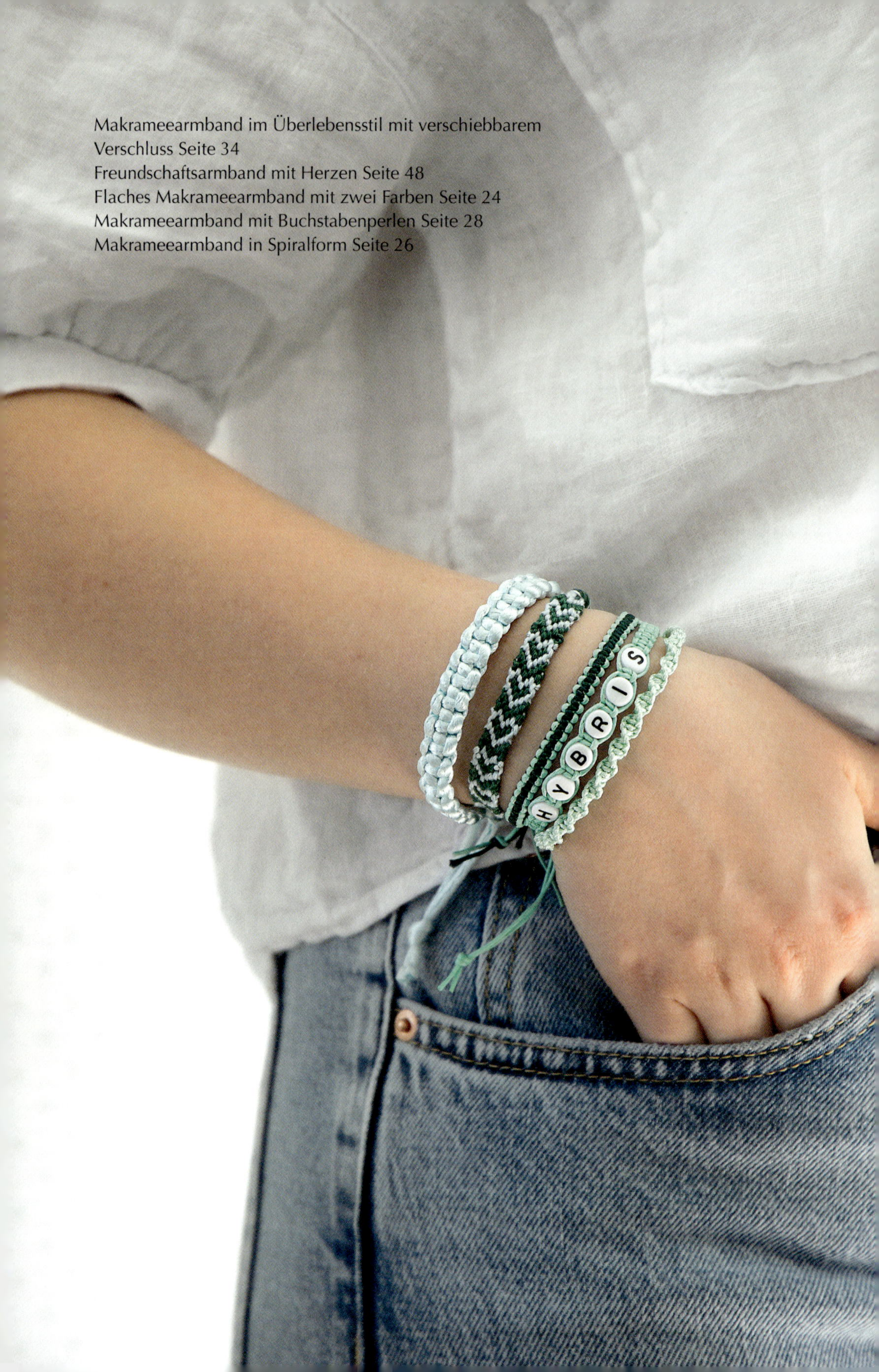

Makrameearmband im Überlebensstil mit verschiebbarem Verschluss Seite 34
Freundschaftsarmband mit Herzen Seite 48
Flaches Makrameearmband mit zwei Farben Seite 24
Makrameearmband mit Buchstabenperlen Seite 28
Makrameearmband in Spiralform Seite 26

KNÜPFEN

Knüpfen und Knoten ist etwas, das wir Menschen seit Tausenden von Jahren tun. Für unser Überleben war es notwendig, dass wir Dinge aufhängen, festhalten oder zusammenhalten können. Die ersten Knoten wurden aus Sehnen, Ruten und Streifen von Tierhäuten gemacht. Im Verlauf der Geschichte erlernten wir das Herstellen von Seilen, und die Kunst des Knüpfens und Knotens konnte damit verfeinert werden. Auch wenn die meisten von uns heute kein Tier oder Boot anbinden müssen, um das Überleben zu sichern, verwenden wir Knoten täglich. Wir knoten Schuhe und Krawatten und sicher auch den einen oder anderen Müllbeutel.

Die meisten der geknüpften Armbänder in diesem Buch basieren auf nur wenigen Techniken, auch wenn sie sehr unterschiedlich aussehen. Wenn du diese beherrschst, kannst du viele verschiedene Varianten herstellen.

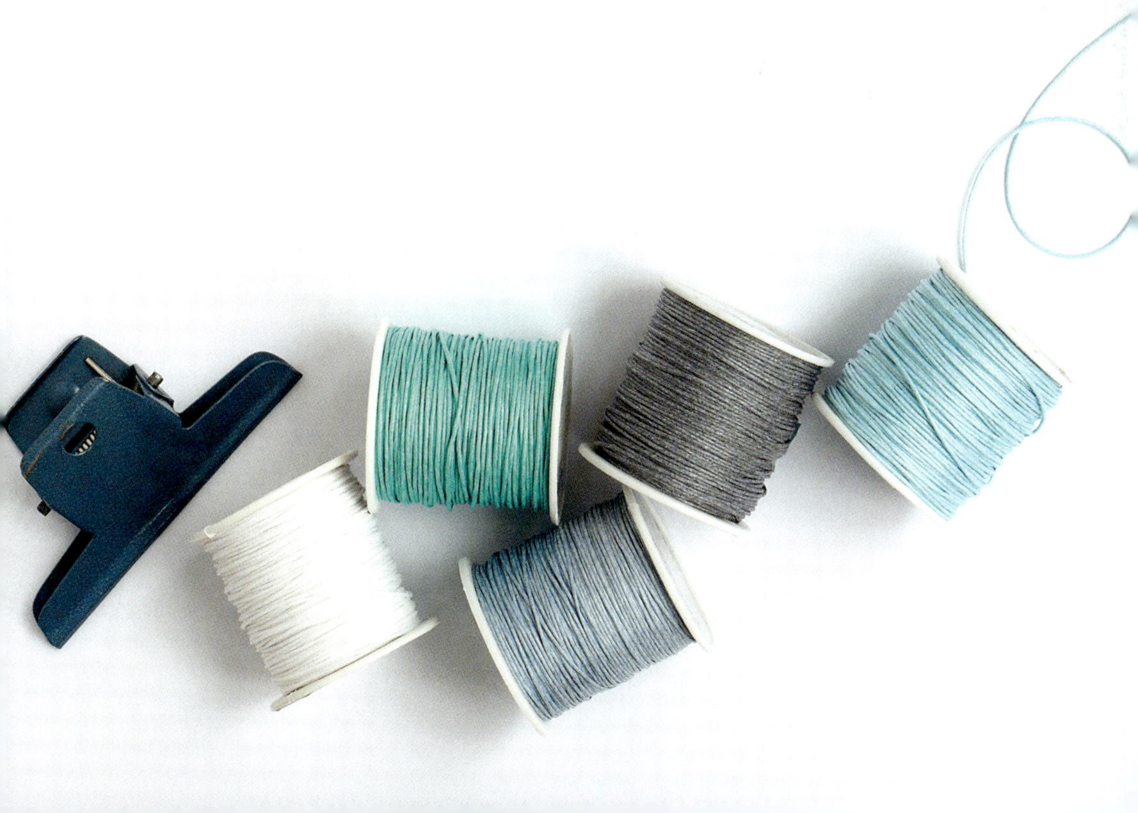

MAKRAMEEKNOTEN

Der Makrameeknoten, auch *square knot*, Kreuzknoten oder flacher Knoten genannt, besteht aus einem oder zwei Mittel- oder Leitfäden, die du an einem Clipboard, mit einer Sicherheitsnadel am Hosenbein oder etwas Klebeband am Tisch befestigst.

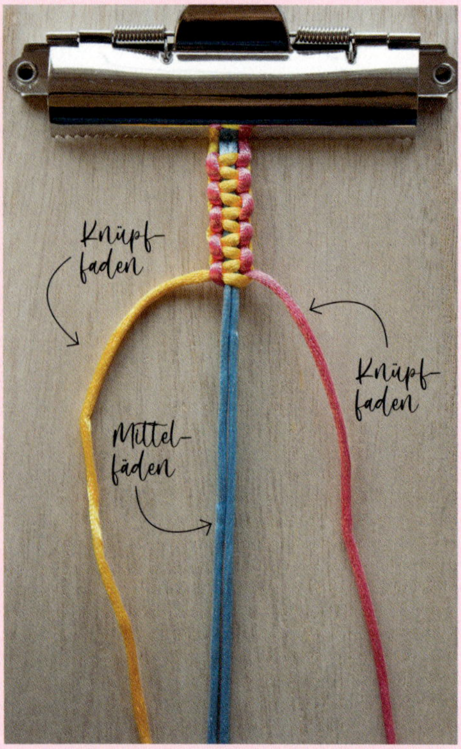

Damit das Armband glatt wird, sollten die Mittelfäden beim Knüpfen straff sein. Ich befestige deshalb die oberen Enden im Clipboard und die unteren mit einer extra Klammer. Bei den meisten meiner Armbänder bilden die Mittelfäden das Gerüst, und ihre Länge ist die Länge des fertigen Armbandes.

Die zwei äußeren Fäden, die Knüpf- oder Arbeitsfäden heißen, sind diejenigen, mit denen die Knoten gearbeitet werden. Es kann ein langer Faden sein, der unter die Mittelfäden gelegt wird, oder zwei verschiedene Fäden, die an den Mittelfäden befestigt werden. Die Knüpffäden sollten sehr viel länger sein als die Mittelfäden. In jeder Anleitung gebe ich eine Empfehlung für die Länge der Knüpffäden. Wenn du ein längeres Armband möchtest, musst du die Knüpffäden länger machen. Schreib dir am besten auf, welche Fadenlänge du verwendest. Dann weißt du beim nächsten Mal, wie viel du brauchst. Denn es gibt ein nächstes Mal, das kann ich dir versprechen.

Ich knüpfe so, wie ich lese – von links nach rechts. Vielleicht möchtest du umgekehrt knüpfen. Probiere es aus und finde heraus, was dir am besten gefällt.

TIPP Wenn alle Fäden dieselbe Farbe haben, kann man schnell vergessen, welcher Faden »der gelbe« ist. Mache einen Knoten ganz unten an dem Faden, der dem gelben entspricht, das macht es einfacher.

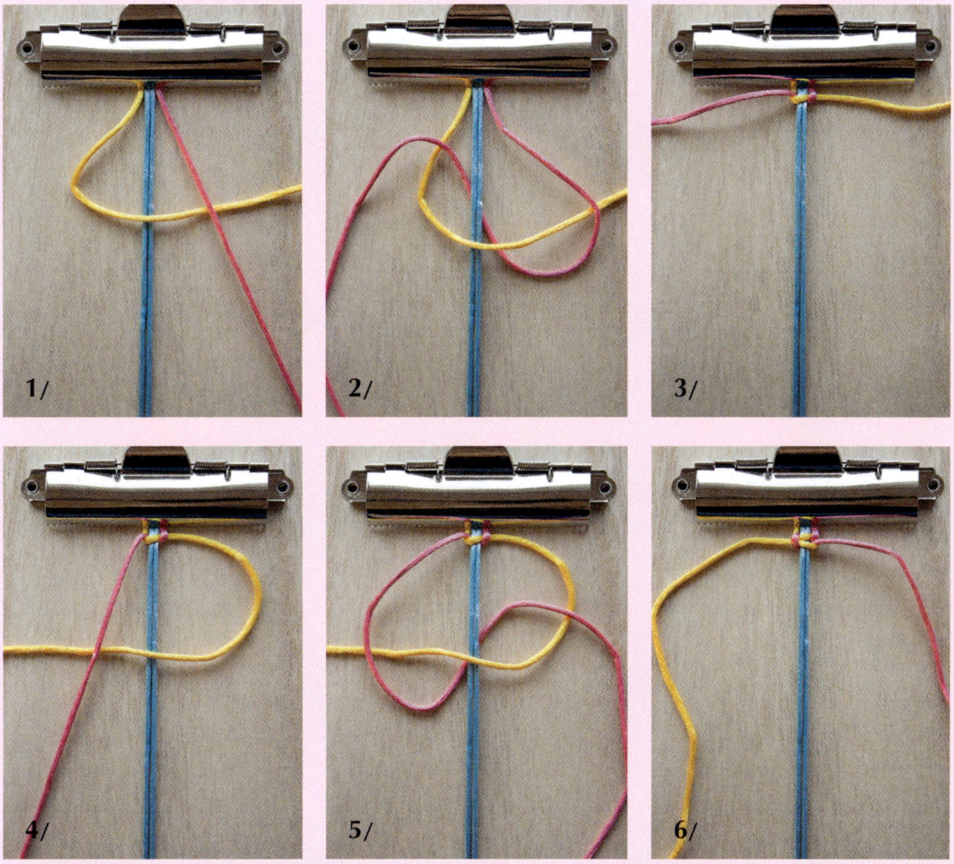

1/ Lege den gelben Knüpffaden in einem Bogen über die Mittelfäden und unter den rosa Knüpffaden.
2/ Fädele den rosa Knüpffaden unter die Mittelfäden und durch die Schlaufe, die vom gelben Knüpffaden gebildet wird.
3/ Den Knoten festziehen. Du siehst, dass die Knüpffäden die Seite gewechselt haben.

4/ Mache jetzt den gleichen Knoten, aber in die andere Richtung. Lege den gelben Knüpffaden in einem Bogen über die Mittelfäden und unter den rosa Knüpffaden.
5/ Fädele den rosa Knüpffaden unter die Mittelfäden und durch die Schlaufe, die vom gelben Knüpffaden gebildet wird.
6/ Den Knoten festziehen, und dein erster Makrameeknoten ist fertig! Wiederholen, bis die gewünschte Länge erreicht ist.

Du siehst jetzt, dass der Knoten flach ist. Das ist ein Zeichen dafür, dass du es richtig gemacht hast. Wenn der Knoten anfängt, sich in einer Spirale zu verdrehen, gab es irgendwo einen Fehler. Dann ist es am besten, die schrägen Knoten wieder aufzutrennen und neu zu beginnen.

SPIRALKNOTEN

Der Spiralknoten, der auf Englisch *spiral knot* heißt, besteht auch aus einem oder zwei Mittelfäden, die du wie beim Makrameeknoten auf der vorherigen Seite befestigst.

Achte darauf, die Mittelfäden beim Knoten straff zu halten, zum Beispiel mit einer zusätzlichen Klemme. Bei den meisten meiner Armbänder bilden die Mittelfäden das Gerüst, und ihre Länge ist die Länge des fertigen Armbandes.

Die zwei äußeren Fäden, die Knüpf- oder Arbeitsfäden heißen, sind diejenigen, mit denen die Knoten gearbeitet werden. Es kann ein langer Faden sein, der unter die Mittelfäden gelegt wird, oder zwei verschiedene Fäden, die an den Mittelfäden befestigt werden. Die Knüpffäden sollten sehr viel länger sein als die Mittelfäden. In jeder Anleitung gebe ich eine Empfehlung für die Länge der Knüpffäden. Wenn du ein längeres Armband möchtest, musst du die Knüpffäden länger machen. Ich knüpfe so, wie ich lese – von links nach rechts. Vielleicht möchtest du umgekehrt knüpfen. Probiere es aus und finde heraus, was dir am besten gefällt.

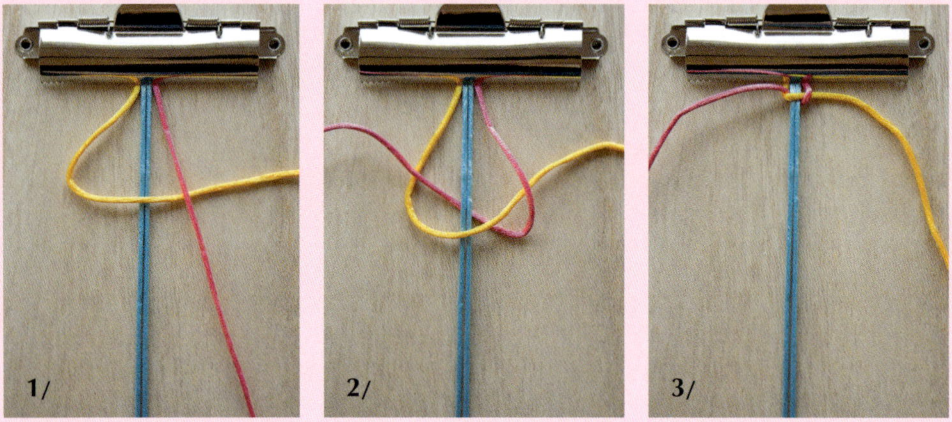

1/ Lege den gelben Knüpffaden in einem Bogen über die Mittelfäden und unter den rosa Knüpffaden.
2/ Fädele den rosa Knüpffaden unter die Mittelfäden und durch die Schlaufe, die vom gelben Knüpffaden gebildet wird.
3/ Den Knoten festziehen. Du siehst, dass die Knüpffäden die Seite gewechselt haben.

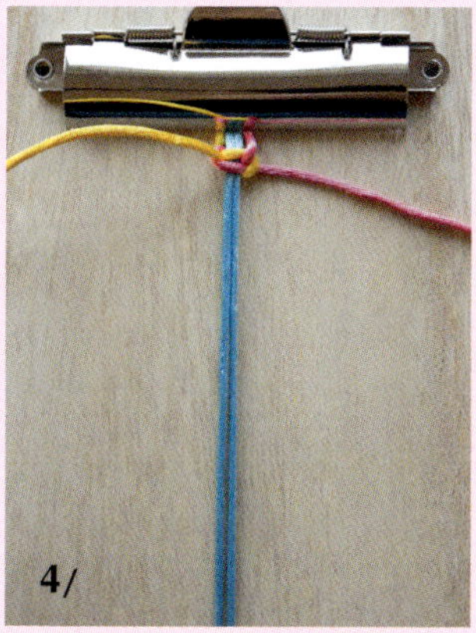

4/ Mache jetzt den gleichen Knoten in der gleichen Richtung. Lege den rosa Knüpffaden in einem Bogen über die Mittelfäden und unter den gelben Knüpffaden. Fädele denselben Knüpffaden unter die Mittelfäden und durch die Schlaufe, die vom rosa Knüpffaden gebildet wird. Den Knoten festziehen. Von Beginn an wiederholen, bis die gewünschte Länge erreicht ist.

Du merkst schnell, dass die Knoten sich in einer Spirale drehen. Das ist ein Zeichen dafür, dass du es richtig gemacht hast. Wenn die Knoten stattdessen flach werden, wie die Makrameeknoten in der vorherigen Anleitung, gab es irgendwo einen Fehler. Dann ist es am besten, die flachen Knoten wieder aufzutrennen und neu zu beginnen.

RIPPENKNOTEN

Für Freundschaftsarmbänder verwendet man einen Knoten, der Rippenknoten oder doppelter halber Schlag heißt. Er wird entweder nach links oder nach rechts geknotet, aber immer zweimal um denselben Faden. Ich nenne den Knoten, der von links geknüpft wird, Vorwärtsknoten, und er wird auf den folgenden Bildern erklärt. Wenn ich stattdessen von rechts knüpfe, nenne ich ihn Rückwärtsknoten.

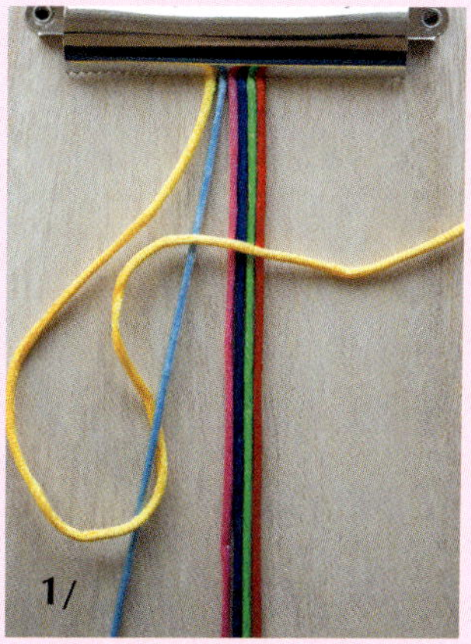

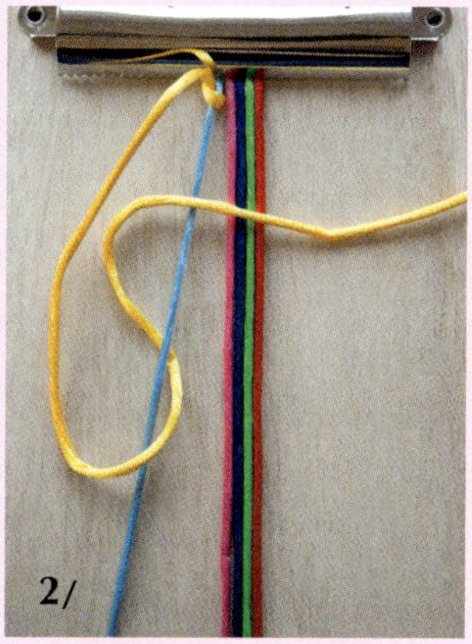

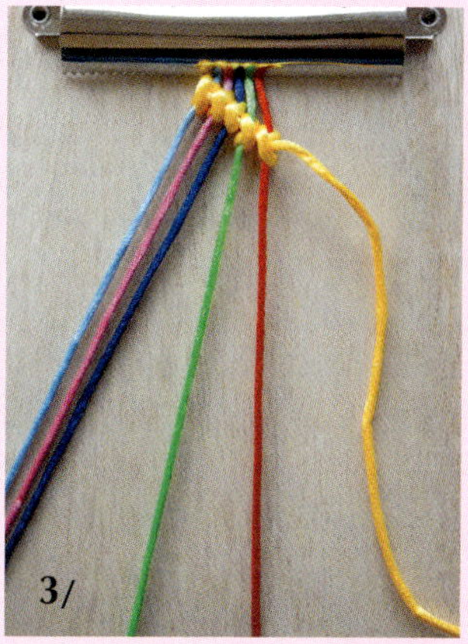

1/ Den äußeren linken Faden über und um den hellblauen Faden führen und den gelben Faden durch die Schlaufe ziehen, die sich zwischen den Fäden bildet. Damit der Knoten schön wird, muss der hellblaue Faden straff gespannt sein, wenn der Knoten angezogen wird.
2/ Einen genau gleichen Knoten mit denselben Fäden machen.
3/ Mit dem gelben Faden immer zwei Knoten rund um alle anderen Fäden von links nach rechts machen, bis der gelbe Faden auf der rechten Seite angekommen ist.

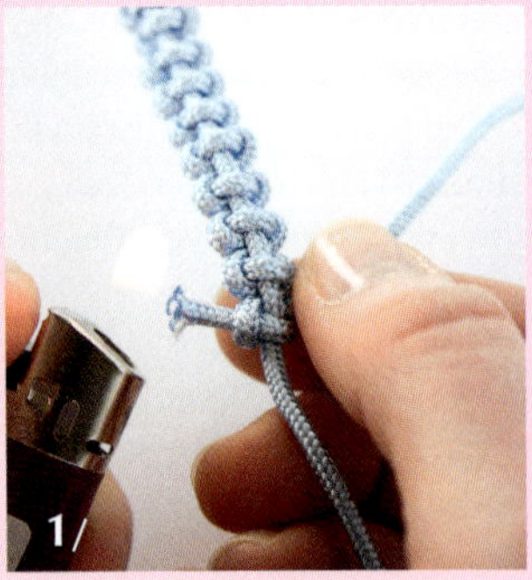

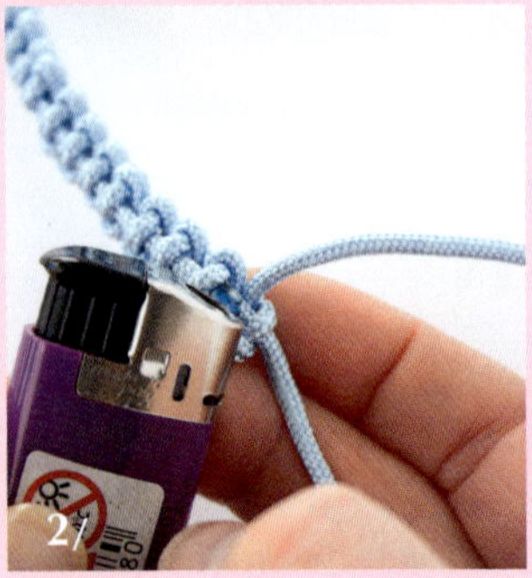

ABSCHLUSS UND VERSCHLUSS

DIE ENDEN VERSCHMELZEN

Einer der Vorteile von Nylonfaden ist, dass die Enden sich auf der Unterseite vom Armband gut verschmelzen lassen und keine dicken Knoten bleiben. Aber das muss man vorsichtig machen. Sowohl die Flamme als auch der geschmolzene Nylonfaden werden sehr heiß, und man kann sich leicht verbrennen. Übe es am besten mit einem Reststück vom Nylonfaden, bevor du die Enden von einem Armband verschmelzen möchtest.

1/ Ziehe den letzten Knoten fest an und drehe das Armband so, dass die Unterseite nach oben zeigt. Einen Knüpffaden abschneiden, aber etwa 1 cm stehen lassen. Diesen Faden vorsichtig mit einem Feuerzeug oder über einer Kerze anbrennen. **2/** Wenn du siehst, dass der Nylonfaden schmilzt, drückst du das Ende mithilfe der Rückseite vom Feuerzeug oder mit dem flachen Ende einer Schere schnell gegen die Unterseite des Armbandes, Festhalten, bis der Nylonfaden abgekühlt ist und sich mit dem Armband verbunden hat. Den zweiten Fadenrest genauso verschmelzen.

DIE ENDEN MIT KLEBSTOFF BEFESTIGEN

Wenn die Knüpffäden aus einem anderen Material als Nylon sind oder wenn du die Fäden nicht verschmelzen möchtest, kann man sie auch mit Klebstoff befestigen. Nimm einen Klebstoff, der schnell trocknet und der wasserfest ist.

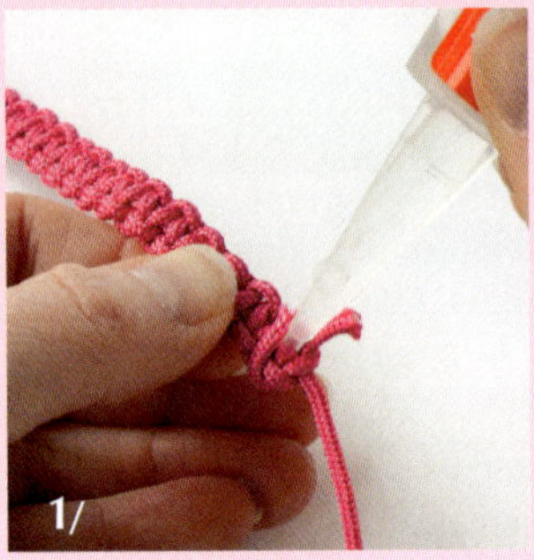

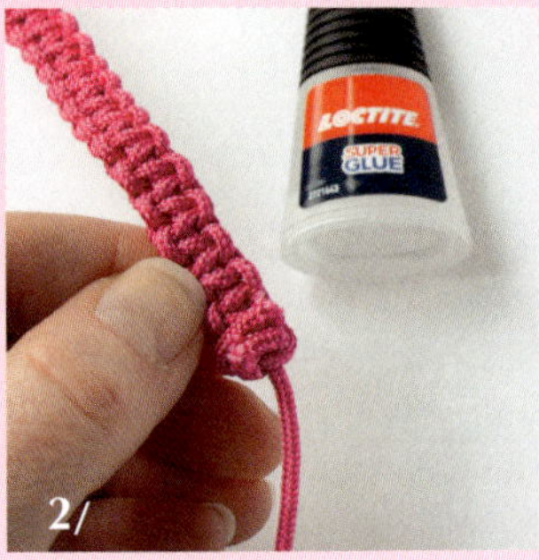

1/ Ziehe den letzten Knoten fest an und drehe das Armband so, dass die Unterseite nach oben zeigt. Einen Knüpffaden abschneiden, aber etwa 1 cm stehen lassen. Einen Klecks Klebstoff auf den Fadenrest geben und ihn fest gegen die Unterseite des Armbandes drücken. Den Klebstoff trocknen lassen. **2/** Den zweiten Fadenrest genauso festkleben.

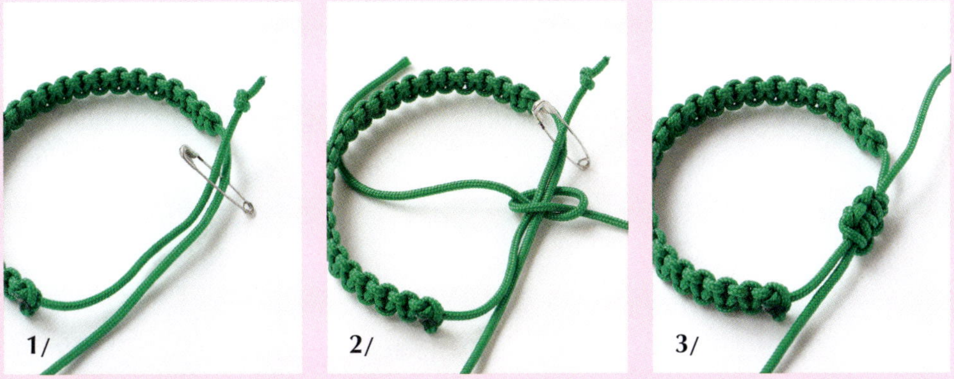

MAKRAMEEVERSCHLUSS

Wenn du das Armband an- und ausziehen möchtest, braucht es einen regulierbaren Verschluss. Der Verschluss, den ich in diesem Kapitel am häufigsten verwende, wird aus Makrameeknoten gearbeitet. Die Erklärung für den Knoten findest du auf Seite 16.

1/ Mache einen Knoten am Anfang und am Ende der Mittelfäden und lege sie parallel nebeneinander hin, sodass das Armband einen Kreis bildet. Befestige die Fäden mit einer Sicherheitsnadel, wenn sie nicht liegen bleiben. **2/** Einen neuen ca. 25–30 cm langen Faden abschneiden und unter die Knüpffäden legen. **3/** Jetzt mit diesem Faden 3–5 Makrameeknoten knüpfen und dann die Enden vom Verschluss genauso befestigen wie die Enden vom Armband. Damit der Verschluss hin- und hergeschoben werden kann, dürfen die Enden nicht mit den Mittelfäden verschmolzen oder verklebt werden.

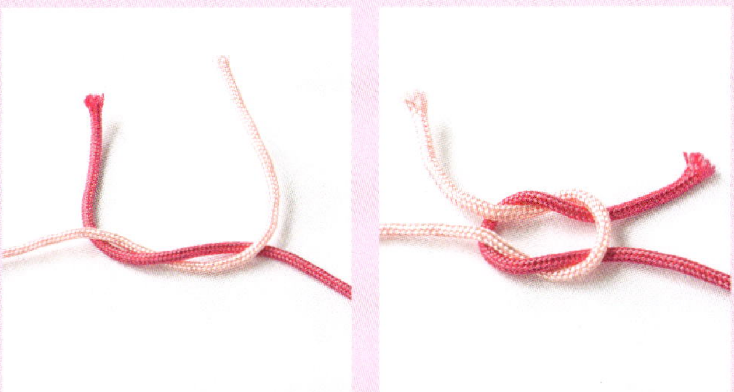

KREUZKNOTEN

Du kannst dein Armband natürlich auch direkt am Arm befestigen, wenn du das möchtest. Dann braucht man keinen Verschluss, nur einen kräftigen Knoten. Ein Kreuzknoten ist eine gute Alternative, weil man ihn auch wieder lösen kann, wenn das Armband abgenommen werden soll.

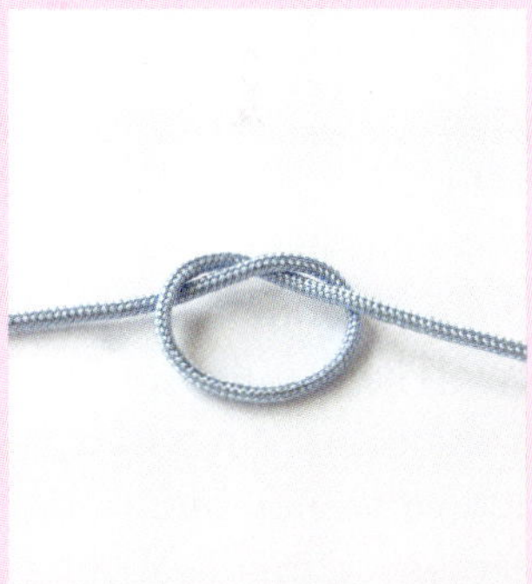

GEWÖHNLICHER KNOTEN/ÜBERHANDKNOTEN

An einigen Stellen im Buch habe ich einen »gewöhnlichen Knoten« gemacht. Der heißt Überhandknoten und sieht so aus.

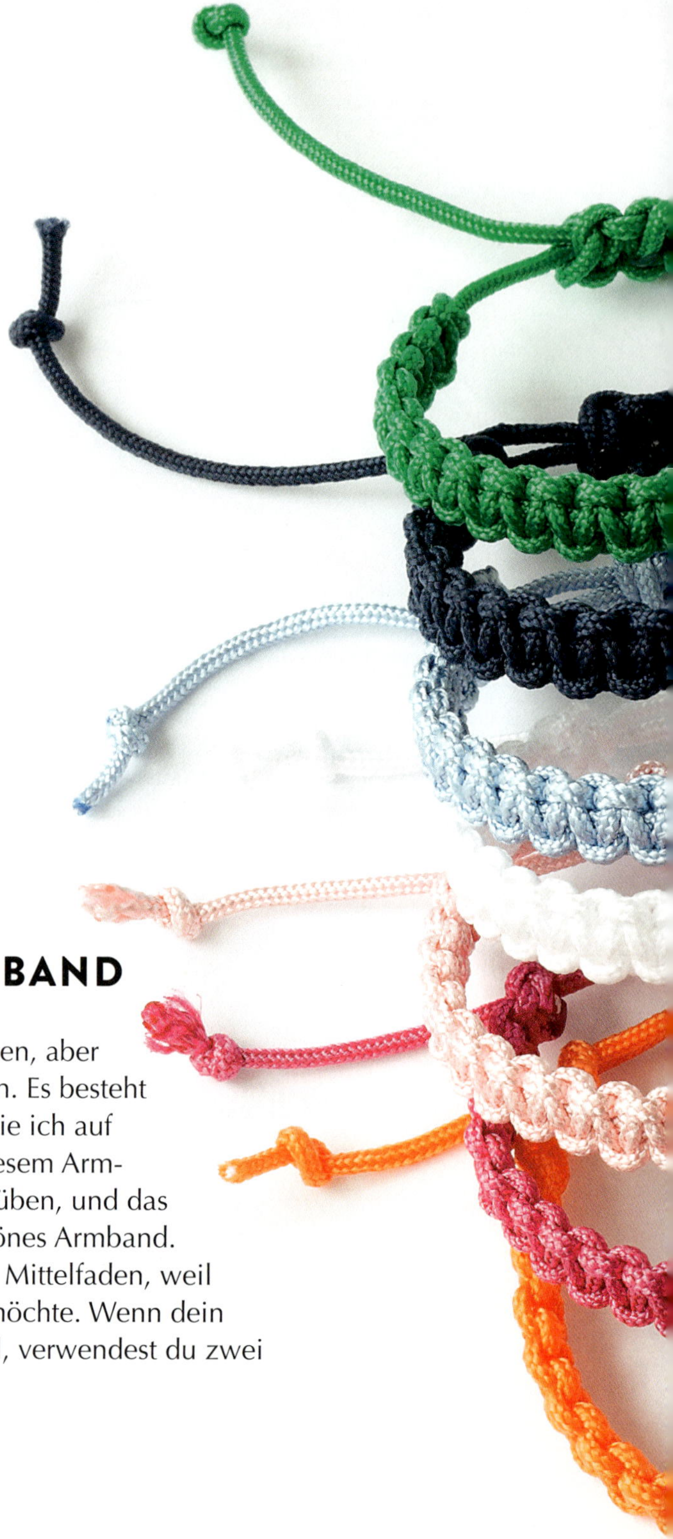

FLACHES MAKRAMEEARMBAND

Lass mich mit einem einfachen, aber hübschen Armband anfangen. Es besteht aus den Makrameeknoten, die ich auf Seite 16 erklärt habe. Mit diesem Armband kannst du die Technik üben, und das Ergebnis ist ein wirklich schönes Armband. Ich verwende hier nur einen Mittelfaden, weil ich ein schmales Armband möchte. Wenn dein Armband breiter werden soll, verwendest du zwei Mittelfäden.

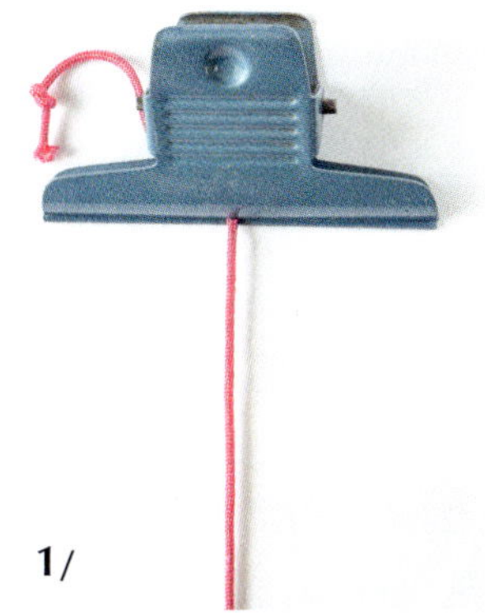

1/

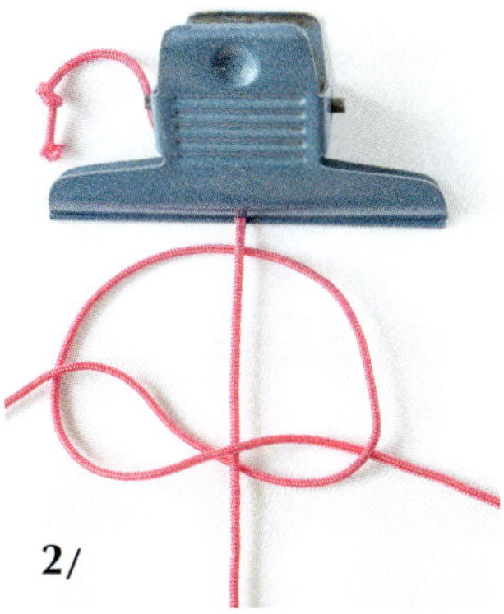

2/

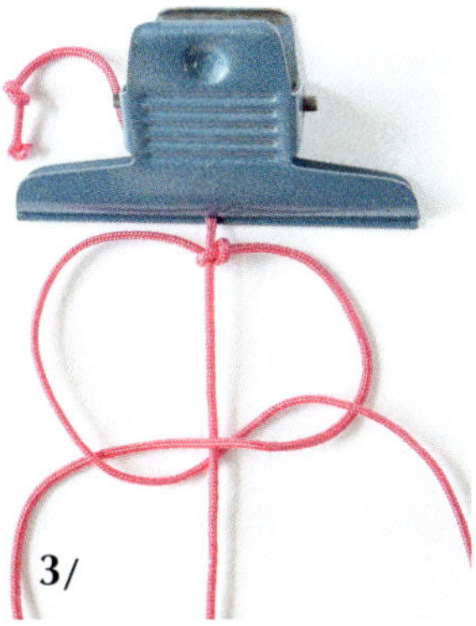

3/

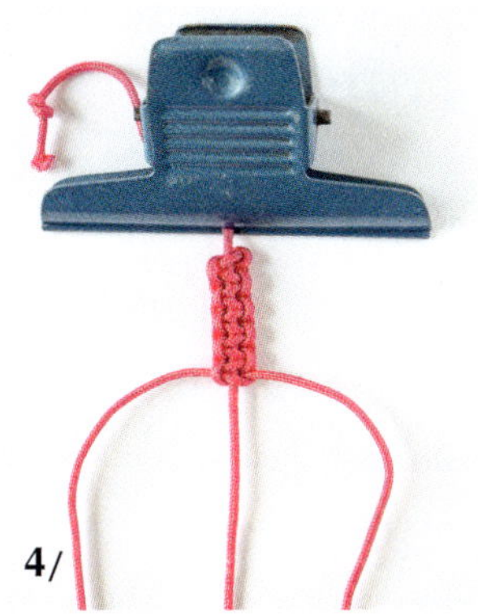

4/

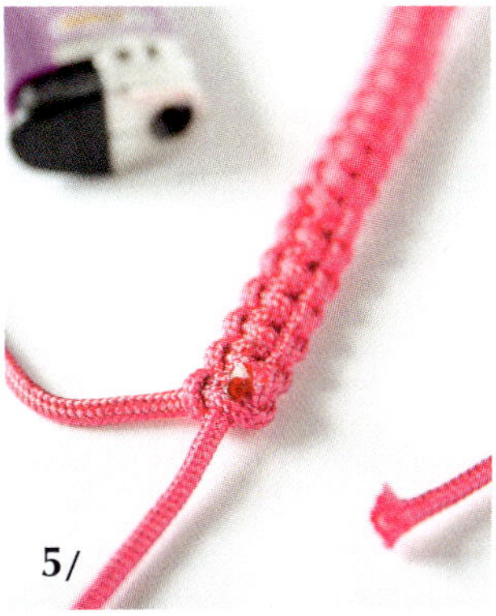

5/

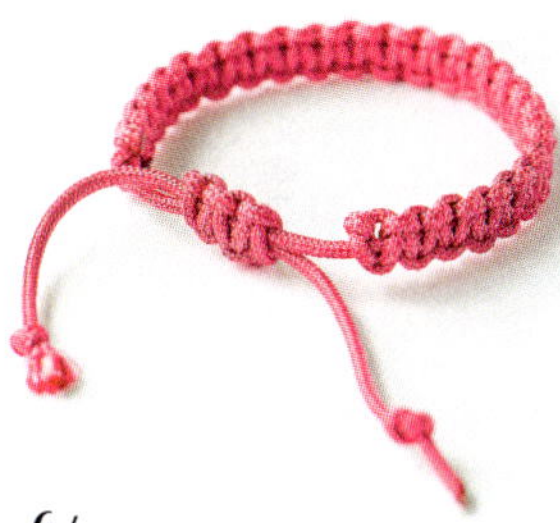

6/

MATERIAL

1 Nylonfaden 40 cm
1 Nylonfaden 160 cm
Die Fäden sind 2 mm dick.

TECHNIK

Makrameeknoten Seite 16
Abschluss Seite 20
Verschluss Seite 21

1/ An jedem Ende des kurzen Fadens einen Knoten machen. Das obere Ende an einem Clipboard, mit einer Sicherheitsnadel am Hosenbein oder etwas Klebeband am Tisch befestigen. Das ist dein Mittelfaden. **2–3/** Den Knüpffaden mittig unter den Mittelfaden legen, mit gleich viel Fadenlänge auf jeder Seite. Einen Makrameeknoten nach der Anleitung auf Seite 16 machen.

4/ So viele Knoten machen, bis das Armband lang genug ist. Der geknüpfte Teil meines Armbandes ist 14 cm lang. **5/** Das Armband von Clipboard, Sicherheitsnadel oder Tischplatte lösen. Die Knüpffäden abschneiden und auf der Rückseite des Armbandes verschmelzen oder festkleben. **6/** Einen Makrameeverschluss machen oder das Armband mit einem Kreuzknoten oder einem anderen Knoten am Arm befestigen.

FLACHES MAKRAMEE-ARMBAND MIT ZWEI FARBEN

Das Aussehen eines Makrameearmbandes lässt sich auf verschiedene Art variieren. Eine Möglichkeit ist das Knüpfen mit zwei Farben. Dieses Armband ist mit einem glänzenden und einem matten Faden geknüpft, das ergibt einen zusätzlichen Effekt.

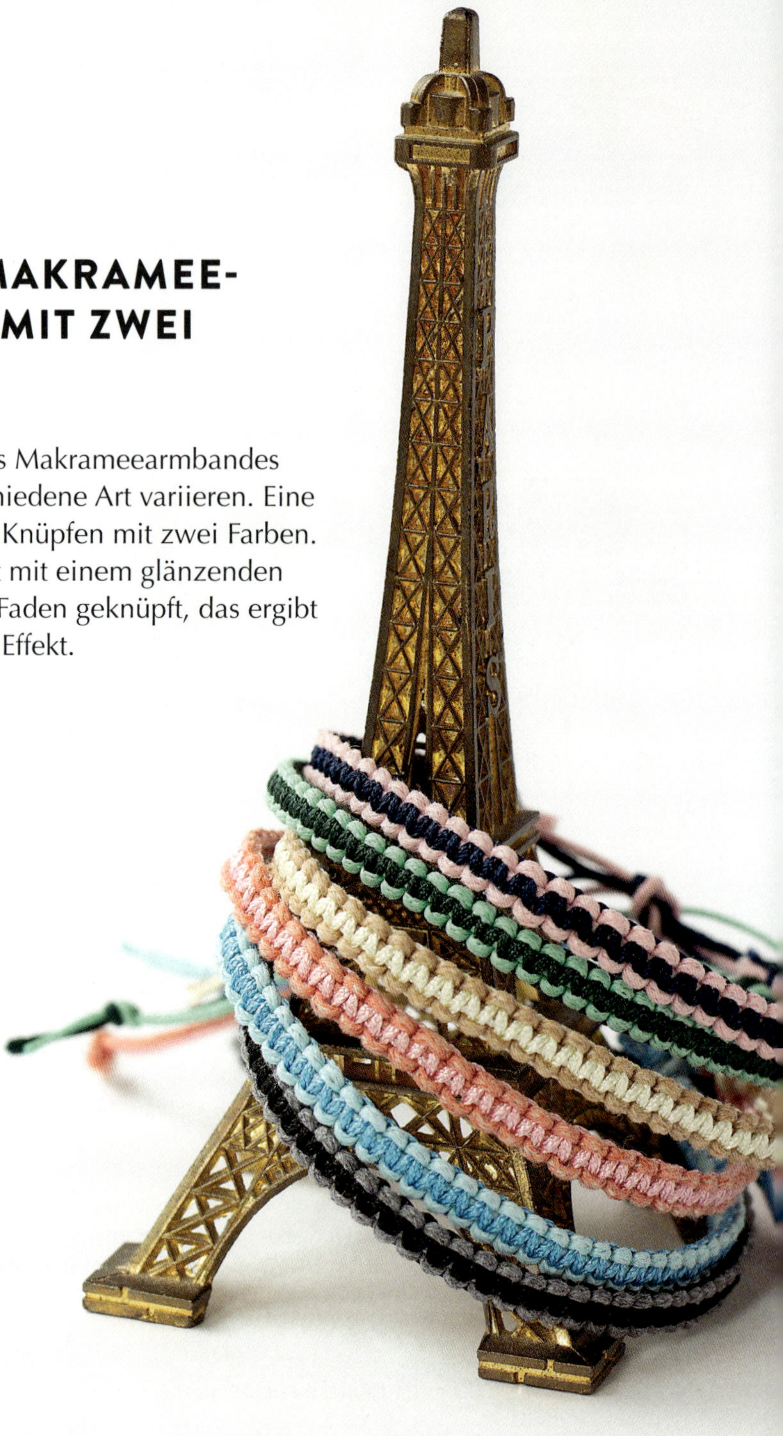

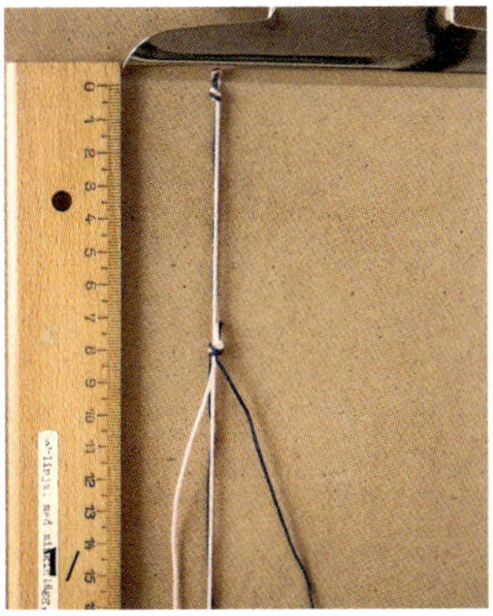

1/

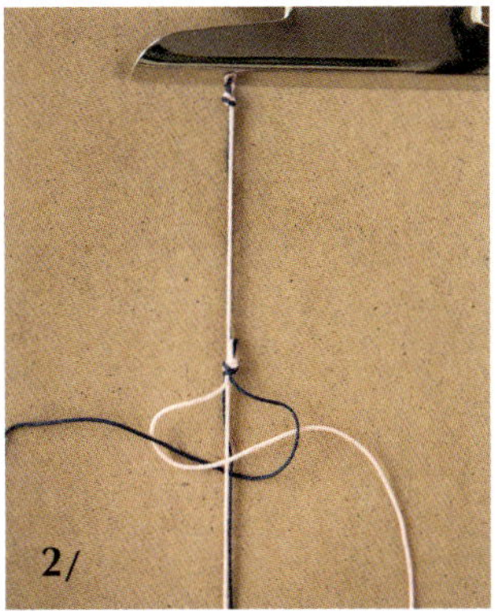

2/

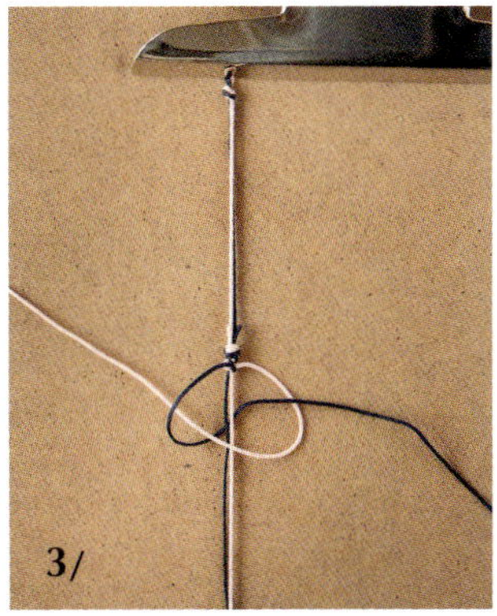

3/

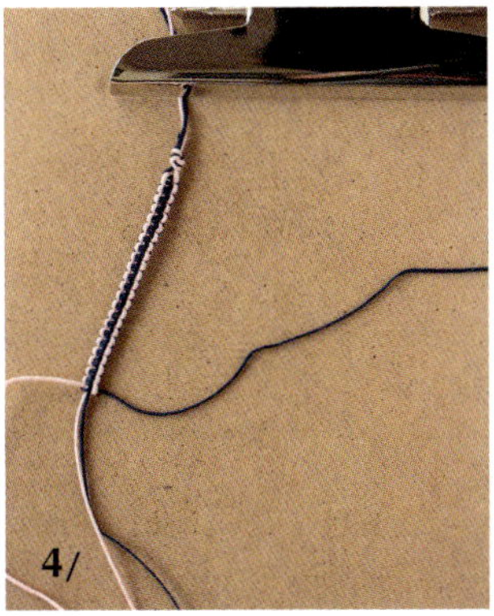

4/

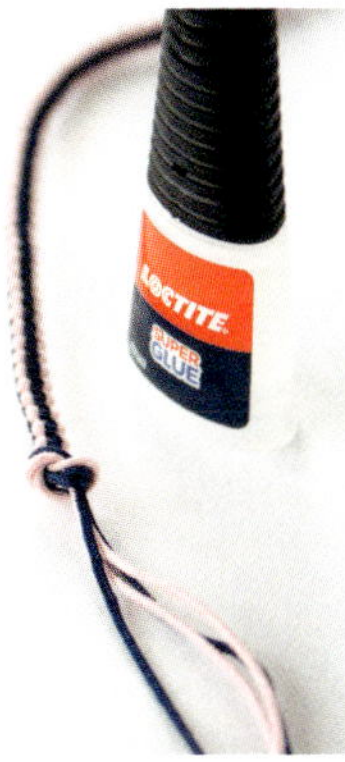

5/

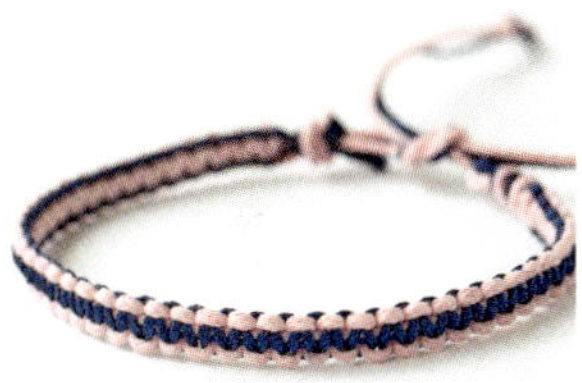

6/

MATERIAL

----

1 Nylonfaden 40 cm
1 gewachster Baumwollfaden 40 cm
1 Nylonfaden 100 cm
1 gewachster Baumwollfaden 100 cm
Die Fäden sind 1 mm dick.

TECHNIK

Makrameeknoten Seite 16
Verschluss Seite 21

1/ Knote die zwei kurzen Fäden mit einem gewöhnlichen Knoten zusammen und befestige sie an einem Clipboard, mit einer Sicherheitsnadel am Hosenbein oder etwas Klebeband am Tisch. Das sind deine Mittelfäden. Dann die langen Fäden mit einem gewöhnlichen Knoten etwa 8–10 cm von oben an den Mittelfäden festknoten. Einen Klecks Klebstoff auf den Knoten geben oder ihn sehr fest anziehen. **2–3/** Einen Makrameeknoten mit den langen Fäden nach der Anleitung auf Seite 16 machen.

4/ So viele Knoten machen, bis das Armband lang genug ist. Der geknüpfte Teil meines Armbandes ist 14 cm lang. **5/** Das Armband von Clipboard, Sicherheitsnadel oder Tischplatte lösen. Einen gewöhnlichen Knoten machen, einen Klecks Klebstoff auf den Knoten geben oder ihn sehr fest anziehen. Die Knüpffäden abschneiden, wenn der Klebstoff getrocknet ist. **6/** Einen Knoten am Ende der Mittelfäden machen. Einen Makrameeverschluss machen oder das Armband mit einem Kreuzknoten oder einem anderen Knoten am Arm befestigen.

MAKRAMEEARMBAND IN SPIRALFORM

Jetzt ist es an der Zeit, einen weiteren Knoten auszuprobieren, und zwar den Spiralknoten. Weil alle Knoten von der gleichen Seite geknüpft werden, drehen sie sich schnell in einer hübschen Spirale um die Mittelfäden.

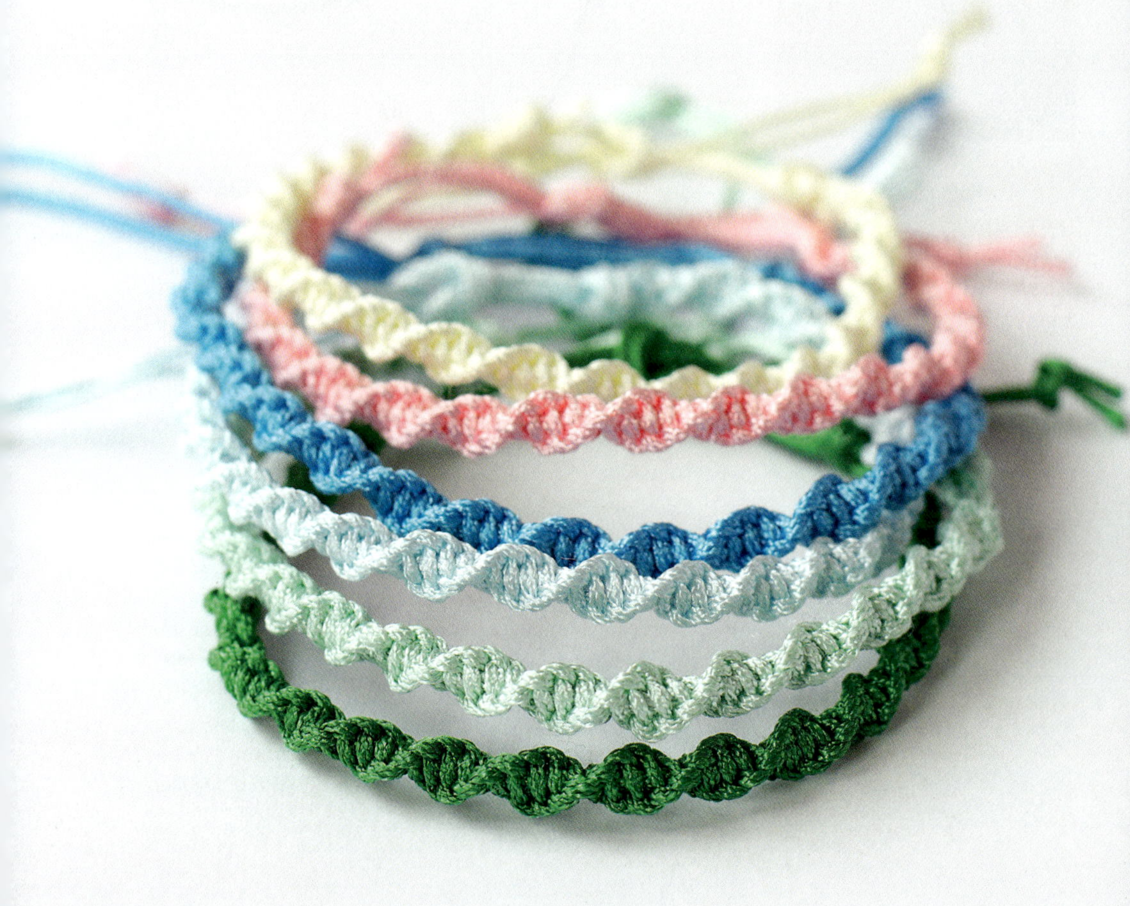

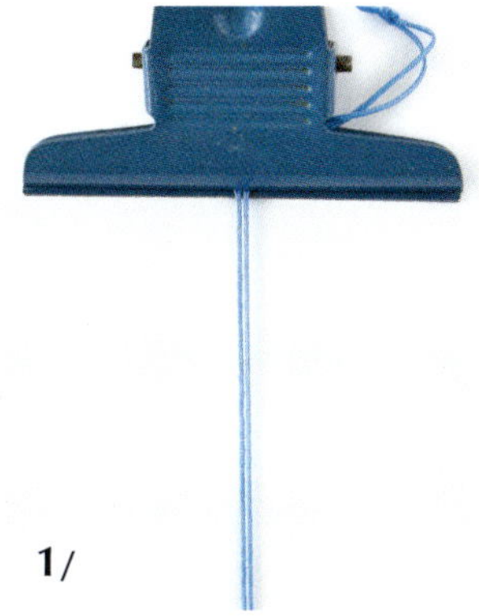

1/

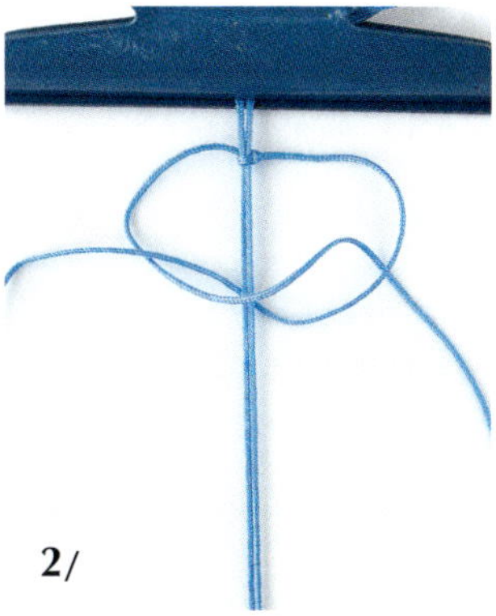

2/

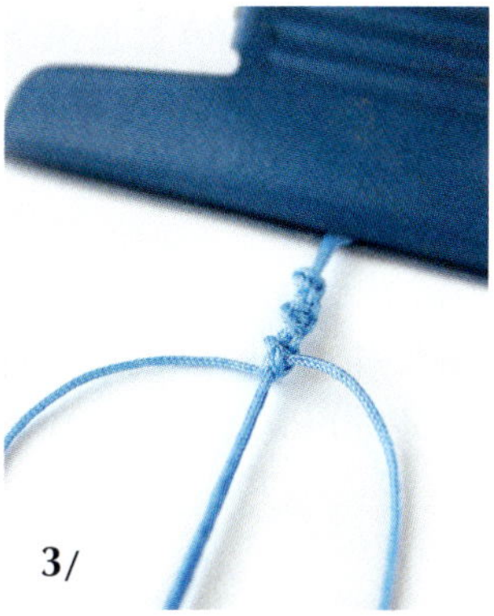

3/

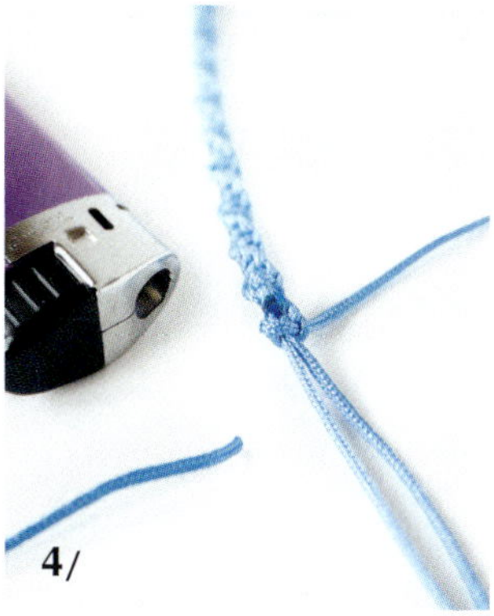

4/

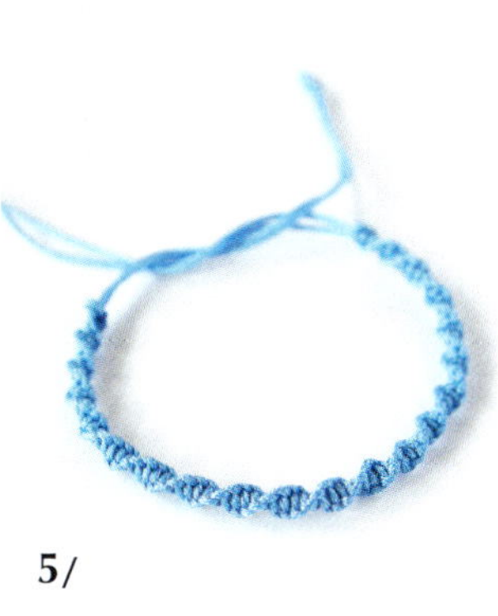

5/

MATERIAL

1 Nylonfaden 80 cm
1 Nylonfaden 160 cm
Die Fäden sind 1 mm dick.

TECHNIK

Spiralknoten Seite 18
Abschluss Seite 20
Verschluss Seite 21

1/ Den kürzeren Faden in der Mitte umbiegen und an einem Clipboard, mit einer Sicherheitsnadel am Hosenbein oder etwas Klebeband am Tisch befestigen. Das ist dein Mittelfaden. **2/** Den langen Faden mittig unter den Mittelfaden legen, mit gleich viel Fadenlänge auf jeder Seite, und einen Spiralknoten nach der Anleitung auf Seite 18 machen. Die Knoten drehen sich schnell in einer Spirale. Das ist das Zeichen, dass du es richtig machst. **3/** So viele Knoten machen, bis das Armband lang genug ist. Der geknüpfte Teil meines Armbandes ist 14 cm lang.

4/ Das Armband von Clipboard, Sicherheitsnadel oder Tischplatte lösen. Die Knüpffäden abschneiden und auf der Rückseite des Armbandes verschmelzen oder festkleben. **5/** Einen Knoten zu Beginn und am Ende des Mittelfadens machen. Einen Makrameeverschluss machen oder das Armband mit einem Kreuzknoten oder einem anderen Knoten am Arm befestigen.

MAKRAMEEARMBAND MIT BUCHSTABENPERLEN

Kurze Botschaften am Arm zu tragen ist sehr beliebt. Mit Buchstabenperlen erstellst du ab jetzt deine eigenen Botschaften. Vielleicht möchtest du eine freche, eine wichtige oder eine lustige Botschaft am Arm zeigen.

MATERIAL

----

1 gewachster Baumwollfaden 80 cm
1 gewachster Baumwollfaden 160 cm
Die Fäden sind 1 mm dick.
Buchstabenperlen

TECHNIK

Makrameeknoten Seite 16
Abschluss Seite 20
Verschluss Seite 21

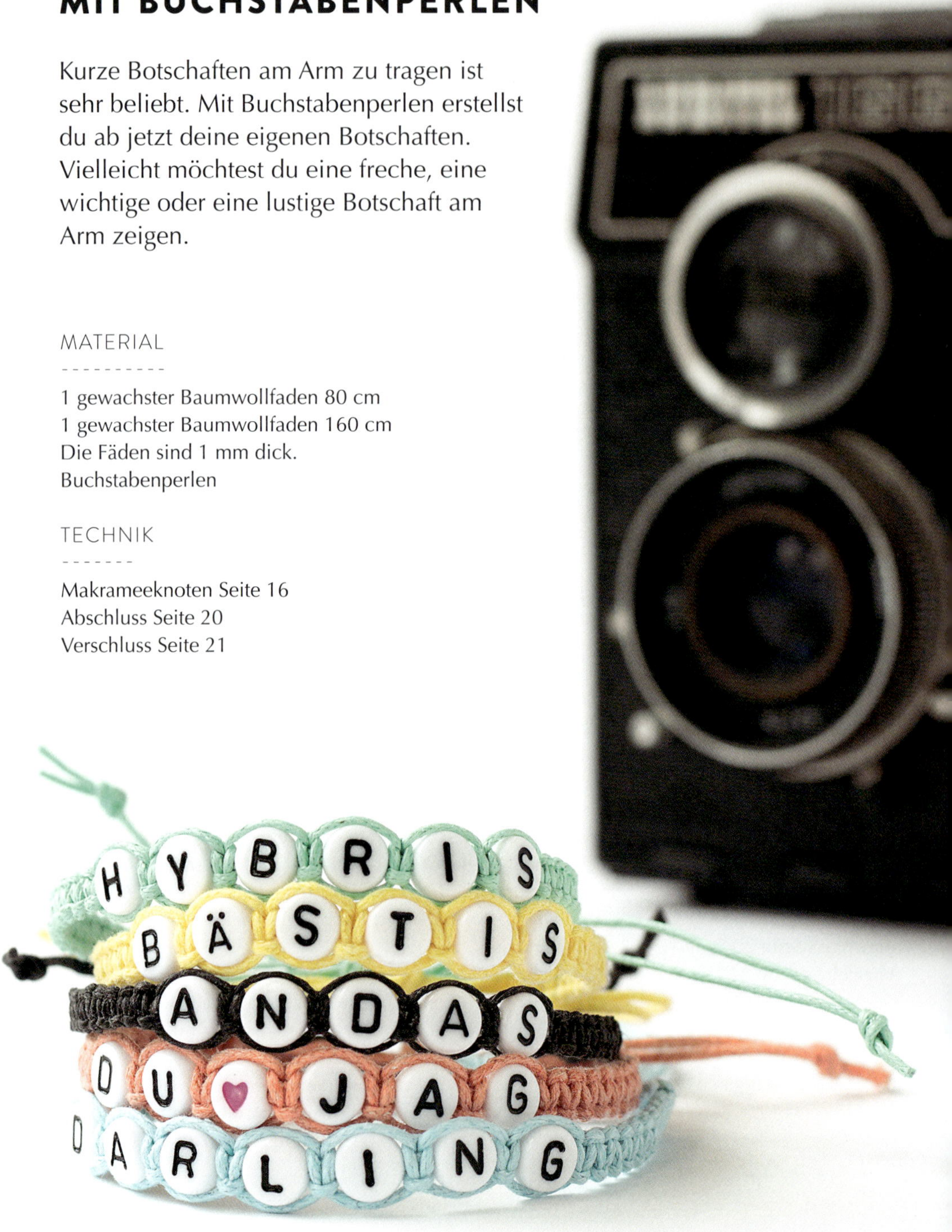

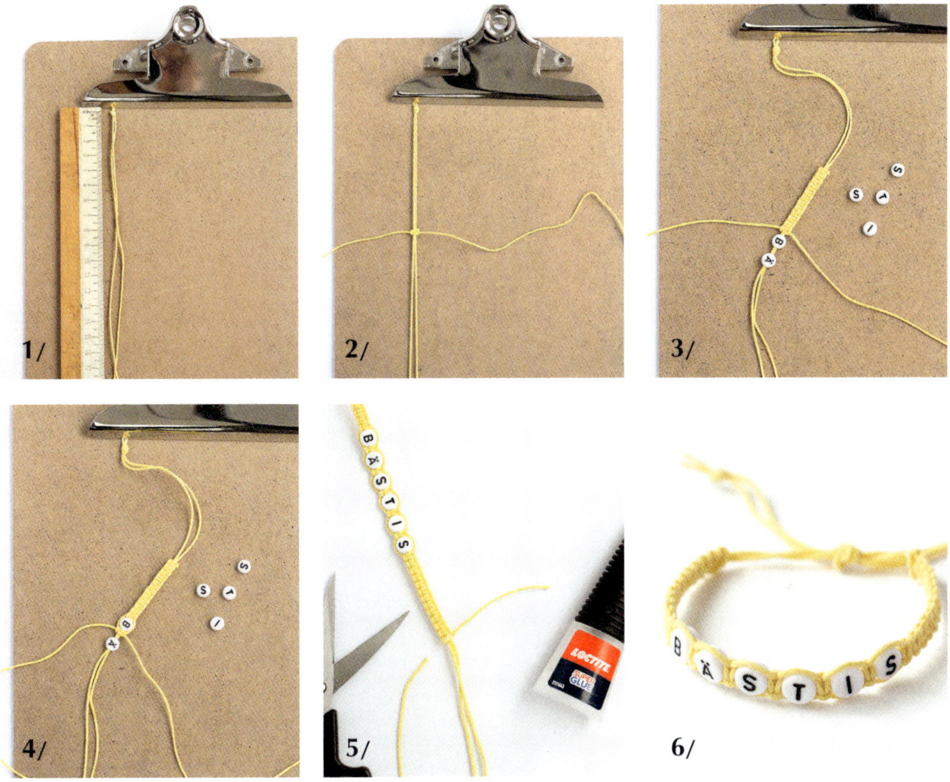

1/ Den kürzeren Faden in der Mitte umbiegen, einen Knoten oben machen und an einem Clipboard, mit einer Sicherheitsnadel am Hosenbein oder etwas Klebeband am Tisch befestigen. Das sind deine Mittelfäden. **2/** Den langen Faden etwa 8–10 cm von oben mit einem Makrameeknoten wie auf Seite 16 an den Mittelfäden festknoten. **3/** Die Knoten auf ca. 3,5–4 cm Länge wiederholen. Dann die Buchstabenperlen auf die Mittelfäden auffädeln, entweder einzeln oder alle Perlen hintereinander. Darauf achten, dass die Buchstaben in der richtigen Reihenfolge aufgefädelt werden.

4/ Entweder nach jeder Buchstabenperle einen Makrameeknoten machen oder alle Perlen hintereinander auffädeln und dann Makrameeknoten machen. Nach der letzten Buchstabenperle wieder ca. 3,5–4 cm Knoten wiederholen. **5/** Das Armband von Clipboard, Sicherheitsnadel oder Tischplatte lösen. Die Knüpffäden abschneiden und auf der Rückseite des Armbandes festkleben. **6/** Einen Knoten am Ende der Mittelfäden machen. Einen Makrameeverschluss machen oder das Armband mit einem Kreuzknoten oder einem anderen Knoten am Arm befestigen.

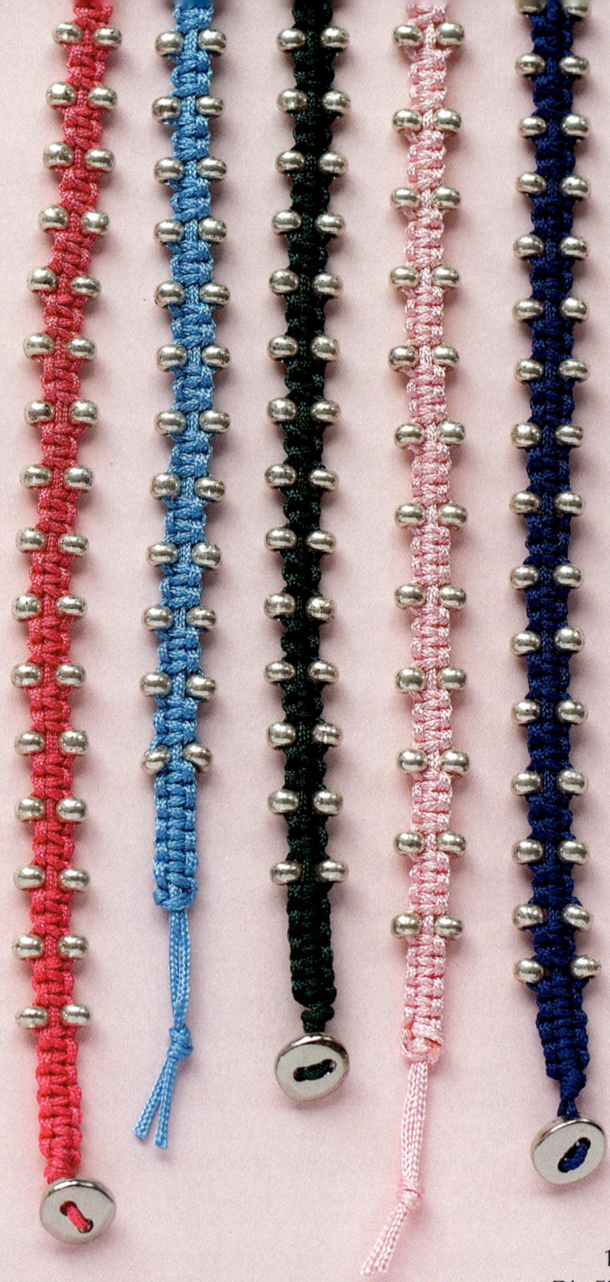

MAKRAMEEARMBAND MIT KLEINEN PERLEN

Wenn du Perlen auf die Knüpffäden auffädelst, erhält dein Armband einen ganz anderen Effekt als wenn du mit Buchstabenperlen knüpfst.

MATERIAL

1 Nylonfaden 80 cm
1 Nylonfaden 160 cm
Die Fäden sind 1 mm dick.
1 Knopf
Perlen

TECHNIK

Makrameeknoten Seite 16
Abschluss Seite 20
Verschluss Seite 21

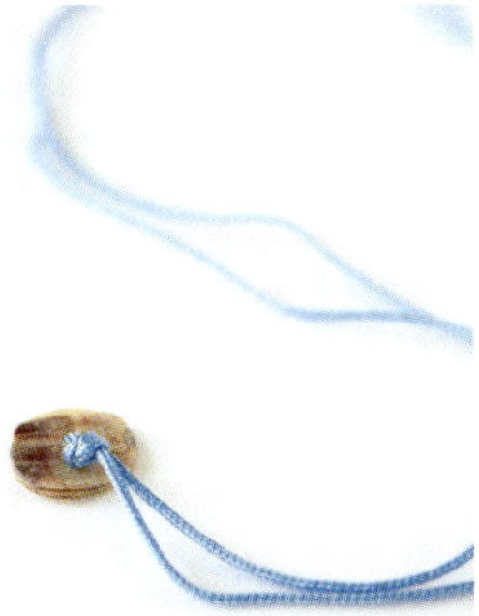

1/

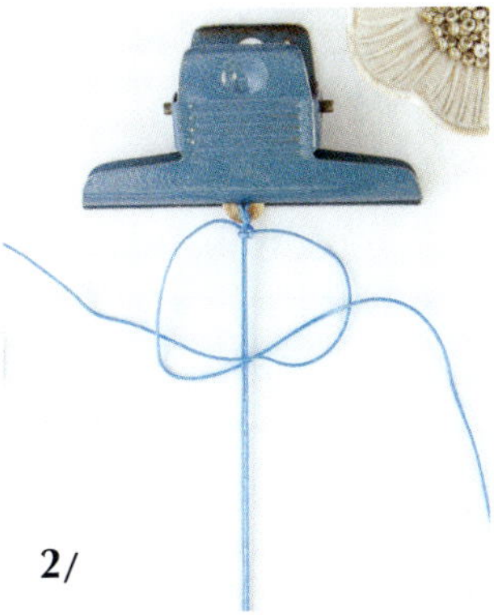

2/

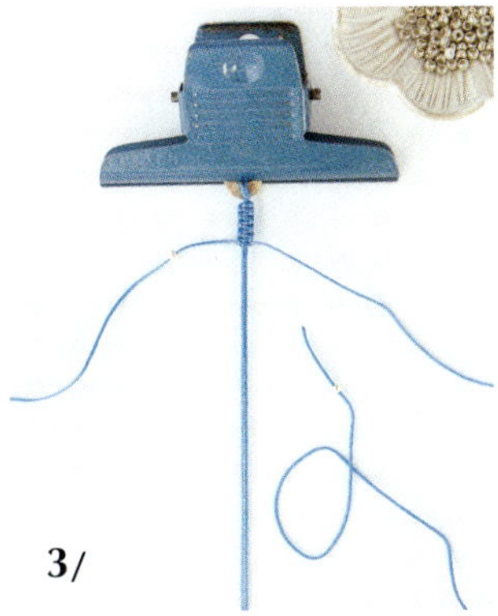

3/

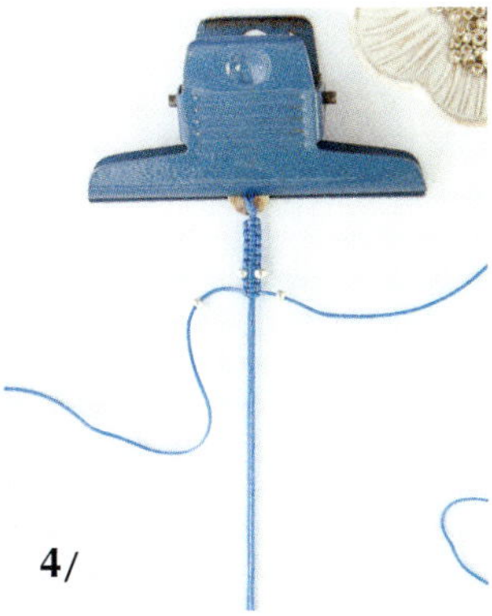

4/

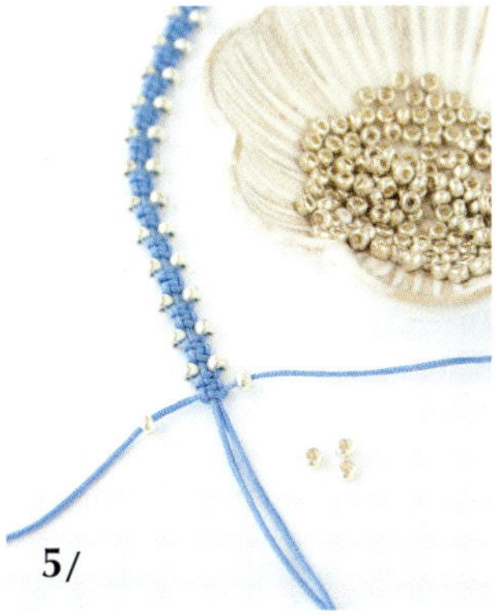

5/

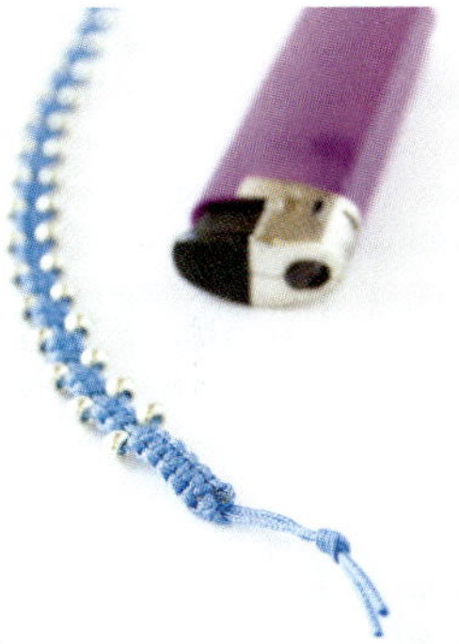

6/

1/ Einen Knopf auf den kürzeren Faden auffädeln und in die Mitte schieben. Unterhalb des Knopfes einen gewöhnlichen Knoten machen. **2/** Den Knopf mit dem doppelten Faden an einem Clipboard, mit einer Sicherheitsnadel am Hosenbein oder etwas Klebeband am Tisch befestigen. Das sind deine Mittelfäden. Den Knüpffaden mittig unter die Mittelfäden legen und mit einem Makrameeknoten wie auf Seite 16 an den Mittelfäden festknoten. **3/** Dann Knoten auf etwa 1,5–2 cm Länge wiederholen. Jetzt je eine Perle auf die Knüpffäden auffädeln.

4/ Ein paar Makrameeknoten machen und dann die nächsten Perlen auffädeln. **5/** Makrameeknoten und Perlen abwechseln, bis das Armband lang genug ist und mit 1,5–2 cm Makrameeknoten ohne Perlen abschließen. **6/** Das Armband von Clipboard, Sicherheitsnadel oder Tischplatte lösen. Die Knüpffäden abschneiden und auf der Rückseite des Armbandes verschmelzen oder festkleben. Einen Knoten am Ende der Mittelfäden machen, etwa ein paar Zentimeter vom letzten Knoten entfernt. So bildet sich eine Öse, die gerade so groß sein soll, dass der Knopf gut durch passt. Einen Klecks Klebstoff auf den Knoten geben und ihn gut festziehen.

FLACHES MAKRAMEEARMBAND IM ÜBERLEBENSSTIL

Diese äußerst beliebten Überlebensarmbänder werden auch mit Makrameeknoten gearbeitet, aber im Unterschied zu den anderen Armbändern in diesem Kapitel aus einer einzigen langen Schnur. Die Entstehung dieses Armbandes kommt aus der Zeit des Zweiten Weltkriegs. Amerikanische Fallschirmspringer stellten fest, dass die Leinen ihrer Fallschirme sich ganz ausgezeichnet als Seile verwenden ließen. Indem sie zu einem Armband geknüpft wurden, waren sie nicht nur schnell verfügbar, sondern auch gut mitzunehmen. Und weil das Armband aus nur einer einzigen langen Schnur geknüpft wird, lässt es sich schnell auflösen und schwupp! hast du ein Stück Schnur, um damit einen Windschutz zu bauen, es als Wäscheleine zu verwenden oder etwas festzubinden. Ein echtes Überlebensarmband wird aus Fallschirmleine geknüpft, sogenanntem Paracord, aber ich knüpfe mit einem hübschen Nylonfaden, den es in vielen schönen Farben gibt.

MATERIAL

1 Nylonfaden 250 cm
Der Faden ist 3 mm dick.
1 Klickverschluss

TECHNIK

Makrameeknoten Seite 16
Abschluss Seite 20

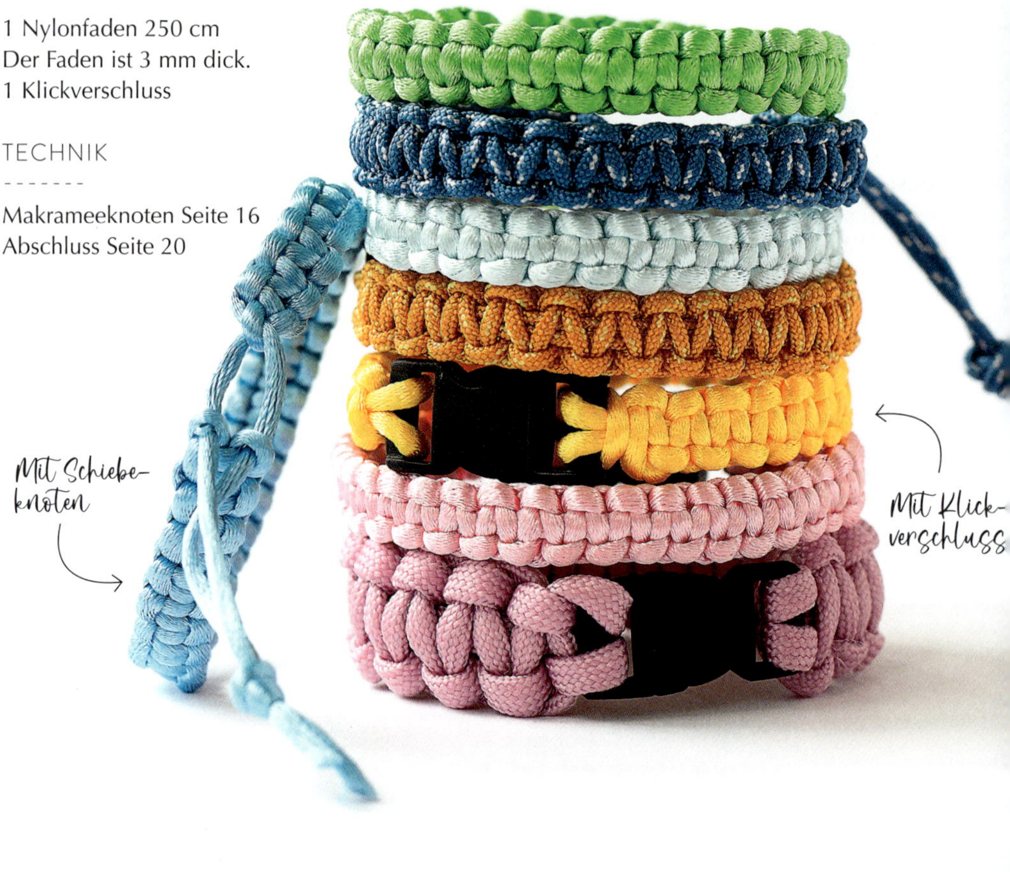

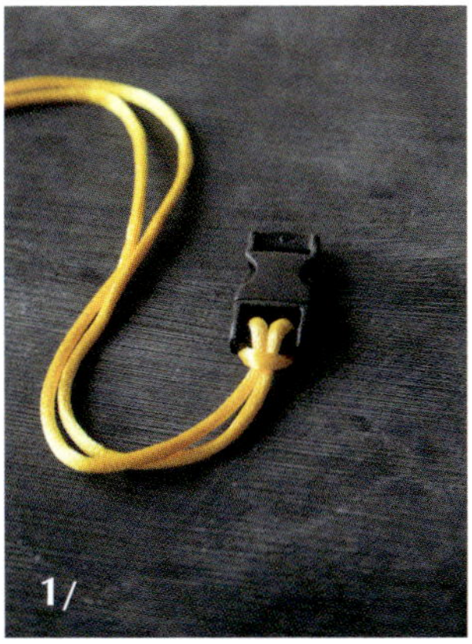

1/

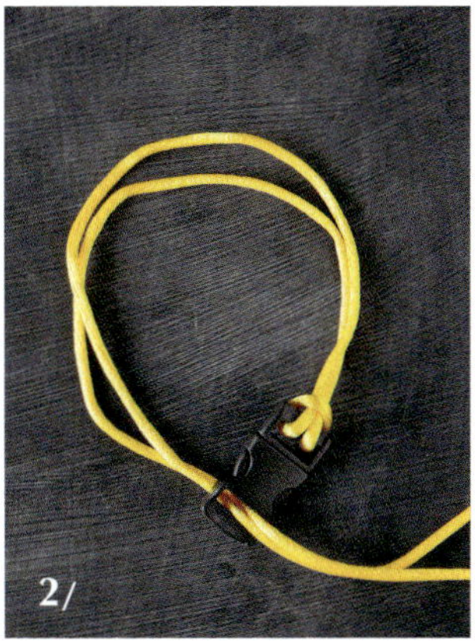

2/

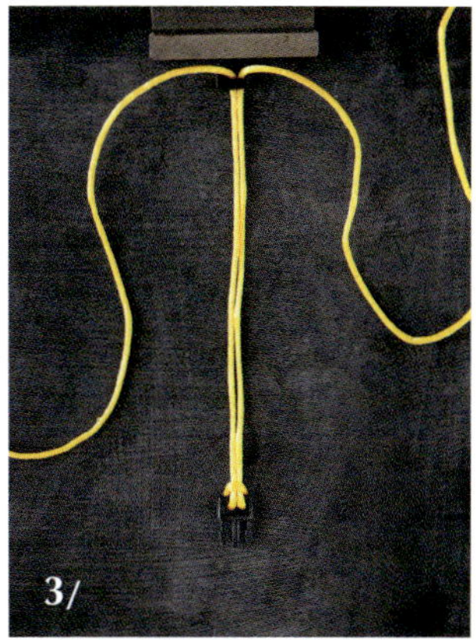

3/

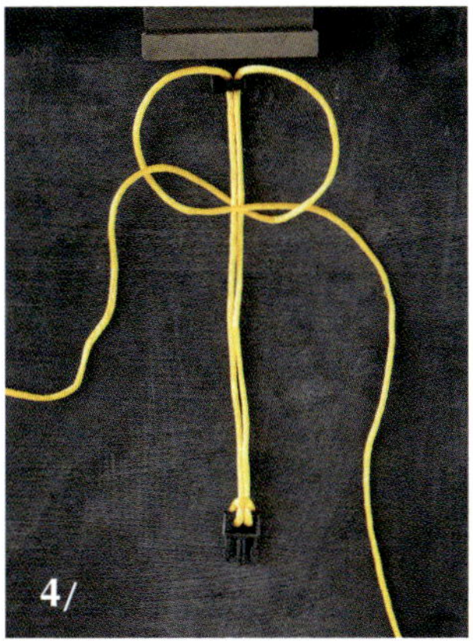

4/

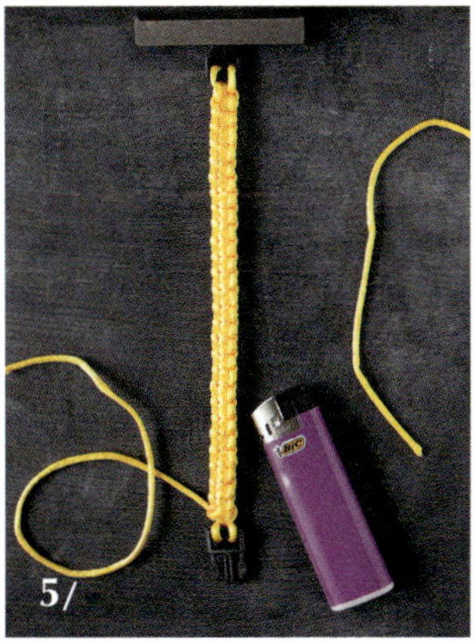

5/

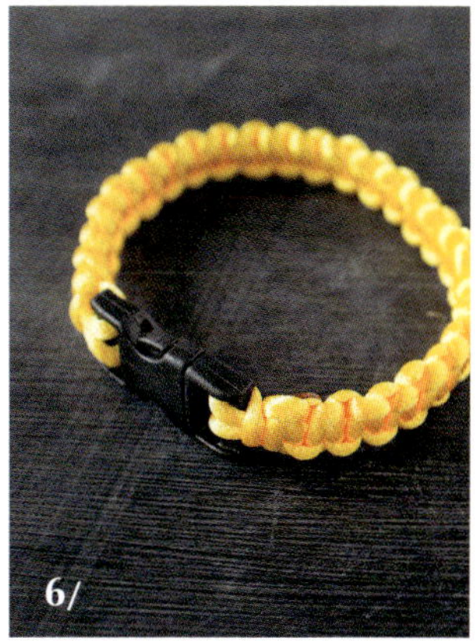

6/

1/ Den Faden in der Mitte umbiegen und durch eine Seite des Klickverschlusses fädeln, sodass eine Schlaufe entsteht. Die Fadenenden durch die Schlaufe ziehen und die Fäden so anziehen, dass sich ein Knoten wie auf dem Bild ergibt. **2/** Die Fadenenden durch die andere Seite des Klickverschlusses ziehen. **3/** Den Klickverschluss öffnen und den Teil des Verschlusses durch den die Fadenenden laufen, an einem Clipboard, mit einer Sicherheitsnadel am Hosenbein oder etwas Klebeband am Tisch befestigen. Die Fäden zwischen den beiden Teilen des Klickverschlusses sind deine Mittelfäden. Der Abstand zwischen den beiden Teilen des Klickverschlusses entspricht der Länge deines Armbandes. Meine Mittelfäden sind ca. 17 cm lang.

4/ Die aus dem Verschluss hängenden Fäden sind deine Knüpffäden. Mache Makrameeknoten an den Mittelfäden wie auf Seite 16, bis der Verschluss erreicht ist. **5/** Das Armband von Clipboard, Sicherheitsnadel oder Tischplatte lösen. Die Knüpffäden abschneiden und auf der Rückseite des Armbandes verschmelzen oder festkleben. **6/** Den Verschluss zusammendrücken, und dein Armband ist fertig.

FLACHES MAKRAMEEARMBAND IM ÜBERLEBENSSTIL

Man kann Überlebensarmbänder auch ohne Klickverschluss arbeiten. Das ist etwas kniffliger, aber das Armband hat die gleiche Funktion – man kann es auflösen, wenn man ein Stück Schnur braucht. Auch hier knüpfe ich mit einem hübschen glänzenden Faden statt mit Fallschirmleine.

MATERIAL

1 Nylonfaden 250 cm
Der Faden ist 3 mm dick.

TECHNIK

Makrameeknoten Seite 16

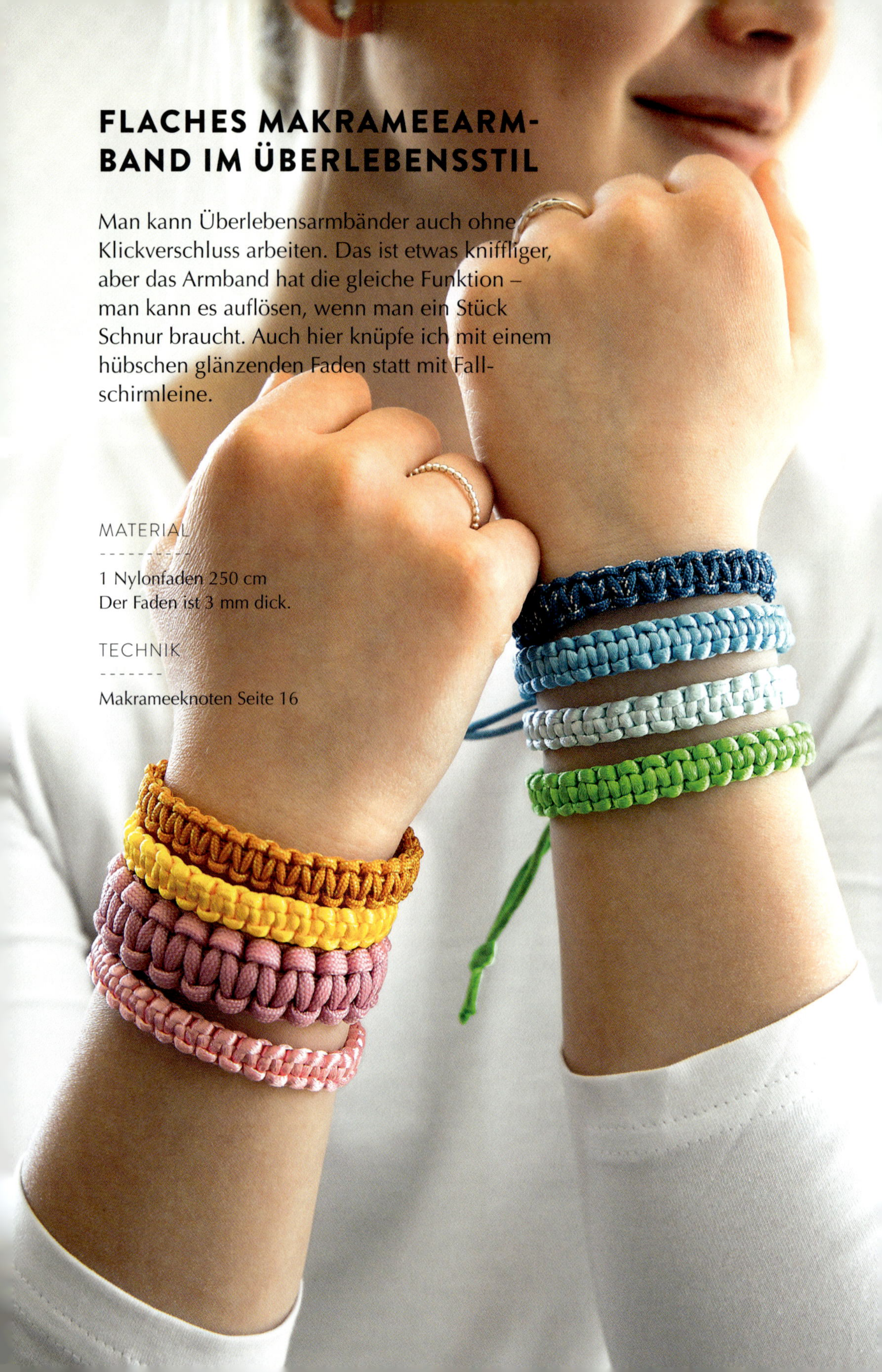

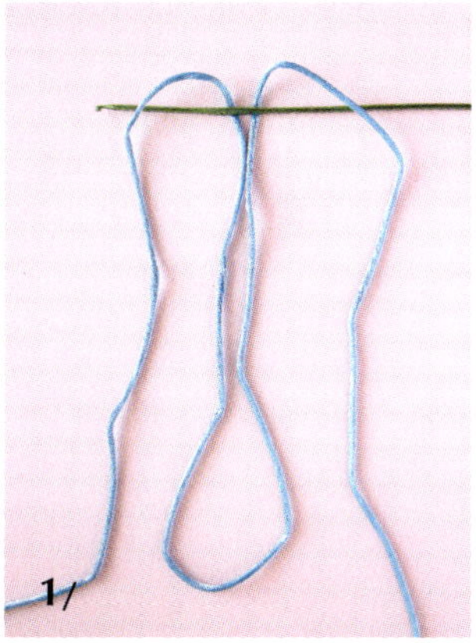

1/

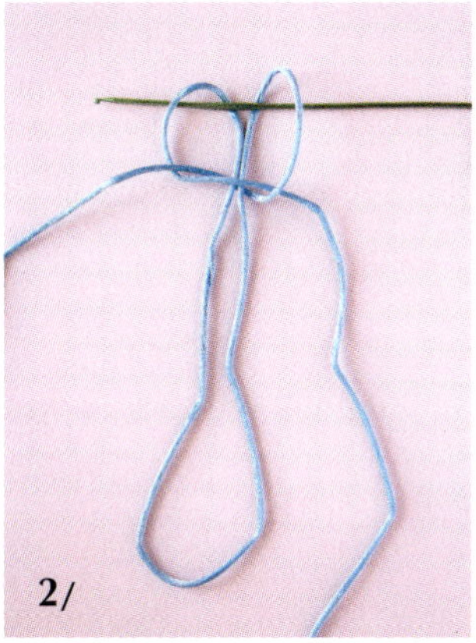

2/

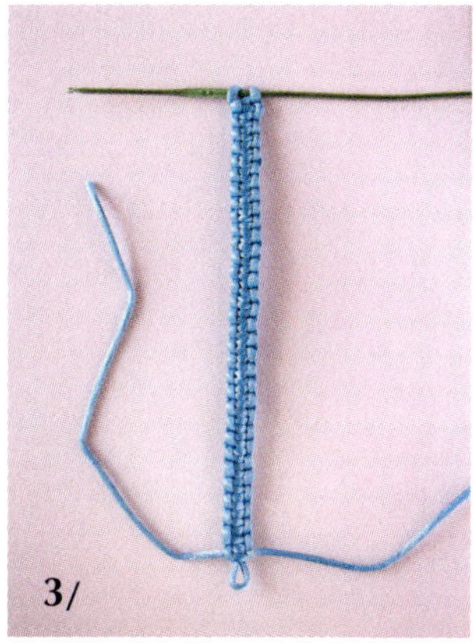

3/

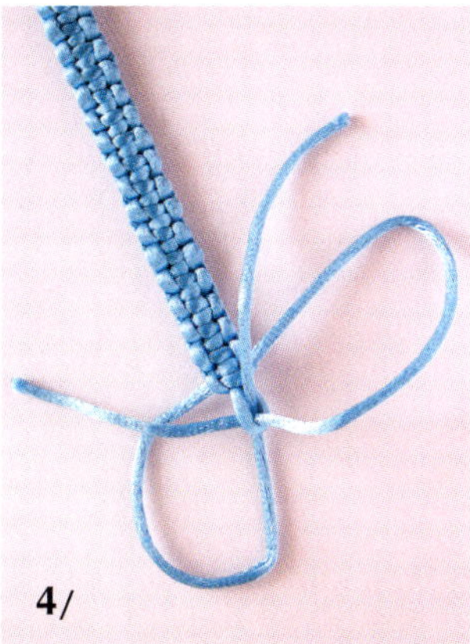

4/

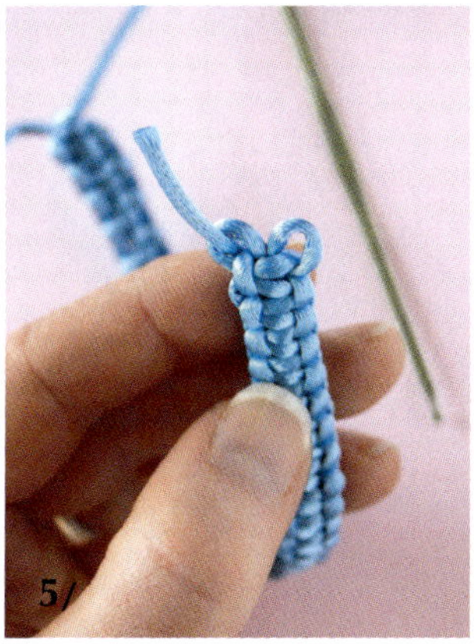

5/

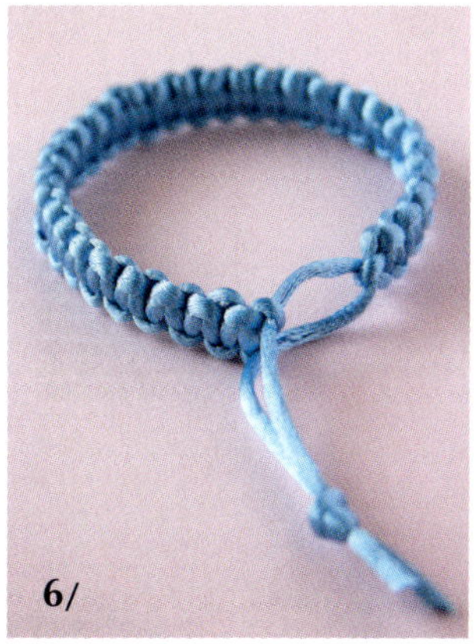

6/

1/ Den Faden in der Mitte umbiegen und mit der Schlaufe nach unten auf eine glatte Oberfläche legen. Einen dünnen Stab oder eine Stricknadel durch die beiden Schlaufen oben schieben. Die Fäden in der Mitte sind deine Mittelfäden. Der Abstand zwischen diesen Mittelfäden vom Stab bis zum Bogen unten entspricht der Länge deines Armbandes. Meine Mittelfäden sind ca. 17 cm lang. **2/** Die Fadenenden rechts und links werden deine Knüpffäden. Direkt unter dem Stab einen Makrameeknoten wie auf Seite 16 erklärt machen. **3/** Dann entlang der Mittelfäden Makrameeknoten machen, bis von den Mittelfäden nur eine kleine Öse übrig ist.

4/ Beide Fadenenden vorsichtig durch die Öse ziehen, von jeder Seite einen, und gut festziehen. **5/** Den Stab vorsichtig aus dem Anfangsknoten lösen und die Fadenenden durch die entstandenen Ösen ziehen, je ein Ende durch eine Öse. **6/** Das Armband über deine Hand ziehen und entscheiden, wie lang die Knüpffäden sein müssen, damit es sich gut an- und abnehmen lässt. Die Knüpffäden mit einem gewöhnlichen Knoten zusammenknoten. Eventuell zu lange Fadenenden abschneiden.

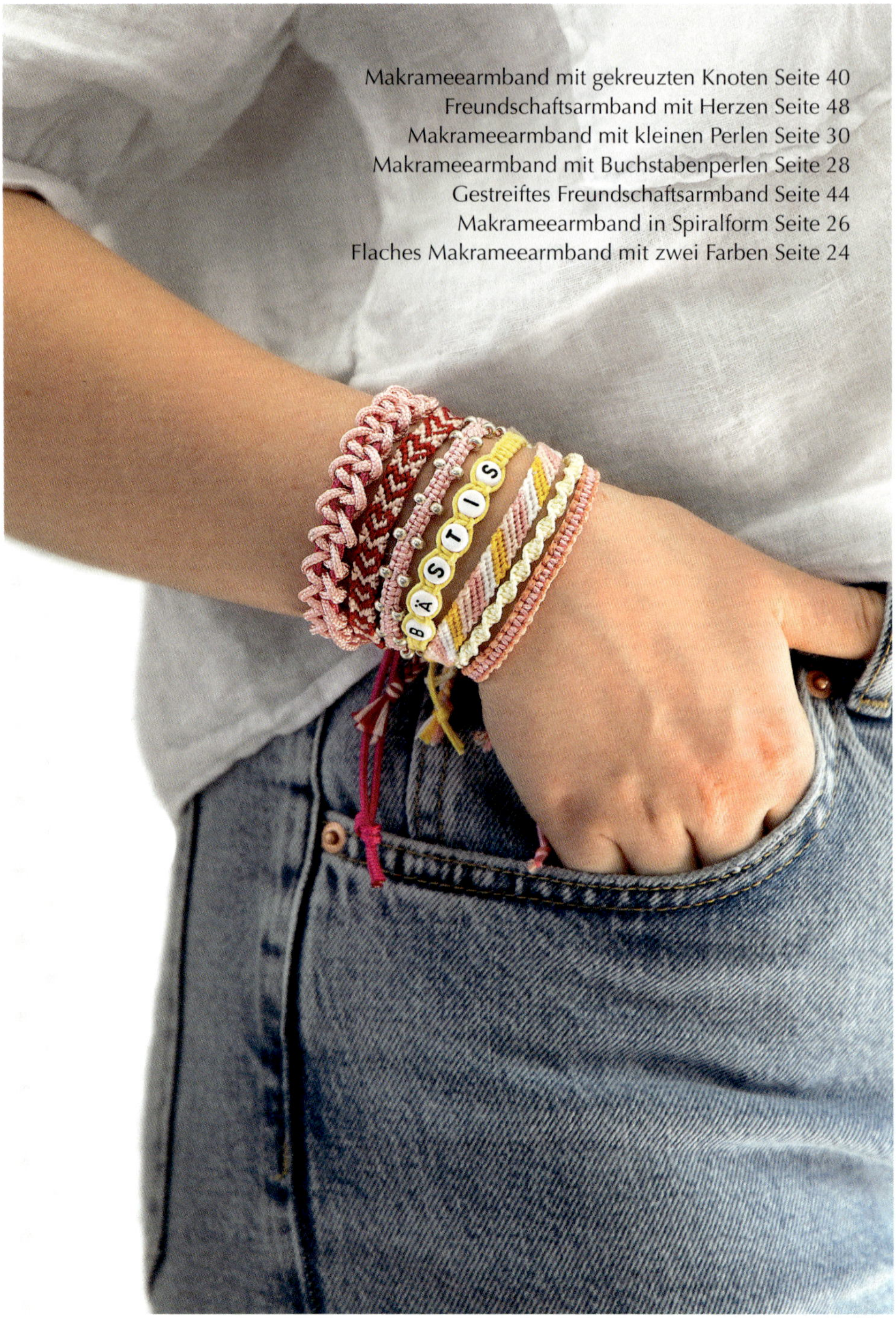

Makrameearmband mit gekreuzten Knoten Seite 40
Freundschaftsarmband mit Herzen Seite 48
Makrameearmband mit kleinen Perlen Seite 30
Makrameearmband mit Buchstabenperlen Seite 28
Gestreiftes Freundschaftsarmband Seite 44
Makrameearmband in Spiralform Seite 26
Flaches Makrameearmband mit zwei Farben Seite 24

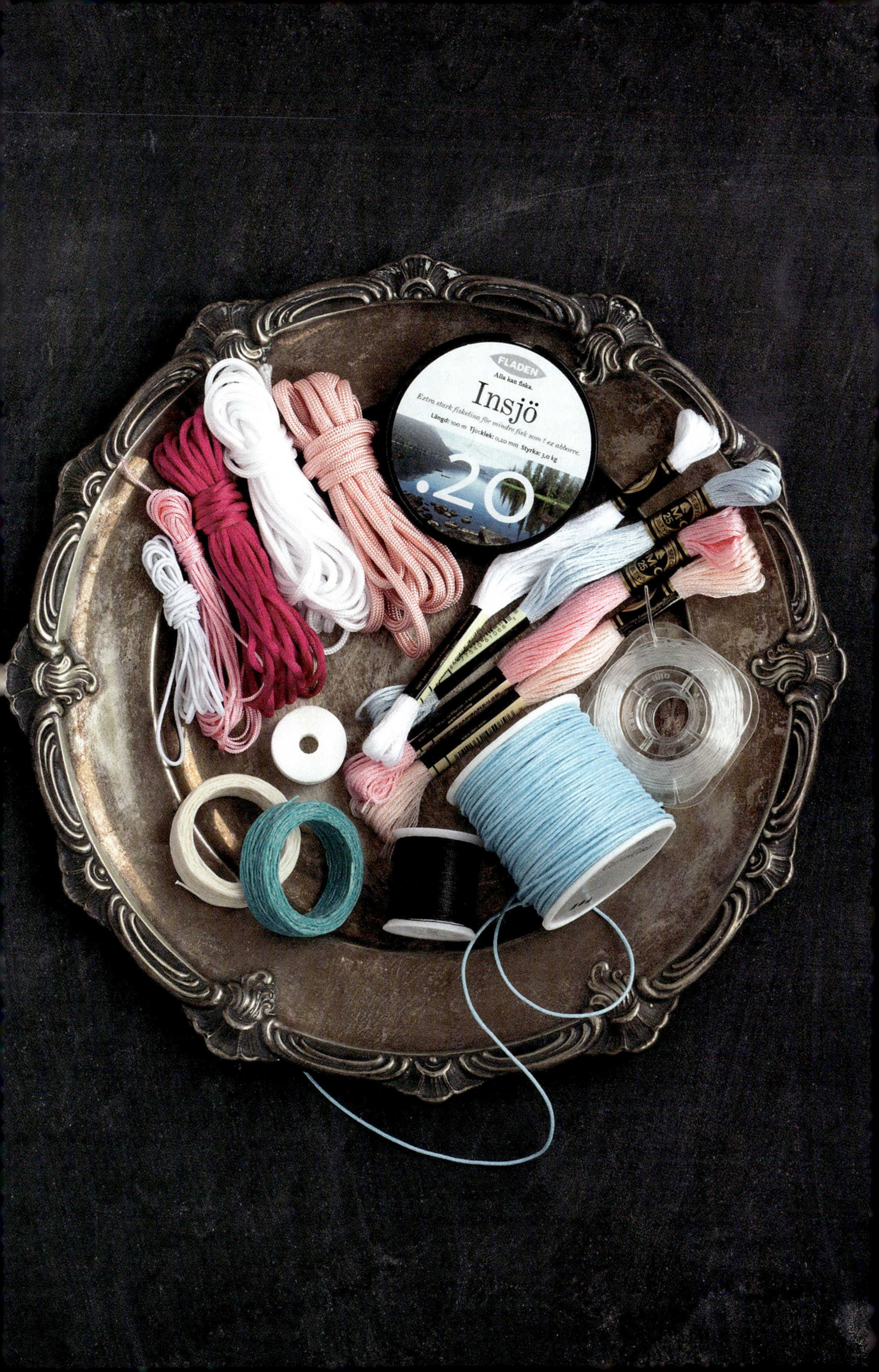
FLADEN
Alla kan fiska.
Insjö
Extra stark fiskelina för mindre fisk som t ex abborre.
Längd: 100 m Tjocklek: 0,20 mm Styrka: 3,0 kg
.20

MAKRAMEEARMBAND MIT SCHRÄGEN KNOTEN

Hoffentlich bist du bereit, denn jetzt werden wir eine schwierigere Variante von Knoten versuchen. Das Prinzip mit einem oder zwei Mittelfäden bleibt gleich, aber die Knoten werden anders gemacht. Es ist etwas knifflig, aber das Ergebnis ist super schön.

MATERIAL

----

1 Nylonfaden 40 cm
1 Nylonfaden 160 cm
Die Fäden sind 2 mm dick.

TECHNIK

Abschluss Seite 20
Verschluss Seite 21

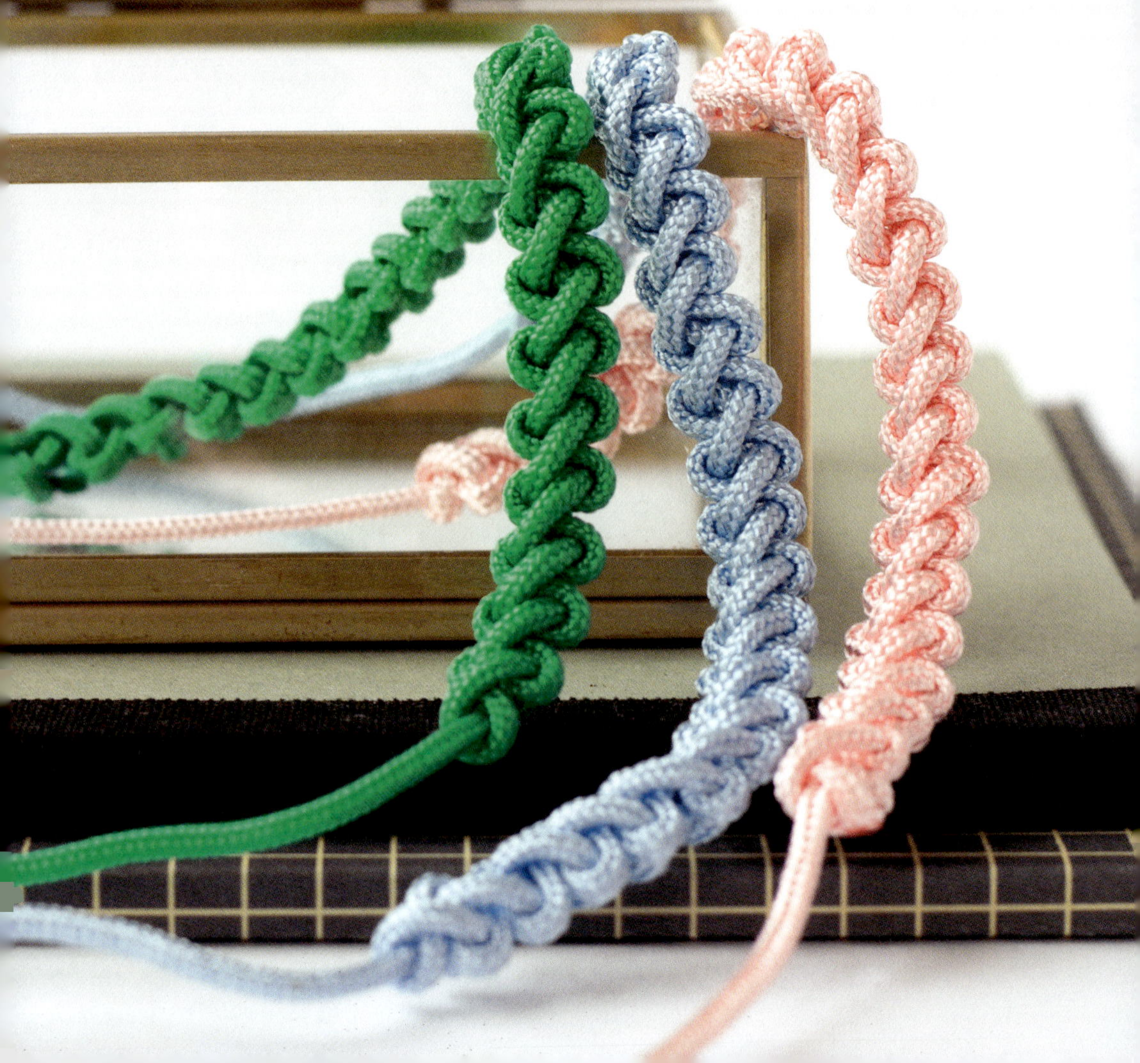

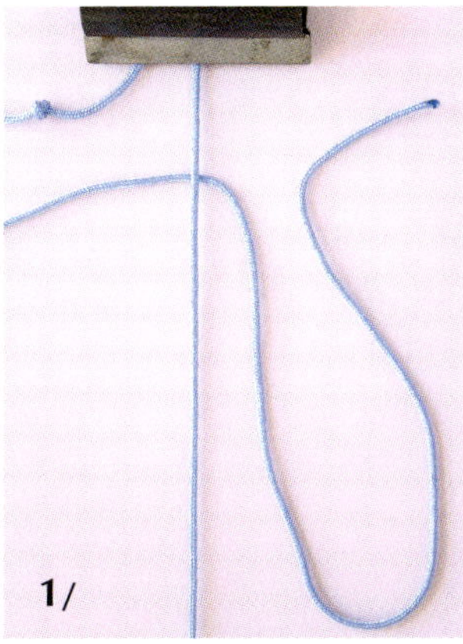
1/

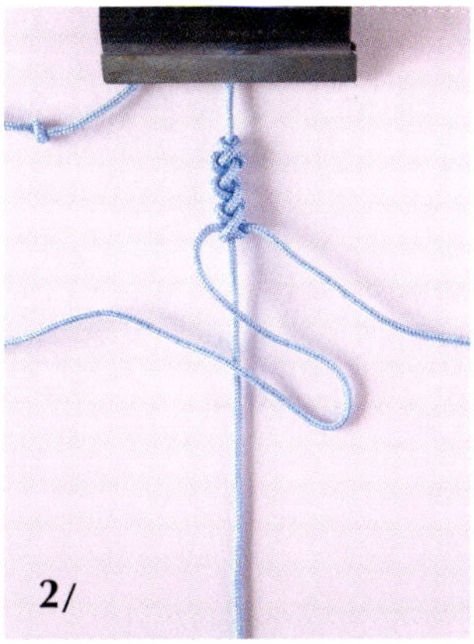
2/

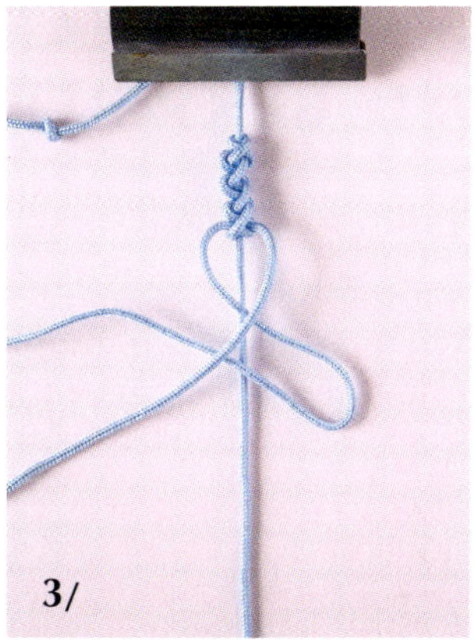
3/

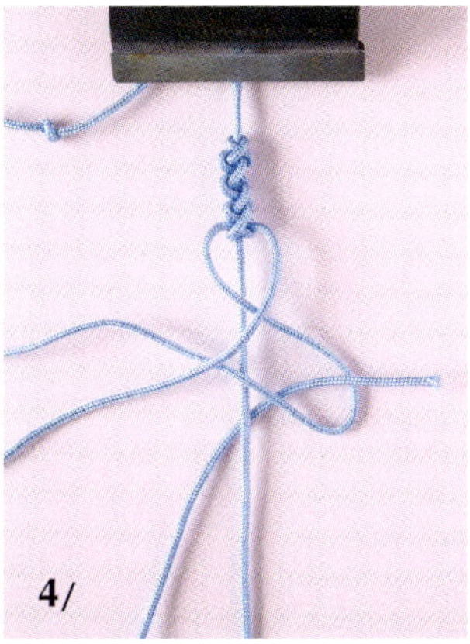
4/

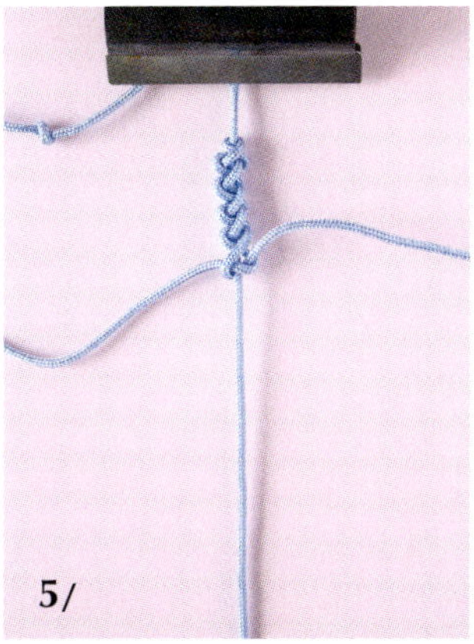
5/

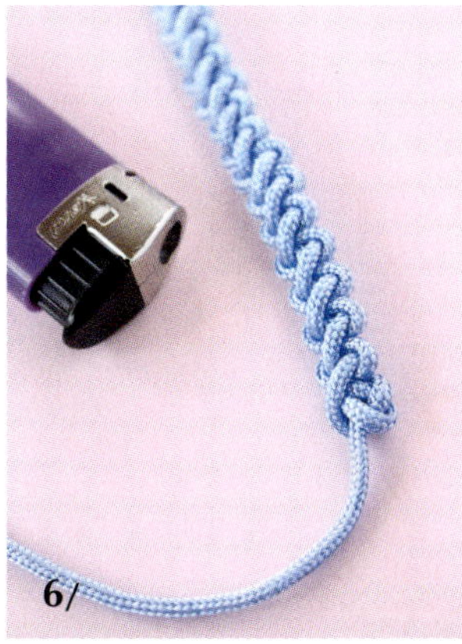
6/

1/ Einen Knoten am Anfang und am Ende des kürzeren Fadens machen. Den Faden an einem Clipboard, mit einer Sicherheitsnadel am Hosenbein oder etwas Klebeband am Tisch befestigen. Das ist dein Mittelfaden. Den Knüpffaden mittig unter den Mittelfaden legen, mit gleich viel Fadenlänge auf jeder Seite. **2/** Den linken Knüpffaden in einem Bogen nach rechts über den Mittelfaden und zurück nach links legen, wobei das Ende auf der linken Seite liegen bleibt. **3/** Den rechten Knüpffaden über den Bogen und den Mittelfaden legen.

4/ Den rechten Knüpffaden unter dem Mittelfaden und von unten durch den Bogen des linken Knüpffadens durchziehen. **5/** Den Faden anziehen und gleiche Knoten machen, bis das Armband lang genug ist. Der geknüpfte Teil von meinem Armband ist 14 cm lang. **6/** Das Armband von Clipboard, Sicherheitsnadel oder Tischplatte lösen. Die Knüpffäden abschneiden und auf der Rückseite des Armbandes verschmelzen oder festkleben. Einen Makrameeverschluss machen oder das Armband mit einem Kreuzknoten oder einem anderen Knoten am Arm befestigen.

MAKRAMEEARMBAND MIT GEKREUZTEN KNOTEN

Jetzt wird es richtig schwer! Aber verliere nicht den Mut, denn diese Knoten ergeben ein wunderschönes Armband. Ich habe die Knoten immer nur an einem Mittelfaden gemacht, damit man sieht, wie die Fäden ihren Platz wechseln.

MATERIAL

----

1 Nylonfaden 80 cm
1 Nylonfaden 200 cm
Die Fäden sind 2 mm dick.

TECHNIK

Abschluss Seite 20
Verschluss Seite 21

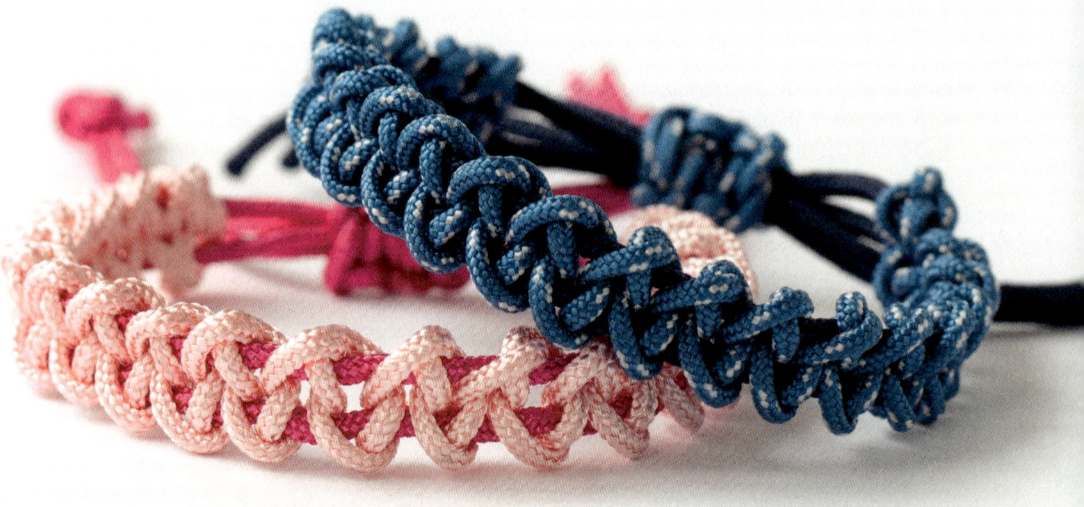

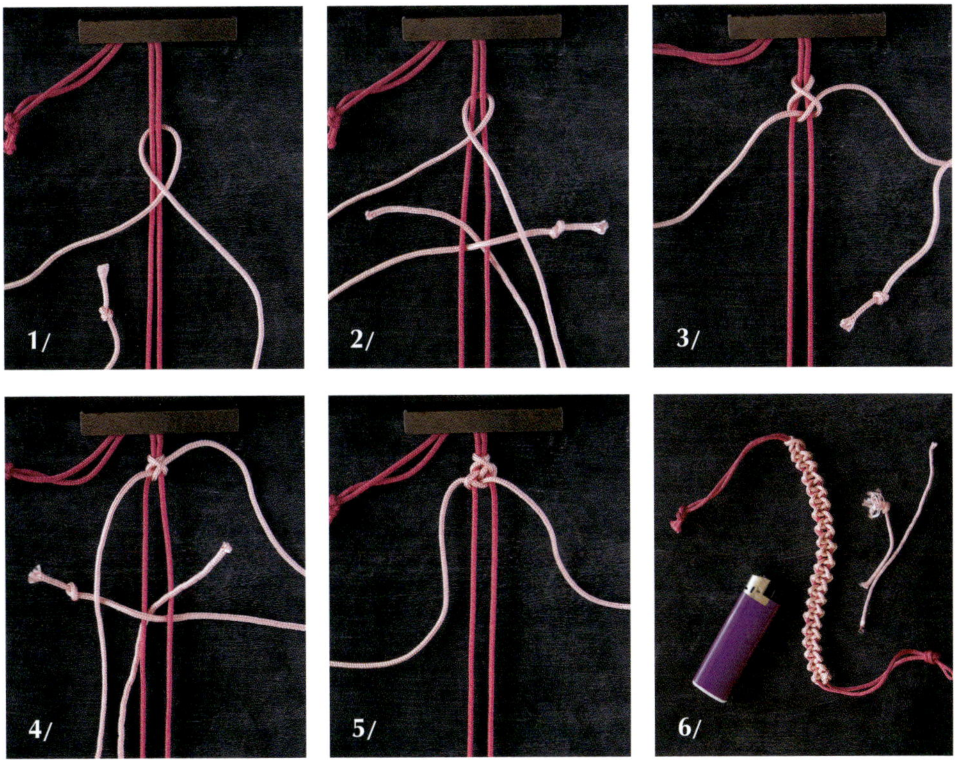

1/ Den kürzeren Faden in der Mitte umbiegen, oben einen Knoten machen und den Faden an einem Clipboard, mit einer Sicherheitsnadel am Hosenbein oder etwas Klebeband am Tisch befestigen. Das sind deine Mittelfäden. Den Knüpffaden mittig unter die Mittelfäden legen, mit gleich viel Fadenlänge auf jeder Seite, und über den Mittelfäden über Kreuz legen. **2/** Fädele den linken Knüpffaden unter dem linken Mittelfaden durch und über den rechten Mittelfaden. Lege ihn unter den rechten Knüpffaden. Fädele den rechten Knüpffaden unter dem rechten Mittelfaden durch und über den linken Mittelfaden. **3/** Den Knoten vorsichtig anziehen. Wenn er so aussieht, als neige er sich eher zur rechten Seite als zur Mitte, ist es richtig.

4/ Jetzt machen wir das Gleiche zur anderen Seite. Fädele den rechten Knüpffaden unter dem rechten Mittelfaden durch und über den linken Mittelfaden. Lege ihn unter den linken Mittelfaden. Fädele den linken Knüpffaden unter dem linken Mittelfaden durch und über den rechten Mittelfaden. **5/** Den Knoten vorsichtig anziehen. Dieser Knoten neigt sich eher zur linken Seite als zur Mitte. Weiterarbeiten, bis das Armband lang genug ist. Der geknüpfte Teil von meinem Armband ist 14 cm lang. **6/** Das Armband von Clipboard, Sicherheitsnadel oder Tischplatte lösen. Die Knüpffäden abschneiden und auf der Rückseite des Armbandes verschmelzen oder festkleben. Einen Knoten am Ende der Mittelfäden machen. Einen Makrameeverschluss machen oder das Armband mit einem Kreuzknoten oder einem anderen Knoten am Arm befestigen.

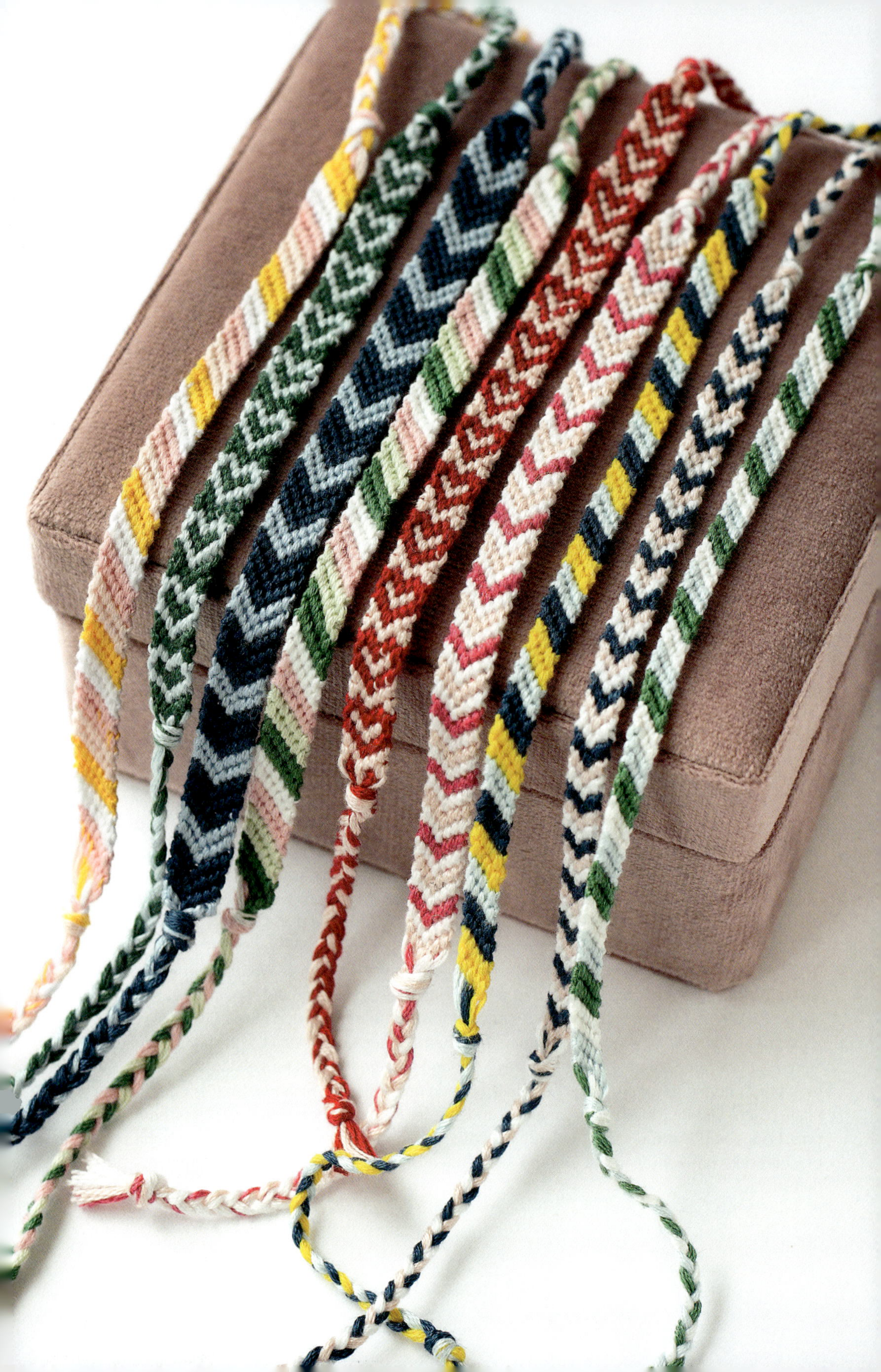

FREUNDSCHAFTS-ARMBAND

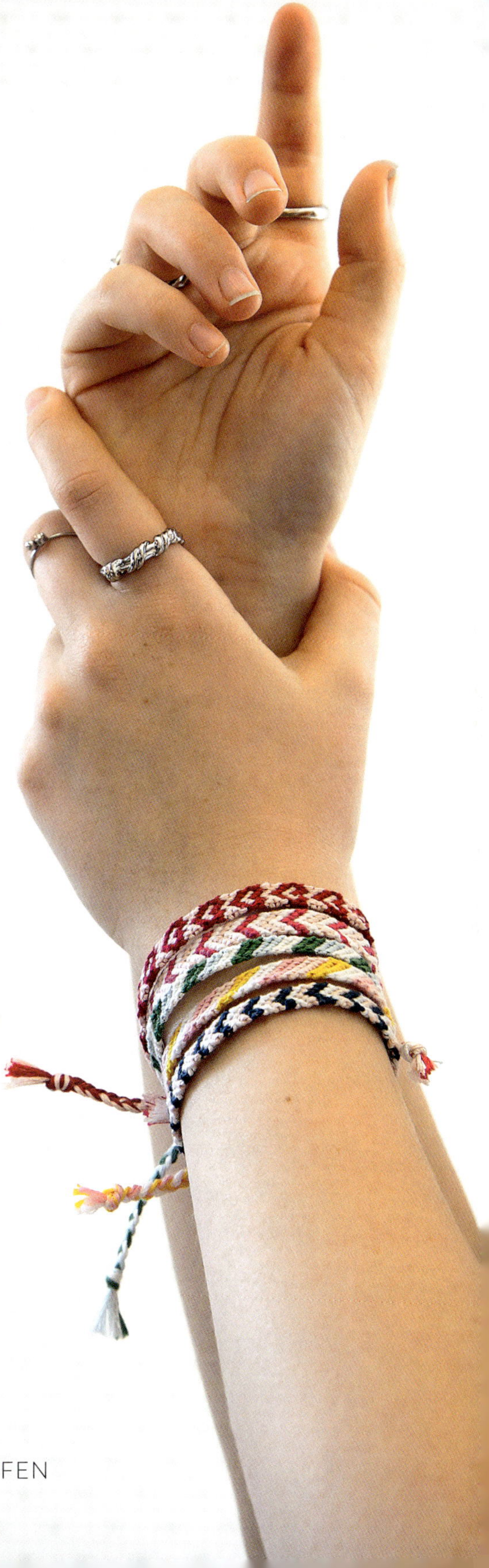

Auch die klassischen Freundschaftsarmbänder haben eine lange Geschichte, und ihr Ursprung liegt wahrscheinlich in Süd- und Zentralamerika. Die Armbänder erlebten in den 1970er-Jahren ein Revival und wurden sowohl von Teenagern als auch Erwachsenen getragen, von Männern wie Frauen. Die Armbänder sind oft in schönen Mustern und Farben geknüpft. Die Idee ist, dass ein Armband für einen Freund geknüpft wird, als Beweis für die Freundschaft, und man soll es so lange tragen, bis es sich von allein auflöst. Du kannst dein Armband natürlich auch selbst behalten, wenn du das lieber möchtest. Es ist schließlich eine Menge Arbeit, ein Freundschaftsarmband herzustellen.

Die Breite des Armbandes wird durch die Anzahl der Fäden bestimmt. Viele Fäden ergeben ein breites Armband und weniger Fäden ein schmales. Für Freundschaftsarmbänder benutzt man einen Knoten, der Rippenknoten oder doppelter halber Schlag heißt, und er wird entweder nach links oder nach rechts geknüpft. Der von links geknüpfte ist der Vorwärtsknoten, der von rechts geknüpfte der Rückwärtsknoten.

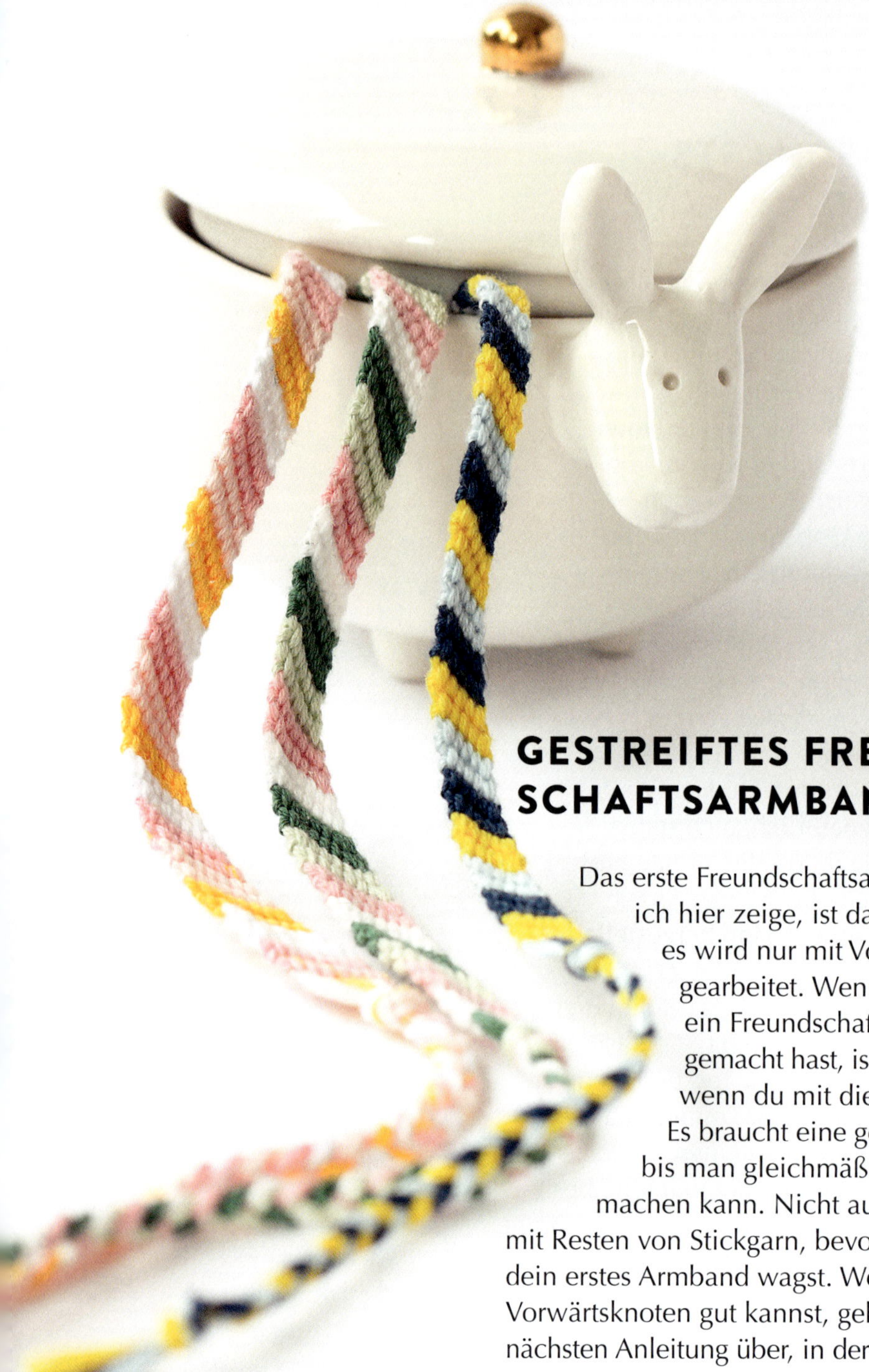

GESTREIFTES FREUNDSCHAFTSARMBAND

Das erste Freundschaftsarmband, das ich hier zeige, ist das einfachste, es wird nur mit Vorwärtsknoten gearbeitet. Wenn du noch nie ein Freundschaftsarmband gemacht hast, ist es am besten, wenn du mit diesem anfängst. Es braucht eine gewisse Übung, bis man gleichmäßige Knoten machen kann. Nicht aufgeben! Übe mit Resten von Stickgarn, bevor du dich an dein erstes Armband wagst. Wenn du den Vorwärtsknoten gut kannst, gehst du zur nächsten Anleitung über, in der ich den Rückwärtsknoten zeige. Ich knüpfe mit sechs Fäden. Wenn dein Armband breiter sein soll, nimmst du mehr Fäden.

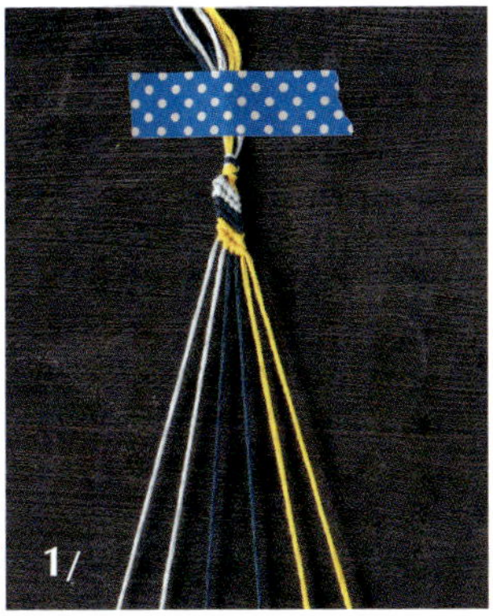

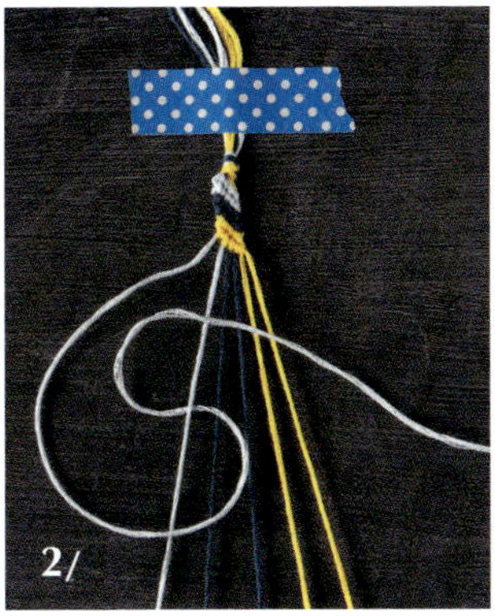

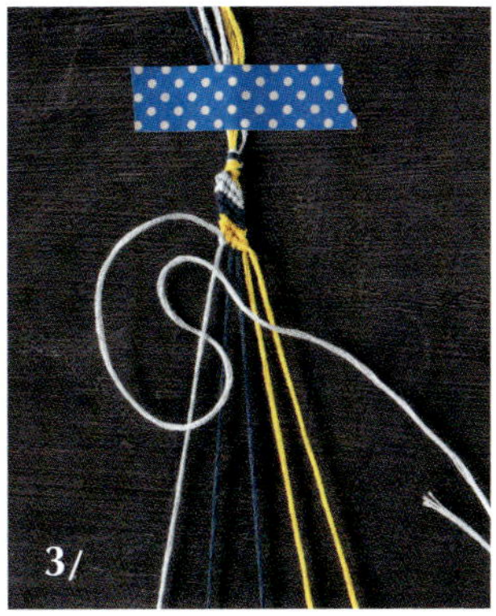

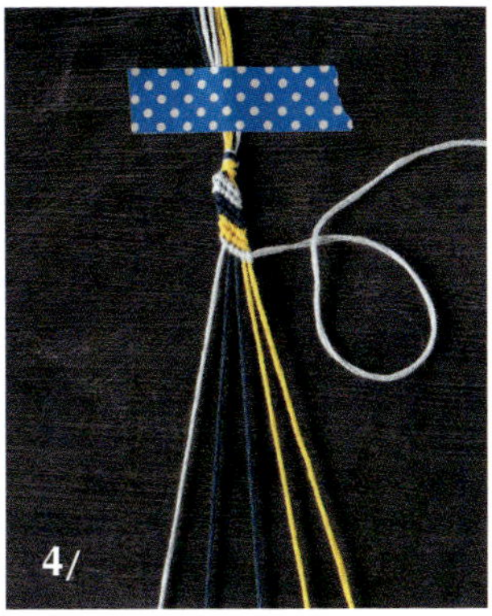

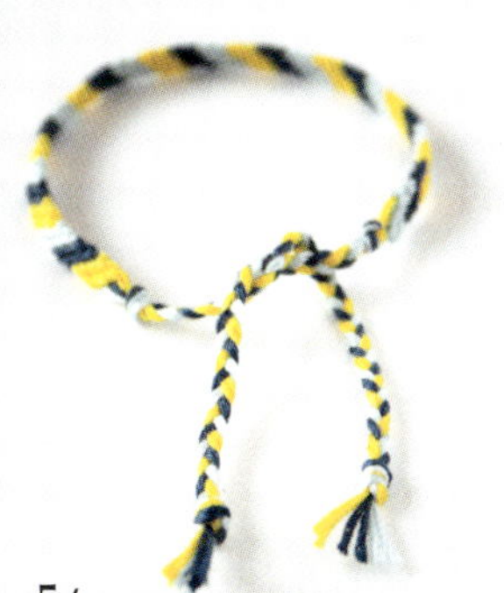

5/

MATERIAL

6 Fäden Stickgarn 100 cm

TECHNIK

Vorwärtsknoten Seite 19

1/ Alle Fäden mit einem gewöhnlichen Knoten ca. 10–12 cm von oben zusammenknoten. Das Fadenbündel an einem Clipboard, mit einer Sicherheitsnadel am Hosenbein oder etwas Klebeband am Tisch befestigen. **2/** Den äußeren linken Faden über und um den nächsten Faden von rechts führen und die Schlaufe festziehen. Damit der Knoten richtig wird, musst du den Faden immer gut in die Richtung anziehen, in die du knüpfst. **3/** Einen genau gleichen Knoten mit den Fäden machen.

4/ Mit demselben Faden weiterarbeiten und immer zwei Knoten um jeden der nach rechts folgenden Fäden machen. Dabei den Faden, um den die Knoten gemacht werden, immer auf Spannung halten. Wenn das deine erste Reihe ist, die Knoten direkt untereinander platzieren, damit sie eine leicht abfallende Linie ergeben. Der Arbeitsfaden ist jetzt ganz rechts angekommen. Dann wieder von links anfangen und den Faden, der jetzt links liegt, als Arbeitsfaden benutzen. Weiter knüpfen, bis das Armband lang genug ist. Der geknüpfte Teil von meinem Armband ist 15 cm lang. **5/** Das Armband von Clipboard, Sicherheitsnadel oder Tischplatte lösen. Einen gewöhnlichen Knoten am Anfang und am Ende des geknüpften Teils machen. Die restlichen Fäden flechten und wieder einen gewöhnlichen Knoten am Ende machen. Das Armband um deinen Arm oder den eines Freundes knoten.

FREUNDSCHAFTSARMBAND MIT V-FÖRMIGEM MUSTER

Um ein v-förmiges Muster zu erhalten, teile ich die Fäden in zwei Gruppen, eine linke und eine rechte. Auf der linken Seite knüpfe ich Vorwärtsknoten, auf der rechten Seite Rückwärtsknoten. Wenn die äußeren Fäden sich in der Mitte treffen, werden sie mit einem Vorwärtsknoten zusammengeknüpft. Die Farben müssen auf der rechten und linken Seite gleich sein und spiegelverkehrt. Ich knüpfe mit acht Fäden. Wenn dein Armband breiter sein soll, nimmst du mehr Fäden.

MATERIAL	TECHNIK
8 Fäden Stickgarn 100 cm	Vorwärtsknoten Seite 19 Rückwärtsknoten Seite 19

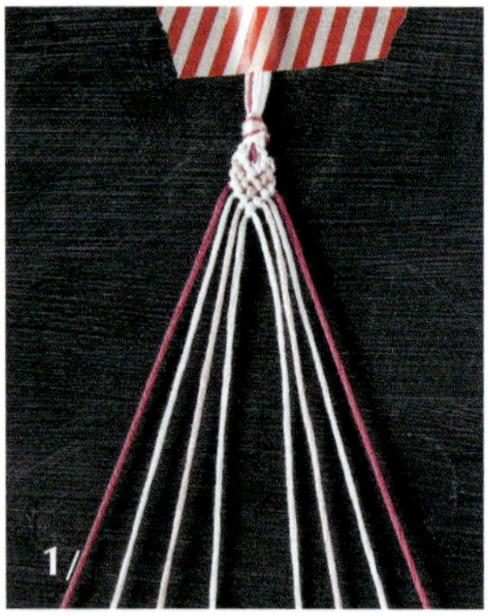

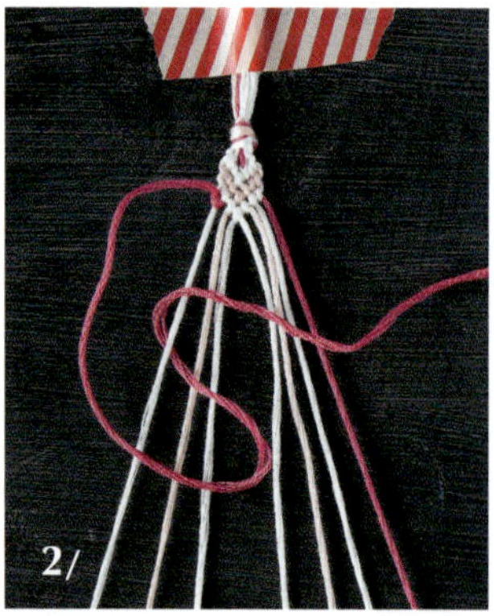

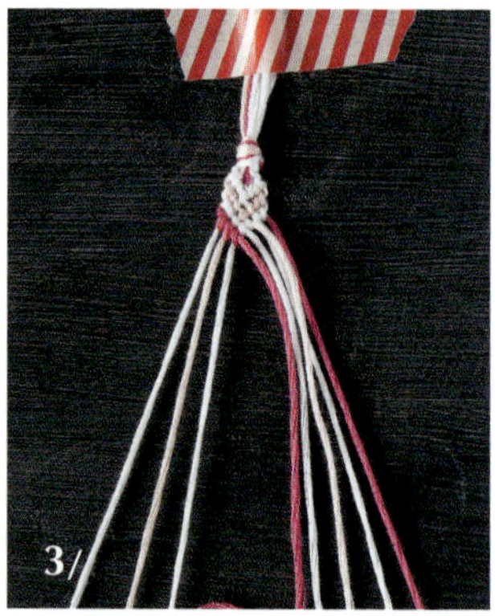

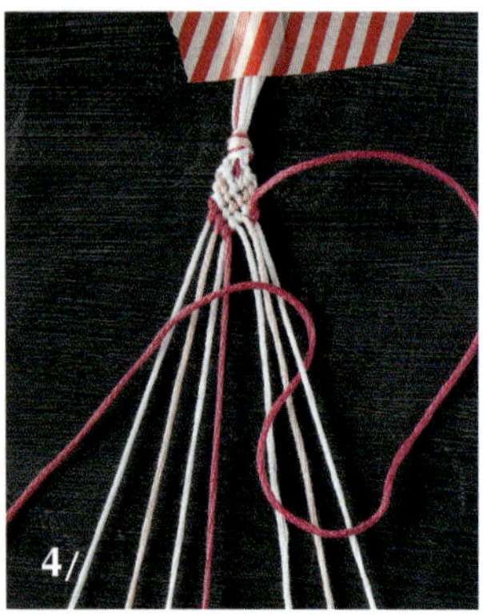

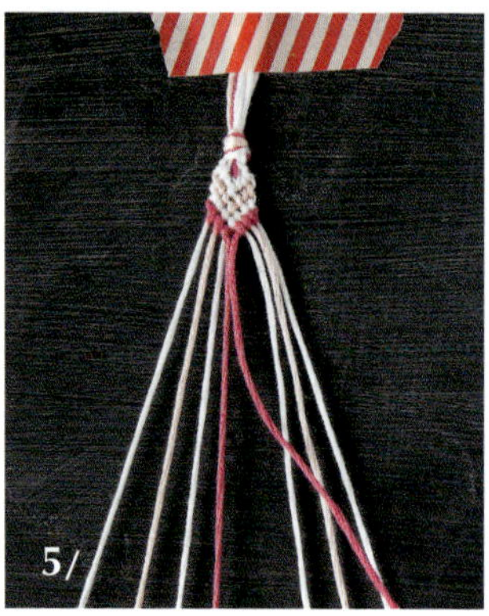

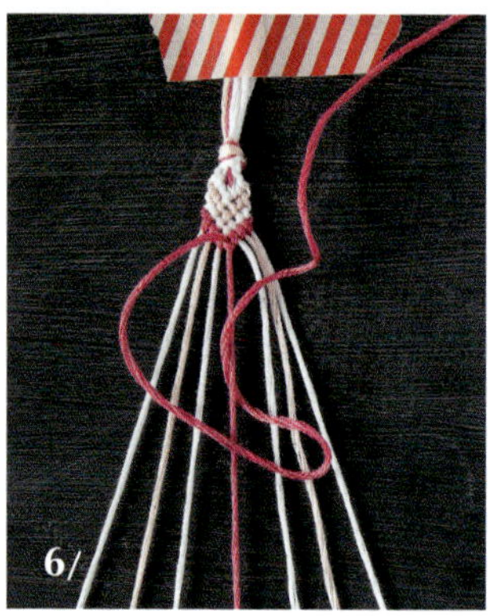

1/ Alle Fäden mit einem gewöhnlichen Knoten ca. 10–12 cm von oben zusammenknoten. Das Fadenbündel an einem Clipboard, mit einer Sicherheitsnadel am Hosenbein oder etwas Klebeband am Tisch befestigen. Die Farben so verteilen, dass die Farben auf der rechten und der linken Seite gleich sind, aber spiegelverkehrt liegen. **2/** Zwei Vorwärtsknoten mit dem äußeren linken Faden und dem Faden daneben machen. Wenn du unsicher bist, wie der Knoten aussieht, kannst du auf Seite 44 beim gestreiften Armband nachsehen. **3/** Um jeden der übrigen Fäden auf der linken Seite zwei Knoten machen. Dabei mit demselben Faden knüpfen, bis er in der Mitte angekommen ist.

4/ Jetzt kommen die Rückwärtsknoten. Sie werden genauso gemacht, nur in die andere Richtung. Den äußeren rechten Faden über und um den nächsten Faden links legen und durch die Schlaufe ziehen, die sich gebildet hat. Einen genau gleichen Knoten wieder mit denselben Fäden machen. Dabei den Faden, um den die Knoten gemacht werden, immer auf Spannung halten. **5/** Um jeden der übrigen Fäden auf der rechten Seite zwei Knoten machen. Dabei mit demselben Faden knüpfen, bis er in der Mitte angekommen ist. **6/** Wenn sich die äußeren Fäden in der Mitte treffen, werden sie mit zwei Vorwärtsknoten zusammengeknüpft. Wieder den Faden auf Spannung halten, um den der Knoten gemacht wird. Dann wieder von links und rechts abwechselnd knüpfen, bis das Armband lang genug ist. Der geknüpfte Teil von meinem Armband ist 15 cm lang. Das Armband von Clipboard, Sicherheitsnadel oder Tischplatte lösen. Einen gewöhnlichen Knoten am Anfang und am Ende des geknüpften Teils machen. Die restlichen Fäden flechten und wieder einen gewöhnlichen Knoten am Ende machen. Das Armband um deinen Arm oder den eines Freundes knoten.

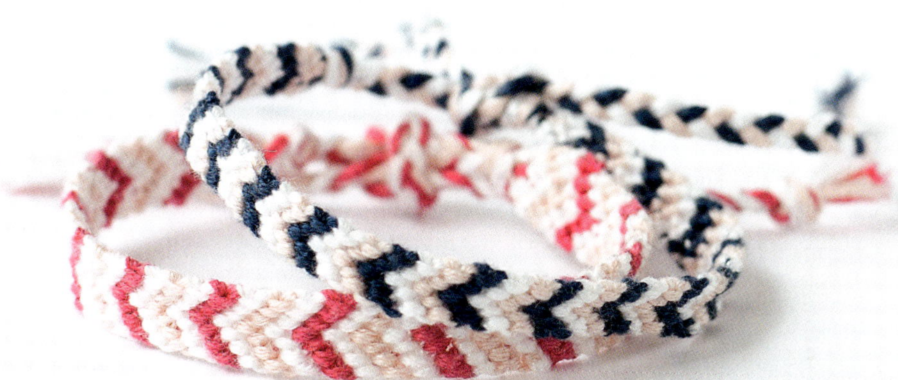

FREUNDSCHAFTSARMBAND MIT HERZEN

Das hier ist ein extrem kniffliges Projekt, aber verzweifele nicht. Das Herzmuster besteht praktisch nur aus Vorwärts- und Rückwärtsknoten, die aber in einer anderen Reihenfolge geknüpft werden als bei den zwei vorherigen Anleitungen. Die Farben der Fäden müssen auf der rechten und linken Seite gleich sein, nur spiegelverkehrt.

MATERIAL

8 Fäden Stickgarn 100 cm

TECHNIK

Vorwärtsknoten Seite 19
Rückwärtsknoten Seite 19

1/ Alle Fäden mit einem gewöhnlichen Knoten ca. 10–12 cm von oben zusammenknoten. Das Fadenbündel an einem Clipboard, mit einer Sicherheitsnadel am Hosenbein oder etwas Klebeband am Tisch befestigen. Die Farben so verteilen, dass die Farben auf der rechten und der linken Seite gleich sind, aber spiegelverkehrt liegen. **2/** Jetzt beginnen wir mit einem Herz. Nimm den zweiten Faden von links und mache zwei Rückwärtsknoten um den äußeren linken Faden. Damit der Knoten schön wird, den Faden, um den die Knoten gemacht werden, immer auf Spannung halten. **3/** Nimm den zweiten Faden von rechts und mache zwei Vorwärtsknoten um den äußeren rechten Faden.

4/ Den äußeren Faden ganz links zur Seite legen und mit den nächsten Fäden der Reihe nach doppelte Vorwärtsknoten zur Mitte hin machen. **5/** Den äußeren Faden ganz rechts zur Seite legen und mit den nächsten Fäden der Reihe nach doppelte Rückwärtsknoten zur Mitte hin machen. **6/** Wenn sich die äußeren Fäden in der Mitte treffen, werden sie mit zwei Vorwärtsknoten zusammengeknüpft.

7/ Schritt 2 und 3 wiederholen, also mit dem zweiten Faden von links zwei Rückwärtsknoten rund um den äußeren linken Faden machen. Den zweiten Faden von rechts nehmen und zwei Vorwärtsknoten rund um den äußeren rechten Faden machen. **8/** Schritt 4 und 5 wiederholen. **9/** Eine »gewöhnliche« Runde knüpfen, also Vorwärtsknoten von links zur Mitte und Rückwärtsknoten von rechts zur Mitte und zwei Vorwärtsknoten, um die Fäden in der Mitte zusammenzuknüpfen. Dann wieder bei Schritt 2 beginnen und wiederholen, bis das Armband lang genug ist. Der geknüpfte Teil von meinem Armband ist 15 cm lang. Das Armband von Clipboard, Sicherheitsnadel oder Tischplatte lösen. Einen gewöhnlichen Knoten am Anfang und am Ende des geknüpften Teils machen. Die restlichen Fäden flechten und wieder einen gewöhnlichen Knoten am Ende machen. Das Armband um deinen Arm oder den eines Freundes knoten.

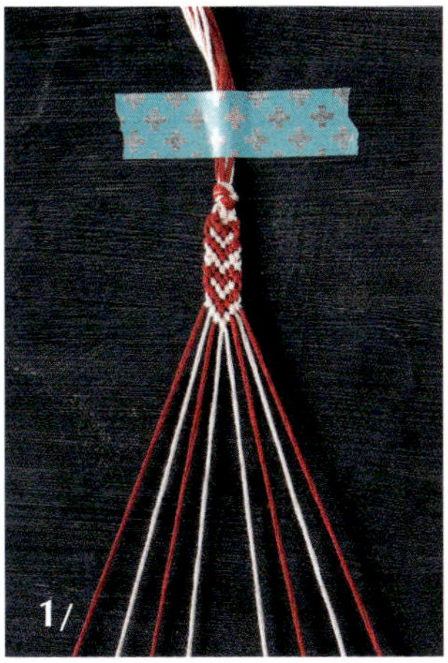
1/

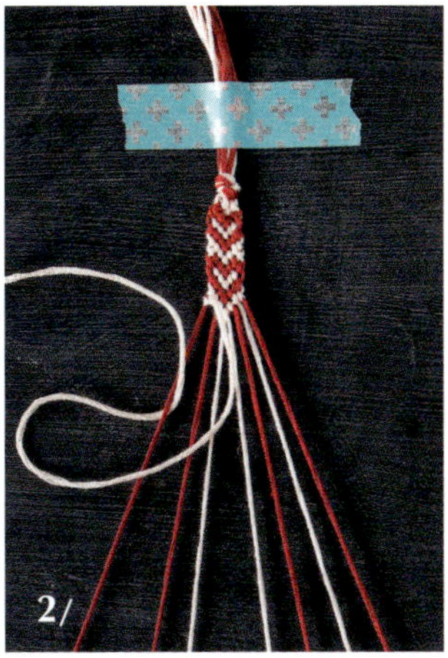
2/

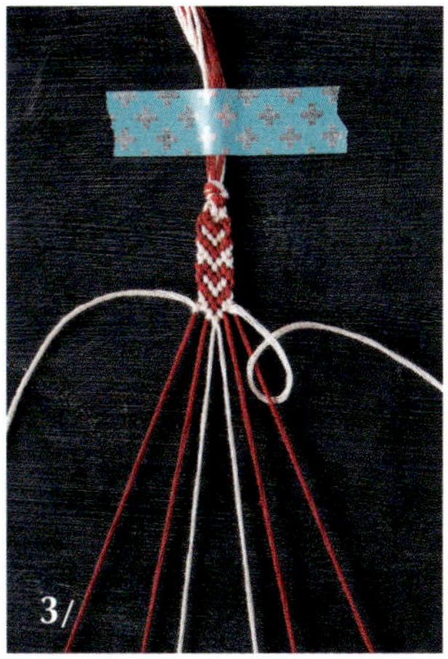
3/

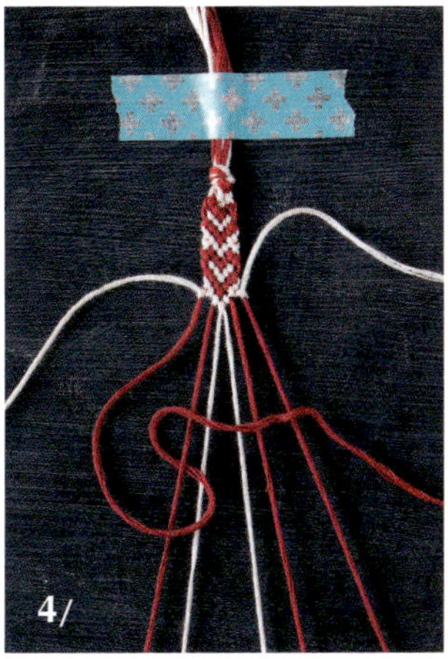
4/

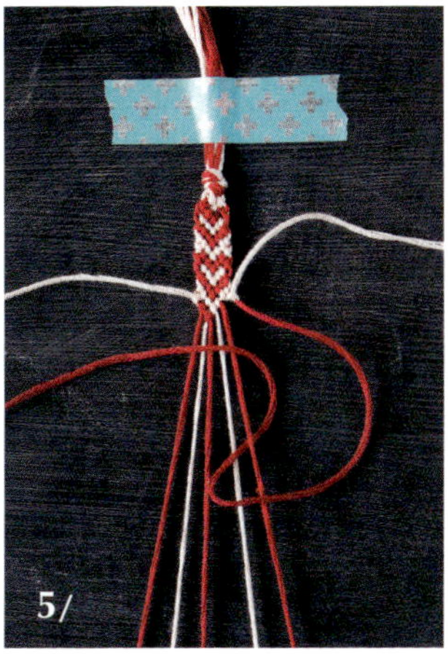
5/

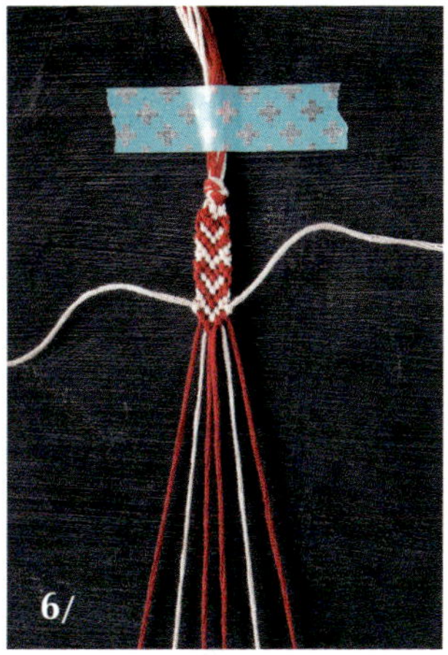
6/

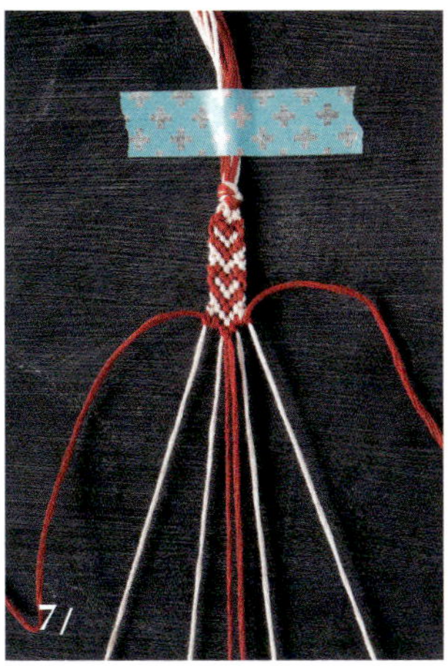
7/

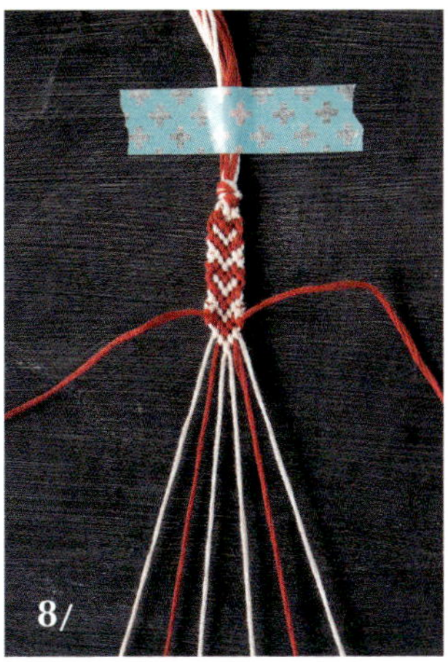
8/

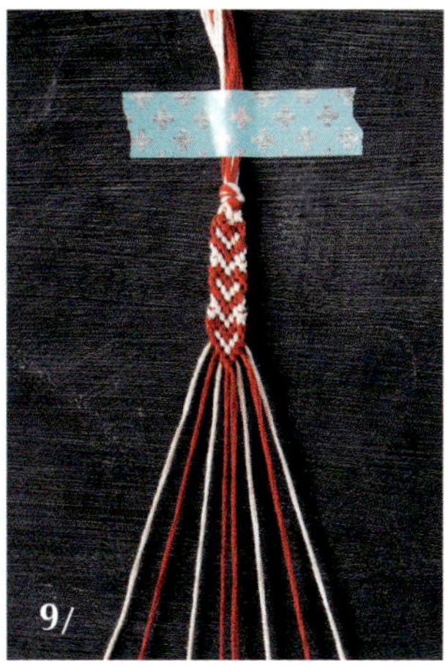
9/

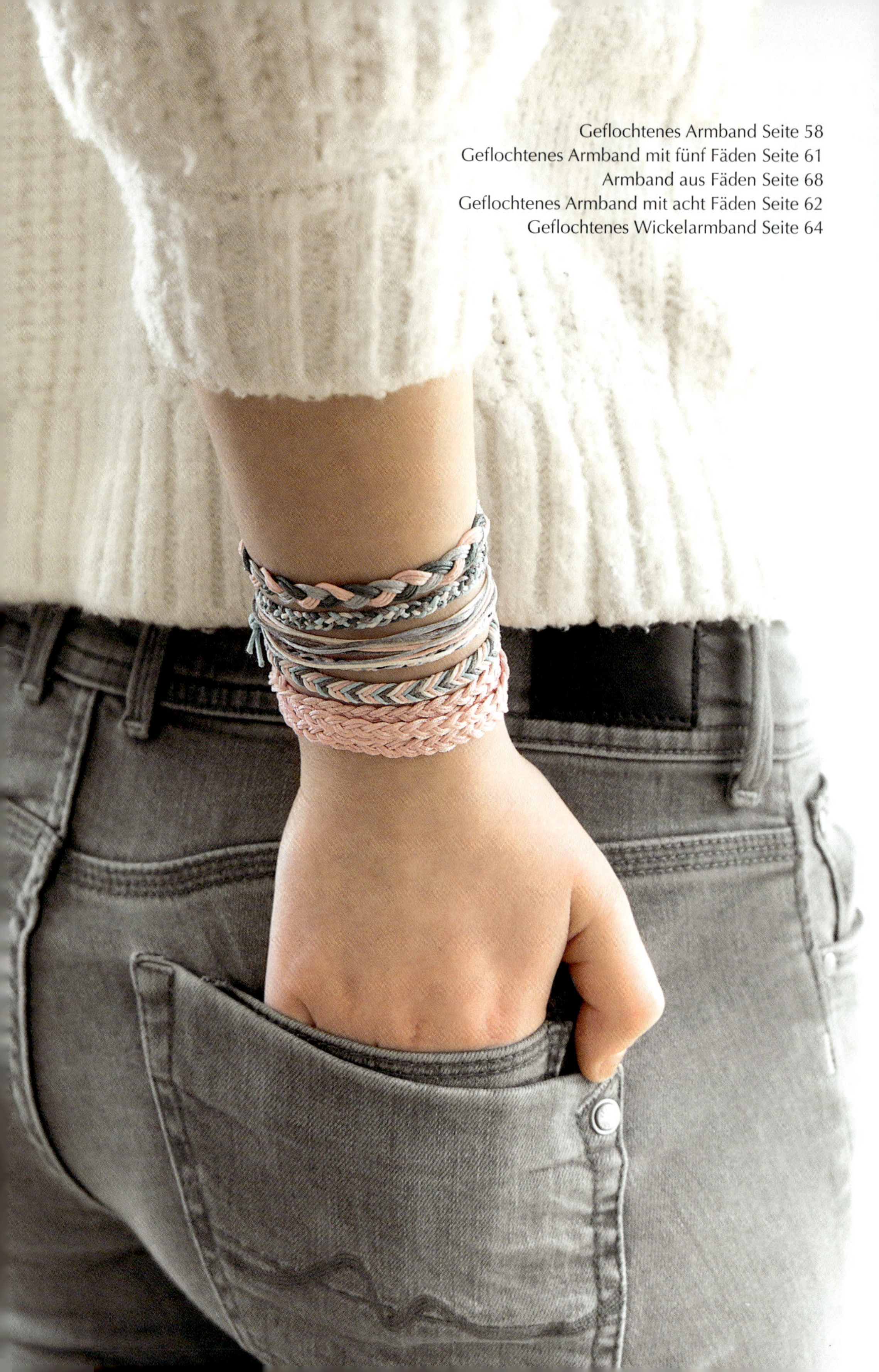

Geflochtenes Armband Seite 58
Geflochtenes Armband mit fünf Fäden Seite 61
Armband aus Fäden Seite 68
Geflochtenes Armband mit acht Fäden Seite 62
Geflochtenes Wickelarmband Seite 64

FLECHTEN

Schon seit Urzeiten haben sich Menschen in verschiedenen Kulturen damit beschäftigt, Bänder zu flechten, sowohl zum praktischen Nutzen als auch zum Vergnügen. Oft sind die Techniken und Werkzeuge gleich, aber die Variationen sind fast unendlich. Es gibt viele, die glauben, dass das Weben aus dem Flechten entstanden ist. Tatsächlich sind die beiden Techniken gar nicht so unterschiedlich, denn beim Flechten macht man keine Knoten. Das Muster wird durch den Wechsel der Fäden gebildet, die abwechselnd über- und untereinander verwebt werden.

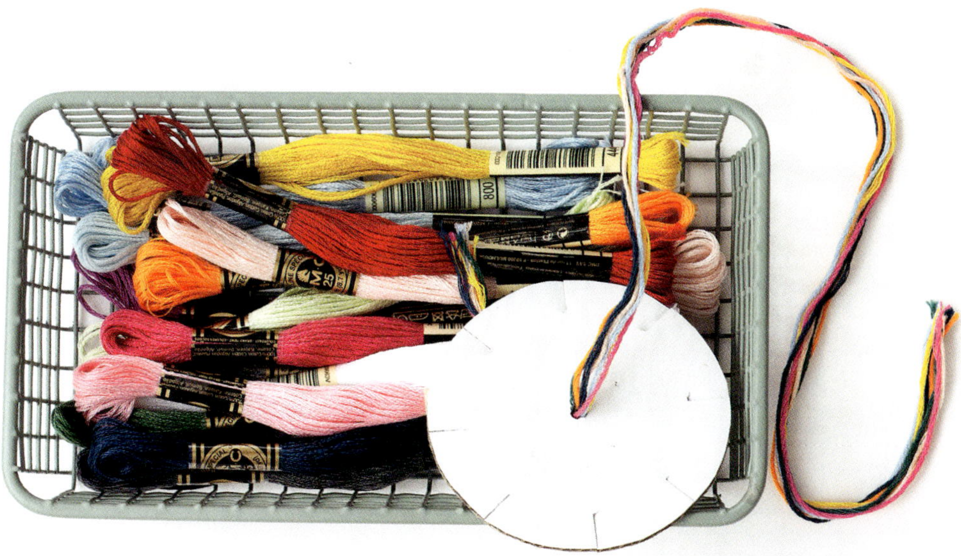

FLECHTEN

Historisch gesehen haben die Menschen fast alles geflochten, was sie vorgefunden haben: Haare, Leder, Seile, Metallfäden, Stroh, Gras, Weidenzweige, Rinde – und schließlich auch Teig! In diesem Kapitel verwende ich nichts davon, ich benutze schlichte Schnüre und Fäden.

3-FÄDIGER ZOPF

Den üblichen 3-fädigen Zopf kannst du sicher schon. Das ist auch der einfachste von allen.

1/ Die Fäden so platzieren, dass sie direkt nebeneinander liegen, einer auf der linken und zwei auf der rechten Seite. **2/** Den rechten Faden über den in der Mitte legen und den mittleren Faden nach rechts. **3/** Den linken Faden über den, der nun in der Mitte liegt und den mittleren nach links legen. Genauso wiederholen: den rechten über den mittleren, den mittleren nach links, dann den linken über den mittleren und den mittleren nach links.

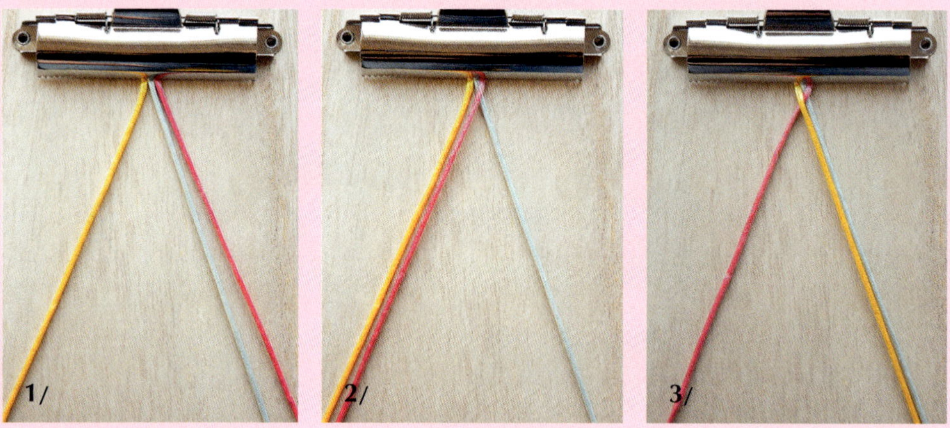

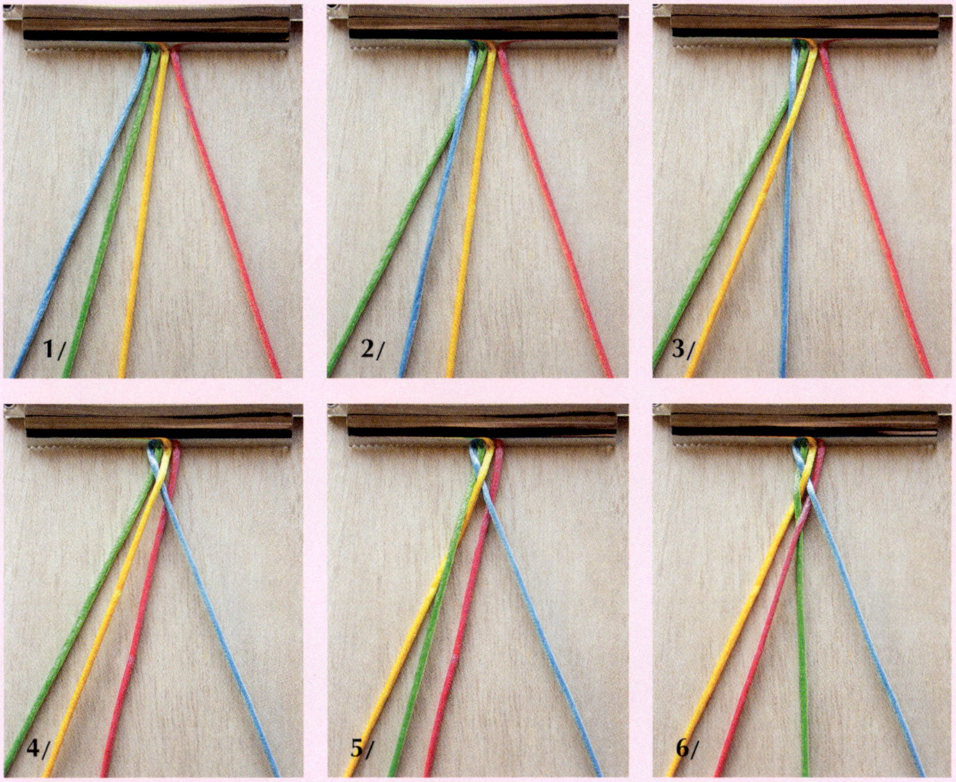

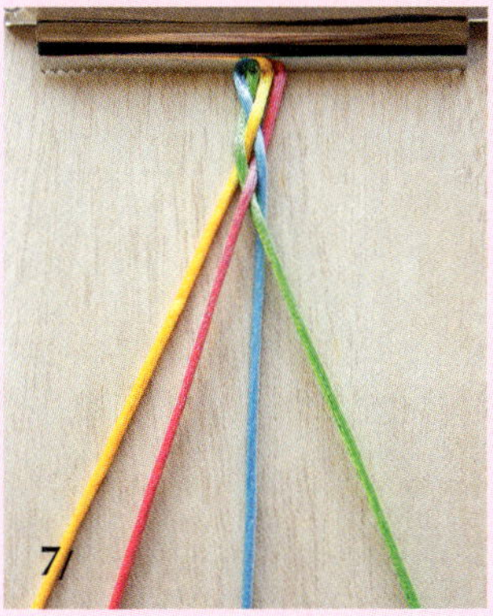

4-FÄDIGER ZOPF

1/ Die Fäden so platzieren, dass sie direkt nebeneinander liegen, drei auf der linken und einer auf der rechten Seite. **2/** Links beginnen. Den blauen Faden über den grünen legen, der der mittlere in der linken Gruppe ist. **3/** Dann den gelben Faden über den blauen legen. Bis hier ist es genauso wie beim Flechten mit drei Fäden.

4/ Im Gegensatz zu einem einfachen Zopf wird nun der blaue Faden nach ganz rechts über den rosa Faden geführt. Er liegt nun für sich, und der rosarote gehört zur Gruppe links. **5/** Auf diese Weise weiterarbeiten: den grünen von links über den gelben legen. **6/** Den rosaroten Faden über den grünen legen.

7/ Jetzt wird der grüne nach ganz rechts über den blauen Faden geführt. Der grüne liegt nun für sich, und der blaue gehört zur Gruppe links. Schritt 2–4 wiederholen, bis der Zopf lang genug ist.

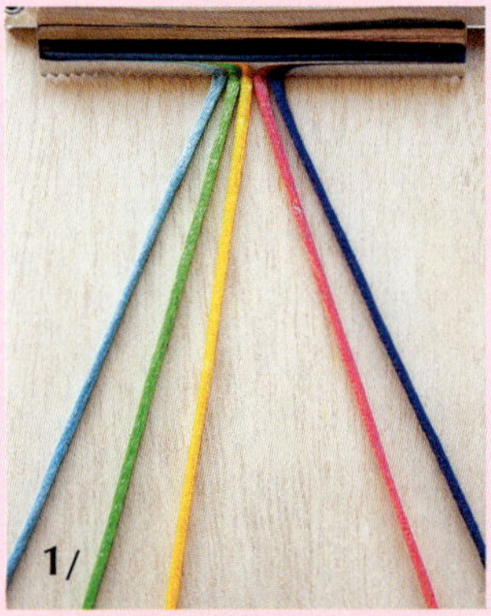

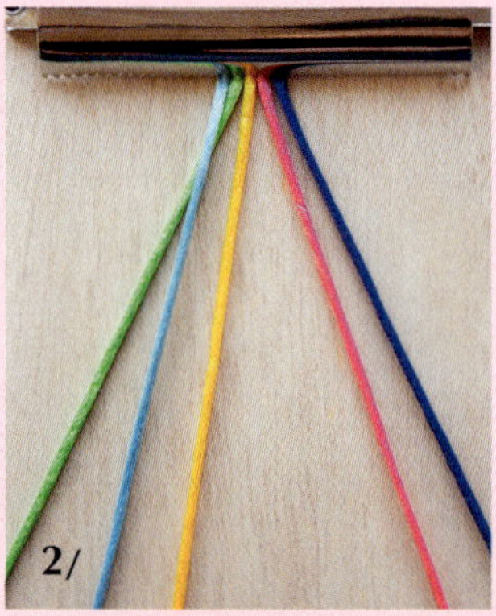

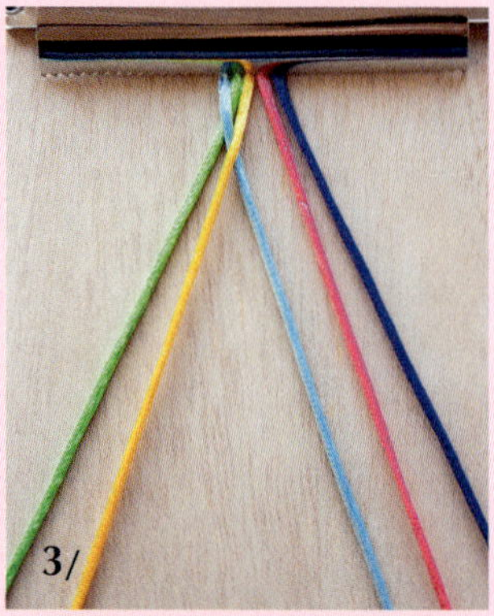

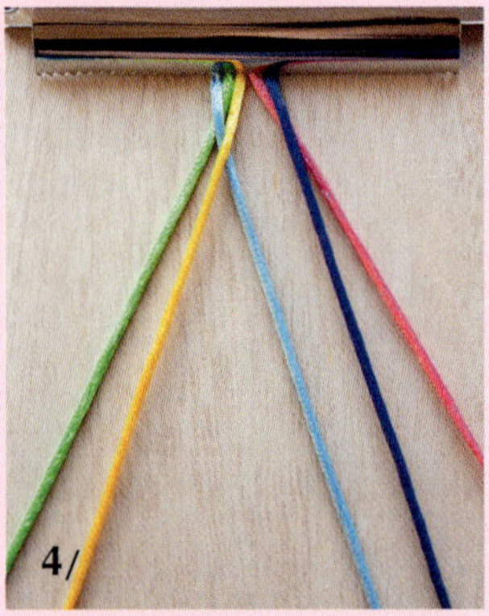

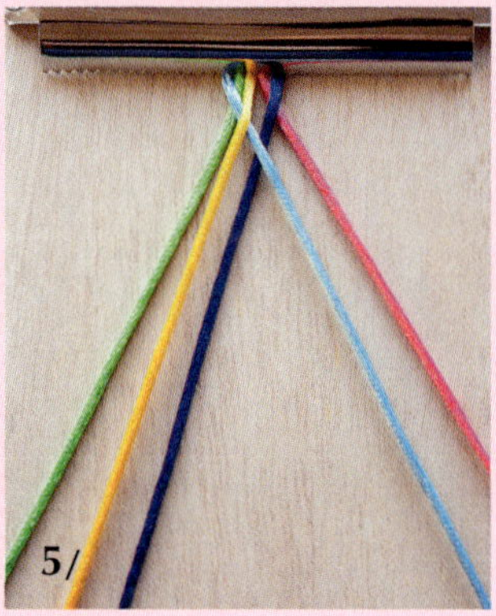

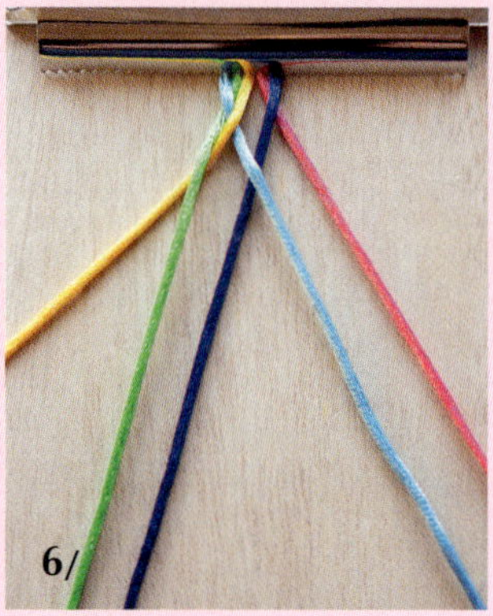

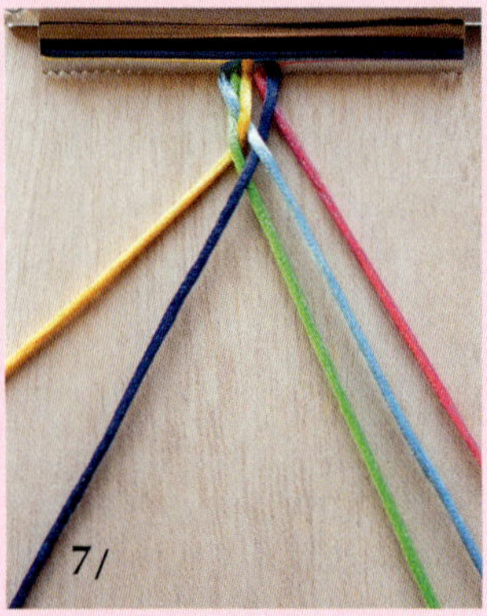

5-FÄDIGER ZOPF

1/ Die Fäden so platzieren, dass sie direkt nebeneinander liegen, drei auf der linken und zwei auf der rechten Seite. **2/** Links beginnen. Den blauen Faden über den grünen legen, der der mittlere in der linken Gruppe ist. **3/** Dann den gelben Faden über den blauen legen. Bis hier ist es genauso wie beim Flechten mit drei Fäden. Aber im Gegensatz zu einem einfachen Zopf wird nun der blaue Faden parallel neben die Fäden ganz rechts gelegt.

4/ Jetzt geht es von rechts weiter. Der dunkelblaue Faden wird über den rosaroten gelegt, der in der Mitte der rechten Gruppe liegt. **5/** Den blauen über den dunkelblauen legen und den dunkelblauen parallel neben die Fäden auf der linken Seite legen. **6/** Auf diese Weise weiterarbeiten: den grünen von links über den mittleren gelben legen. **7/** Den dunkelblauen Faden über den grünen legen und den grünen parallel neben die Fäden der rechten Seite. Schritt 4–7 wiederholen, bis der Zopf lang genug ist.

ABSCHLUSS UND VERSCHLUSS

SCHIEBEKNOTEN

Wenn man das Armband an- und ausziehen will, braucht man einen Verschluss, zum Beispiel einen Schiebeknoten.

1/ Einen Faden über den anderen legen, sodass sie einen Kreis bilden. **2/** Den oberen Faden einmal um den unteren wickeln.

3/ Den oberen Faden ein zweites Mal um den unteren wickeln, jetzt links vom ersten Mal. **4/** Das Ende des oberen Fadens durch die zwei Schlaufen fädeln, die sich gebildet haben.

5/ Am oberen Faden ziehen und den Schiebeknoten zusammenziehen. An jedem Ende des Fadens einen Knoten machen.

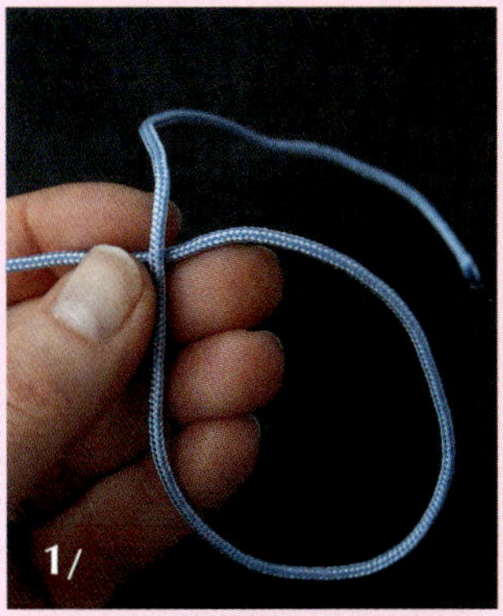

1/

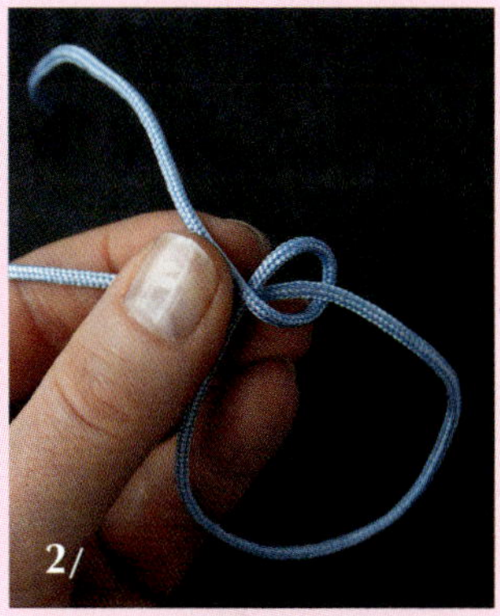

2/

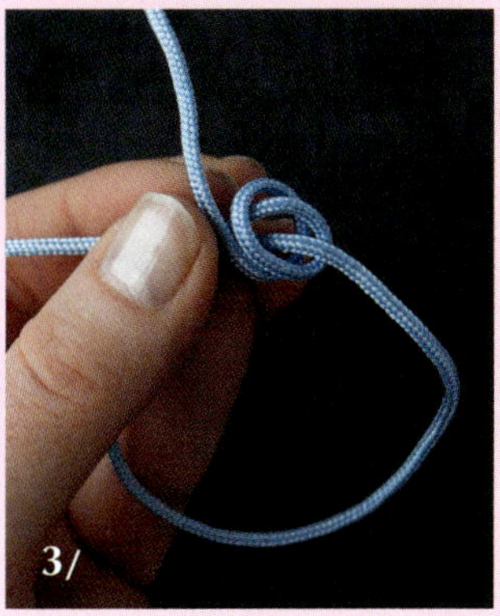

3/

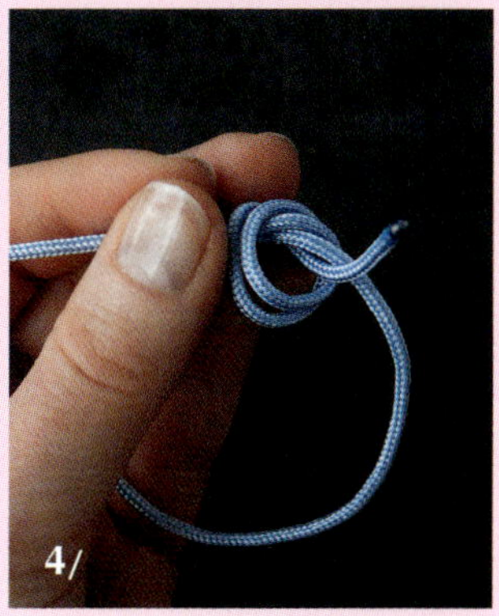

4/

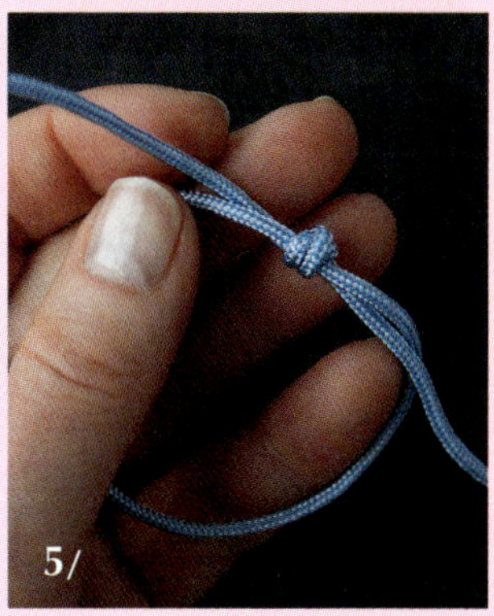

5/

KREUZKNOTEN

Du kannst dein Armband natürlich auch direkt am Arm befestigen, mit einem Kreuzknoten oder einem gewöhnlichen Knoten. Mehr dazu findest du auf Seite 21.

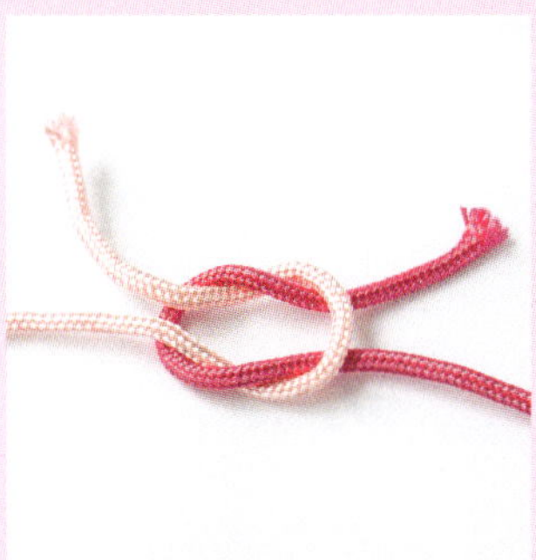

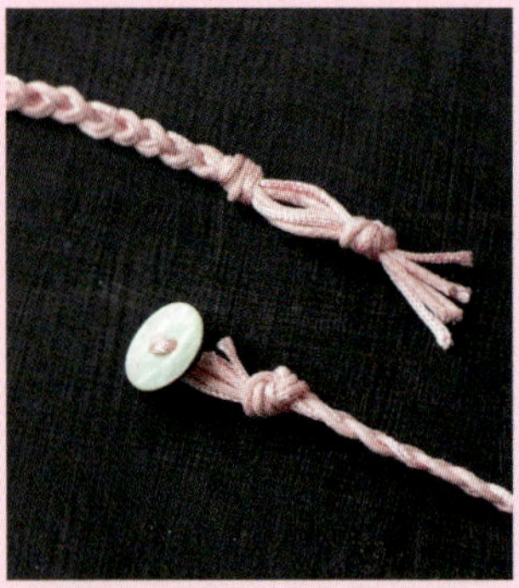

VERSCHLUSS MIT KNOPF UND ÖSE

Du kannst auch einen Verschluss mit einem Knopf und einer Öse machen. Dafür einen Knopf mittig auf einen der Fäden auffädeln, mit denen geflochten wird, und den Faden am Knopf umbiegen. Den dritten Faden mit einem Knoten direkt unter dem Knopf befestigen. Auf der anderen Seite des Armbandes machst du nach dem Zopf einen gewöhnlichen Knoten und dann noch mal einen Knoten, ein paar Zentimeter hinter dem ersten, damit eine Öse entsteht. Die soll nur so groß sein, dass der Knopf gerade durch passt. Einen kleinen Klecks Klebstoff auf den Knoten geben und ihn fest anziehen.

TAKLING

Man kann mehrere Fäden ganz leicht an einem Faden befestigen, indem man einfach einen Knoten macht. Wie das aussieht, siehst du auf Seite 95. Eine hübschere Art, die Fäden zu befestigen, ist ein sogenanntes Takling.

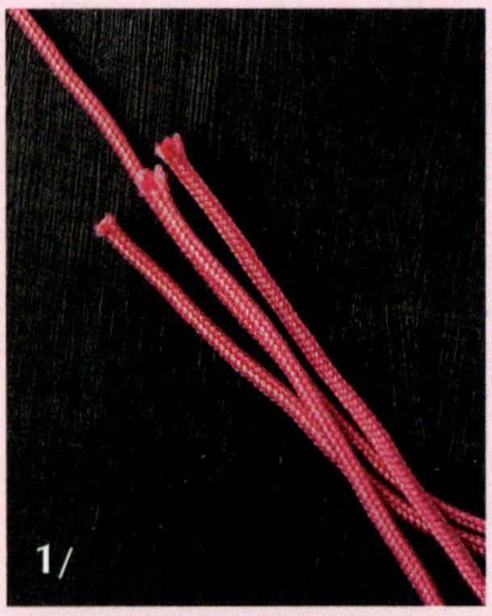

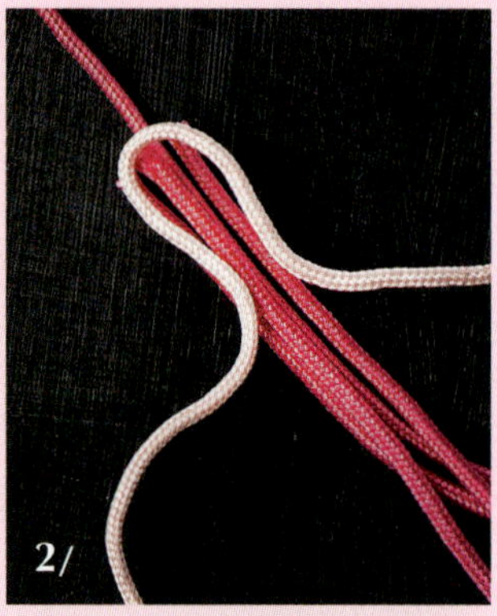

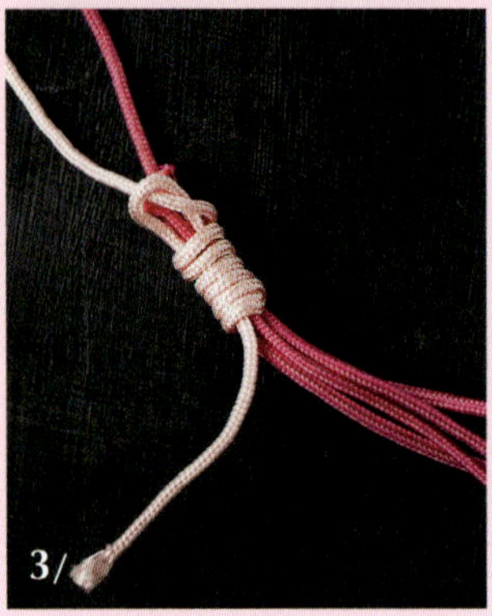

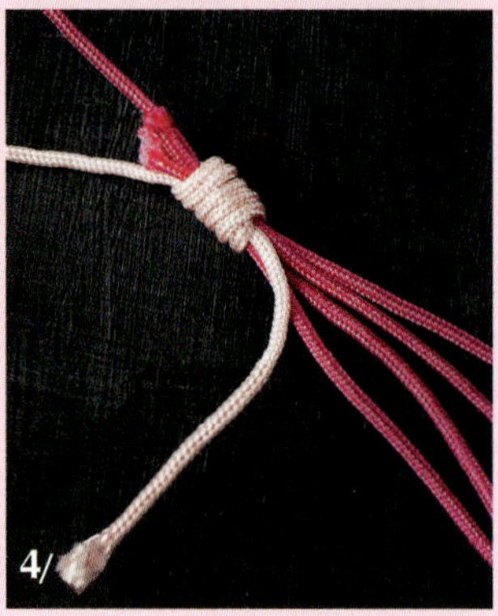

1/ Alle Fäden, die befestigt werden sollen, in einem Bündel um den Faden legen. **2/** Einen neuen, ca. 20 cm langen gewachsten Faden nehmen. Auf dem Foto ist er lachsrosa. Aus dem Faden in der Mitte ein U formen und das U mit der gebogenen Seite nach oben an die Oberkante der kurzen Fäden legen.

3/ Den gewachsten Faden fest und eng um das Fadenbündel wickeln, aber nicht über die Schlaufe hinaus. Das obere Ende des gewachsten Fadens durch die Schlaufe ziehen. **4/** An dem Ende ziehen, das unten aus den Umwicklungen heraushängt, und dadurch die Schlaufe und den Faden oben unter die Umwicklungen ziehen. An beiden Enden ziehen, damit sicher ist, dass sie unter den Umwicklungen fest sitzen. Dann die Enden des gewachsten Fadens abschneiden.

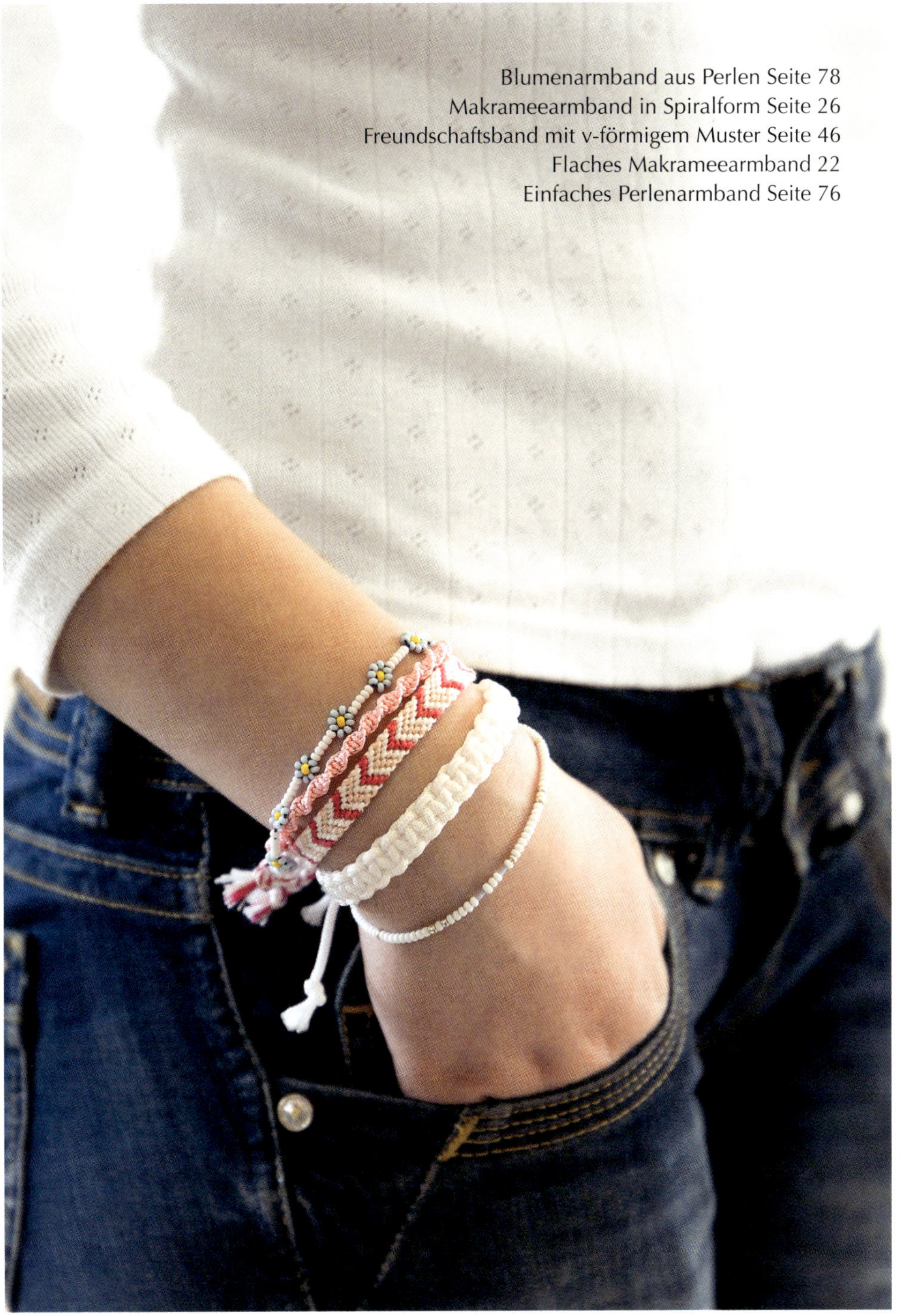

Blumenarmband aus Perlen Seite 78
Makrameearmband in Spiralform Seite 26
Freundschaftsband mit v-förmigem Muster Seite 46
Flaches Makrameearmband 22
Einfaches Perlenarmband Seite 76

GEFLOCHTENES ARMBAND MIT UNTERSCHIEDLICHER FADENZAHL

Auch dieses Kapitel beginne ich mit einer einfachen Anleitung, aber um den 3-fädigen Zopf etwas aufzupeppen, flechte ich mit 3-fachem Faden.

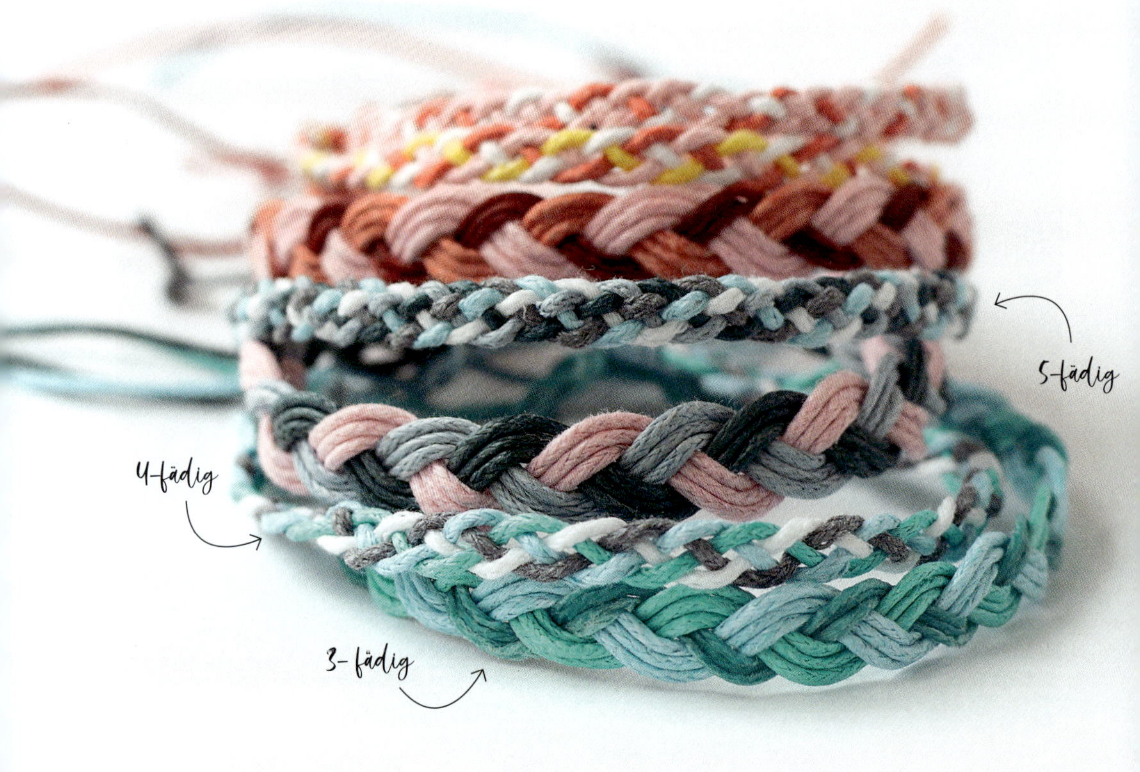

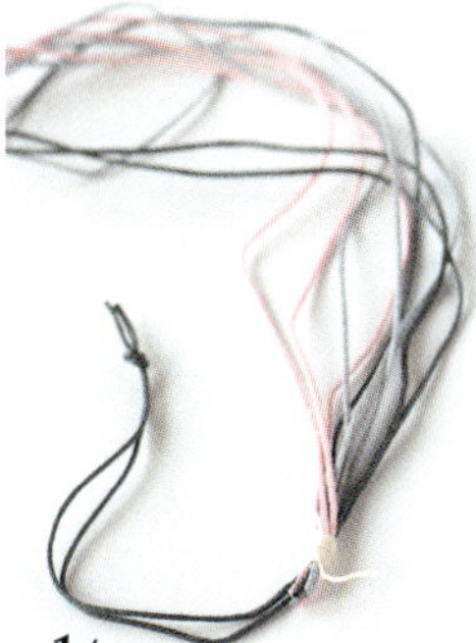

1/

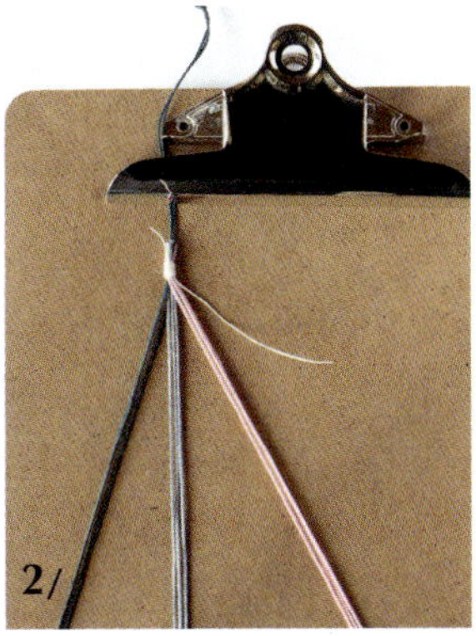

2/

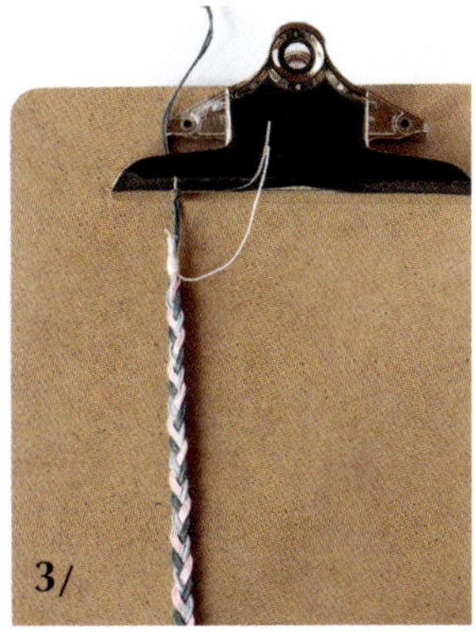

3/

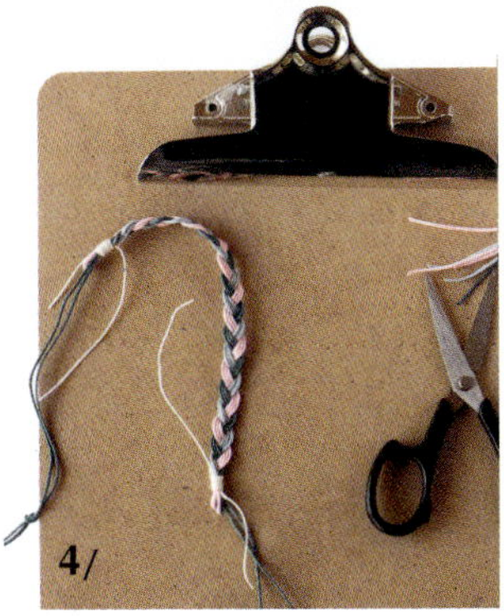

4/

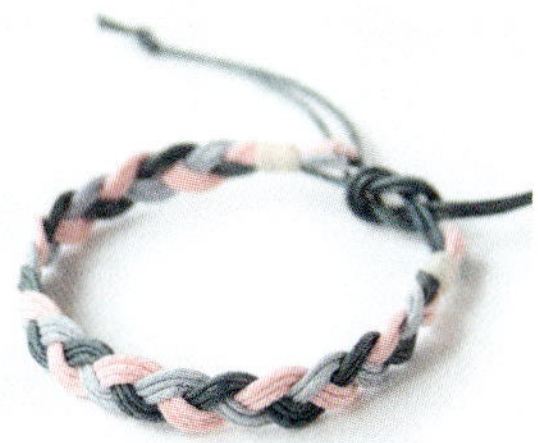

5/

MATERIAL

----

2 Fäden gewachstes Baumwollgarn 50 cm
7 Fäden gewachstes Baumwollgarn 35 cm
Die Fäden sind 1 mm dick.

TECHNIK

3-fädiger Zopf Seite 52
Takling Seite 56
Verschluss Seite 55

1/ Die zwei langen Fäden mit einem gewöhnlichen Knoten zusammenknoten. Dann die kurzen Fäden mit einem gewöhnlichen Knoten oder dem Takling 12 cm weiter unten an den langen Fäden befestigen. **2/** Die Fäden an einem Clipboard, mit einer Sicherheitsnadel am Hosenbein oder etwas Klebeband am Tisch befestigen. Die Fäden in drei Gruppen mit je drei Fäden aufteilen und nach der Anleitung auf Seite 52 flechten. **3/** Weiterflechten, bis das Armband lang genug ist. Der geflochtene Teil von meinem Armband ist 16 cm lang.

4/ Das Armband von Clipboard, Sicherheitsnadel oder Tischplatte lösen. Alle Fäden mit einem gewöhnlichen Knoten oder dem Takling befestigen. Die Enden der kürzeren Fäden abschneiden, aber zwei länger lassen. **5/** Damit einen Schiebeknoten machen oder das Armband mit einem Kreuzknoten oder einem anderen Knoten am Arm befestigen.

GEFLOCHTENES ARMBAND MIT VIER FÄDEN

Jetzt wird es etwas schwieriger. Den vierten Faden lege ich nach rechts, weil er nur ab und zu eingeflochten wird.

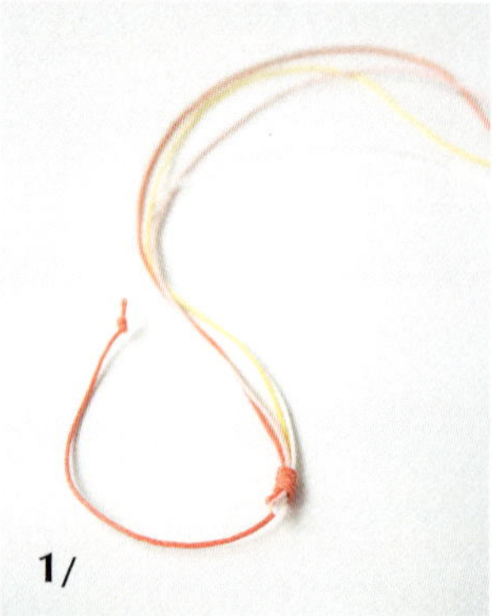
1/

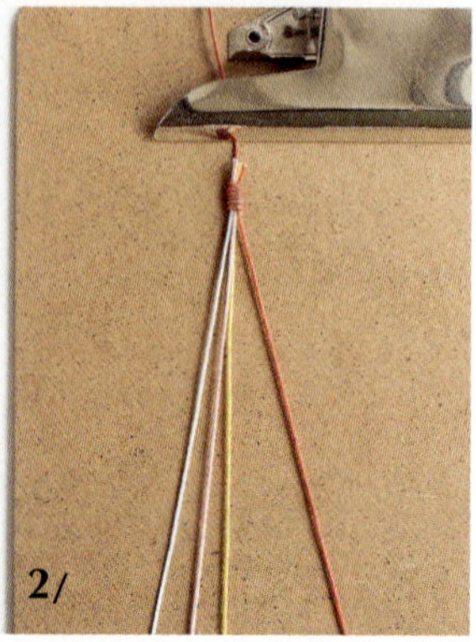
2/

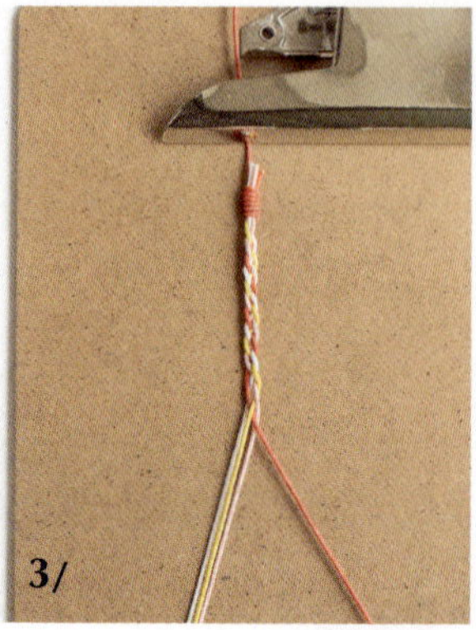
3/

MATERIAL

1 Faden gewachstes Baumwollgarn 50 cm
3 Fäden gewachstes Baumwollgarn 35 cm
Die Fäden sind 1 mm dick.

TECHNIK

4-fädiger Zopf Seite 53
Takling Seite 56
Verschluss Seite 55

1/ Am Anfang und Ende des langen Fadens einen Knoten machen. Dann die kurzen Fäden mit einem gewöhnlichen Knoten oder dem Takling ca. 12 cm weiter unten am langen Faden befestigen. Die Fäden an einem Clipboard, mit einer Sicherheitsnadel am Hosenbein oder etwas Klebeband am Tisch befestigen. **2/** Die Fäden so platzieren, dass drei auf der linken Seite liegen und einer auf der rechten Seite, und nach der Anleitung auf Seite 53 flechten. **3/** Weiterflechten, bis das Armband lang genug ist. Der geflochtene Teil von meinem Armband ist 16 cm lang. Das Armband von Clipboard, Sicherheitsnadel oder Tischplatte lösen. Alle Fäden mit einem gewöhnlichen Knoten oder dem Takling befestigen. Die Enden der kürzeren Fäden abschneiden, aber zwei länger lassen. Damit einen Schiebeknoten machen oder das Armband mit einem Kreuzknoten oder einem gewöhnlichen Knoten am Arm befestigen.

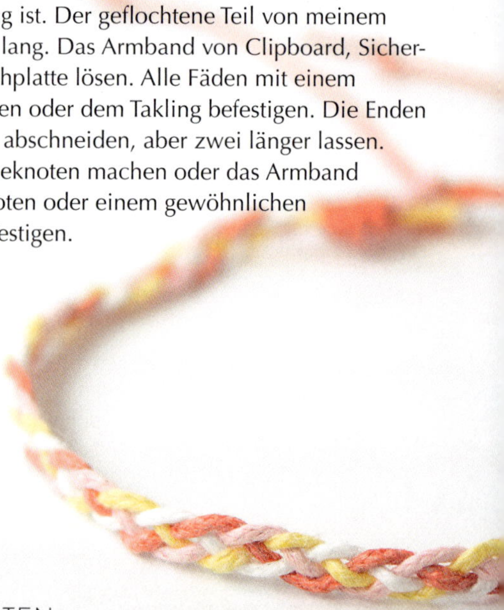

GEFLOCHTENES ARMBAND MIT FÜNF FÄDEN

Machst du bei noch einer Flechtvariante mit? Sie wird mit noch mehr Fäden gearbeitet, ist aber nicht schwieriger.

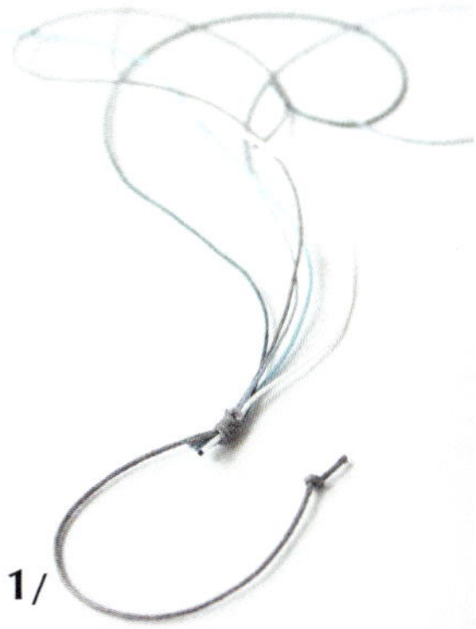

1/

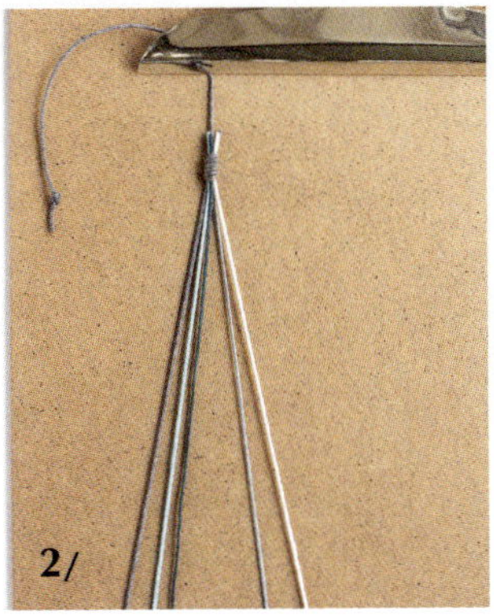

2/

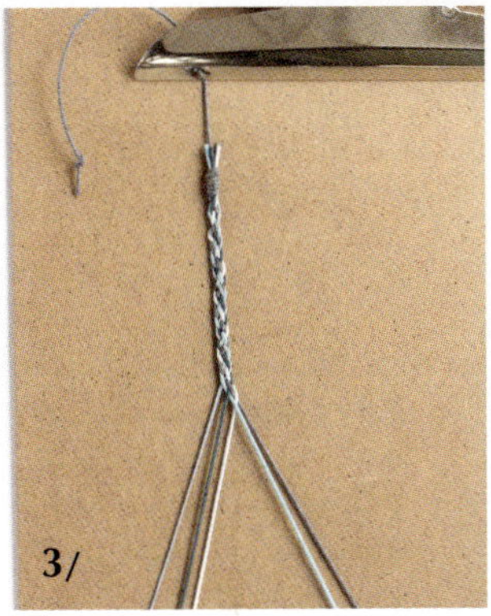

3/

MATERIAL

1 Faden gewachstes Baumwollgarn 50 cm
4 Fäden gewachstes Baumwollgarn 35 cm
Die Fäden sind 1 mm dick.

TECHNIK

5-fädiger Zopf Seite 54
Takling Seite 56
Verschluss Seite 55

1/ Am Anfang und Ende des langen Fadens einen Knoten machen. Dann die kurzen Fäden mit einem gewöhnlichen Knoten oder dem Takling ca. 12 cm weiter unten am langen Faden befestigen. Die Fäden an einem Clipboard, mit einer Sicherheitsnadel am Hosenbein oder etwas Klebeband am Tisch befestigen. **2/** Die Fäden so platzieren, dass drei auf der linken Seite liegen und zwei auf der rechten Seite, und nach der Anleitung auf Seite 54 flechten. **3/** Weiterflechten, bis das Armband lang genug ist. Der geflochtene Teil von meinem Armband ist 16 cm lang. Das Armband von Clipboard, Sicherheitsnadel oder Tischplatte lösen. Alle Fäden mit einem gewöhnlichen Knoten oder dem Takling befestigen. Die Enden der kürzeren Fäden abschneiden, aber zwei länger lassen. Damit einen Schiebeknoten machen oder das Armband mit einem Kreuzknoten oder einem gewöhnlichen Knoten am Arm befestigen.

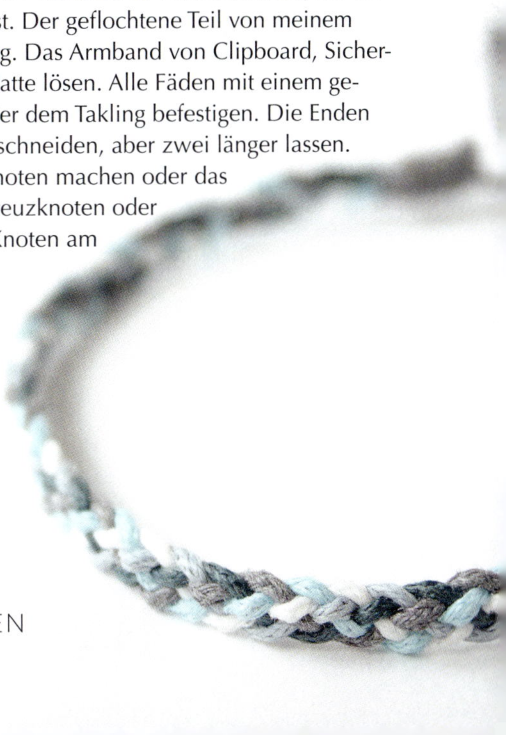

GEFLOCHTENES ARMBAND MIT ACHT FÄDEN

Wenn du jetzt denkst, mit mehr Fäden kann man nicht flechten, kommt hier eine Anleitung für einen Zopf mit acht Fäden! Das sieht kompliziert aus, aber ich finde diesen Zopf den einfachsten von allen.

MATERIAL

4 Fäden gewachstes Baumwollgarn 85–90 cm
Die Fäden sind 1 mm dick.

TECHNIK

Takling Seite 56
Verschluss Seite 55

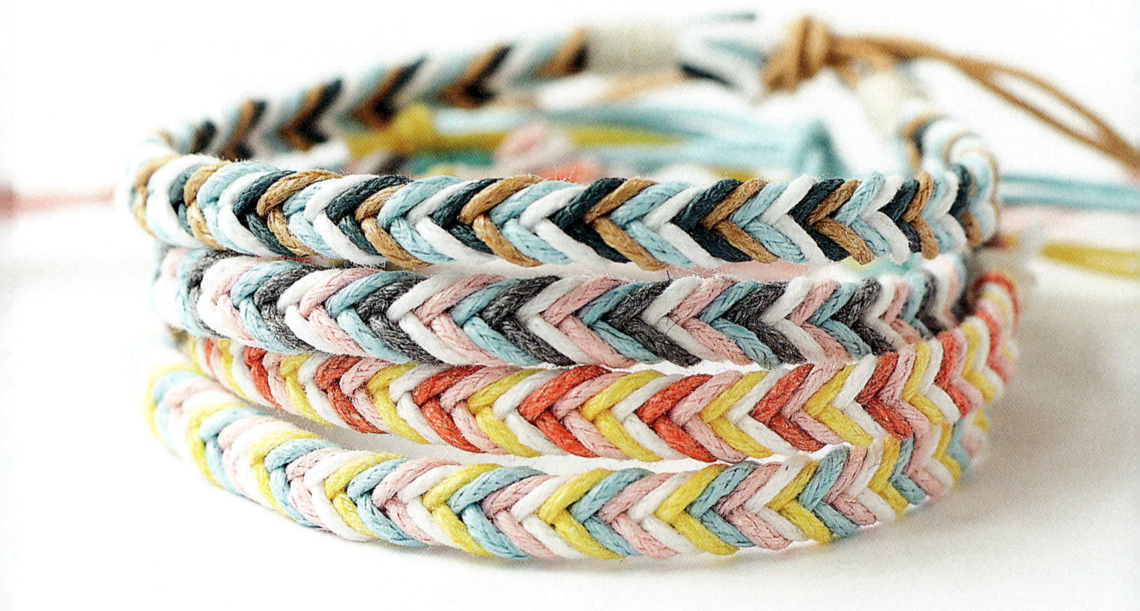

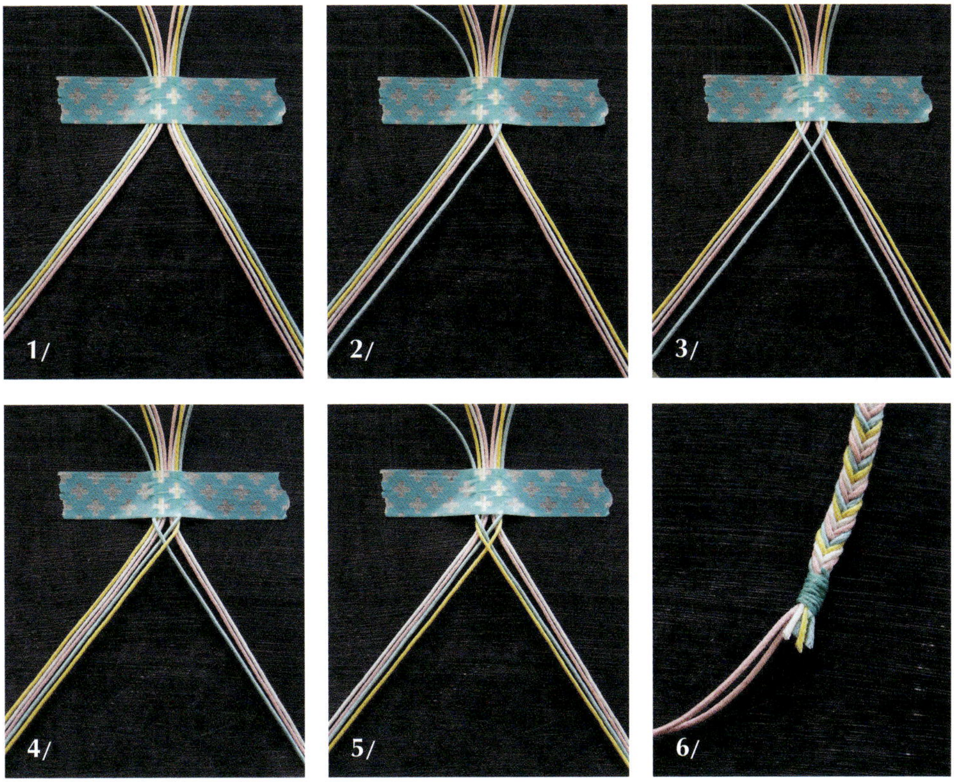

1/ Die Fäden in der Mitte umbiegen und auf eine flache Unterlage legen. Etwa 10–12 cm unterhalb des Bogens die Fäden mit einem Stück Klebestreifen befestigen. Die Fäden so platzieren, dass vier auf jeder Seite und die Farben spiegelverkehrt liegen. **2/** Den äußeren rechten Faden über die rechten Fäden und rechts neben die linken Fäden legen. **3/** Den äußeren linken Faden über die linken Fäden und links neben die rechten Fäden legen.

4/ So weiter flechten: immer den äußeren rechten Faden über die rechten Fäden und parallel neben die linken Fäden legen. **5/** Den äußeren linken Faden über die linken Fäden und parallel neben die rechten Fäden legen. Weiterarbeiten, bis das Armband lang genug ist. Der geflochtene Teil von meinem Armband ist 14 cm lang. **6/** Das Armband vom Klebestreifen lösen. Alle Fäden oben und unten mit dem Takling befestigen. Die Enden aller Fäden abschneiden, aber zwei länger lassen. Damit einen Schiebeknoten machen oder das Armband mit einem Kreuzknoten oder einem gewöhnlichen Knoten am Arm befestigen.

GEFLOCHTENES WICKELARMBAND

Eine Möglichkeit, das Aussehen zu verändern, ist das Flechten mit unterschiedlichem Material. Dieses Armband ist mit einem glänzenden und einem matten Faden geflochten, und es ist so lang, dass ich es mehrmals um meinen Arm wickeln kann.

MATERIAL

- 1 Knopf
- 1 Faden gewachstes Baumwollgarn 200 cm
- 1 Faden Nylongarn 200 cm
- 1 Faden gewachstes Baumwollgarn 100 cm
- 1 Faden Nylongarn 100 cm

Die Fäden sind 1 mm dick.

TECHNIK

3-fädiger Zopf Seite 52
Takling Seite 56
Knopfverschluss Seite 56

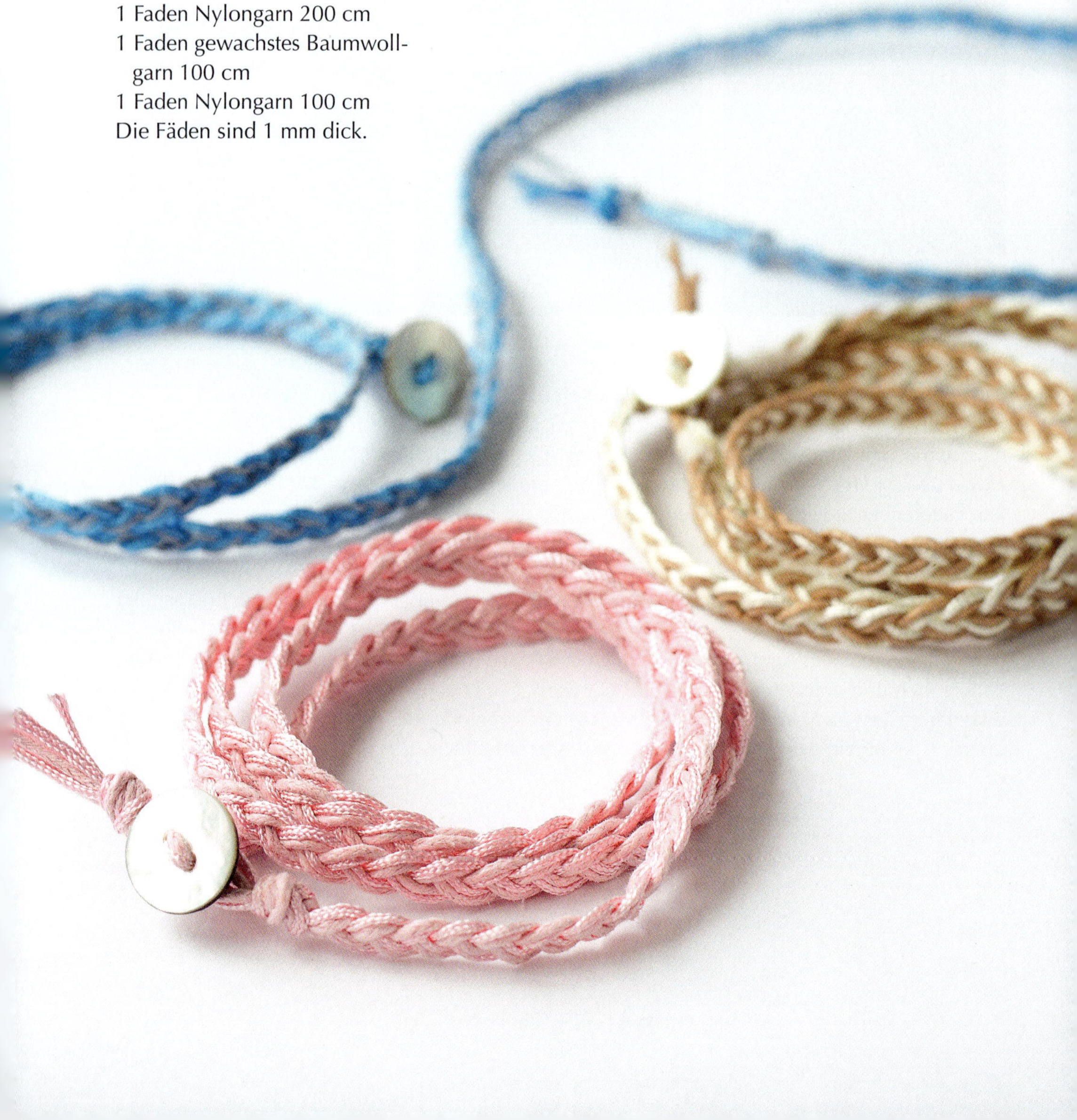

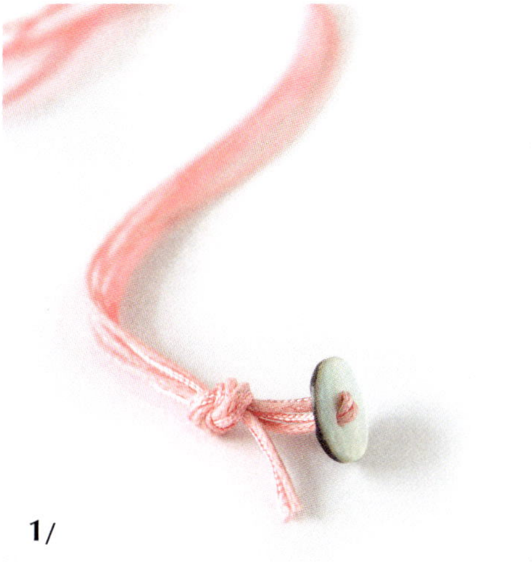

1/

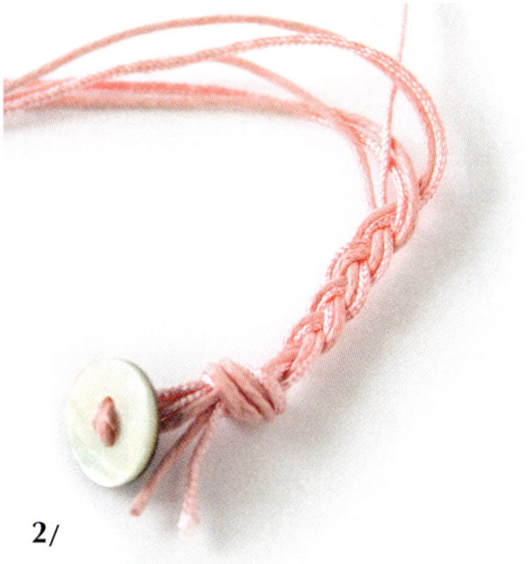

2/

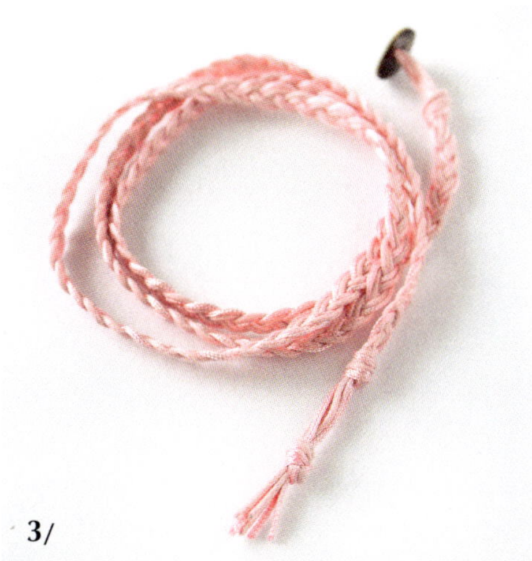

3/

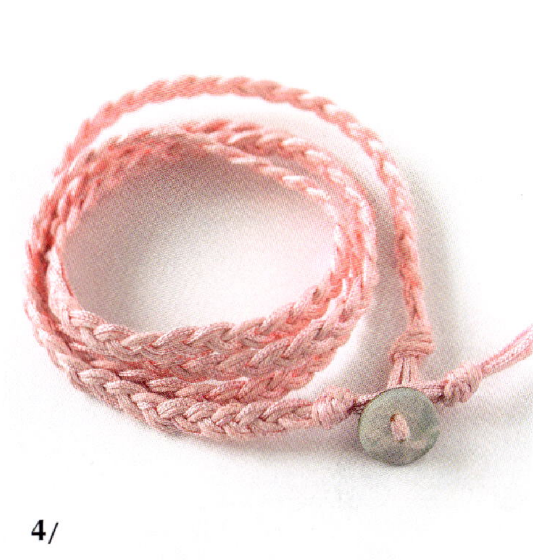

4/

1/ Einen Knopf auf die zwei längeren Faden auffädeln und in die Mitte schieben. Direkt unterhalb des Knopfes die zwei kürzeren Fäden mit einem gewöhnlichen Knoten oder einem Takling befestigen. **2/** Die Fäden in drei Gruppen mit je einem glänzenden und einem matten Faden in jeder Gruppe aufteilen. Einen 3-fädigen Zopf nach der Erklärung auf Seite 52 flechten. Flechten, bis das Armband die gewünschte Länge hat. Der geflochtene Teil an meinem Armband ist 65 cm lang, und ich kann das fertige Armband viermal um meinen Arm wickeln.

3/ Das Flechten mit einem gewöhnlichen Knoten oder einem Takling abschließen. Dann einen weiteren Knoten machen, etwa ein paar Zentimeter vom letzten Knoten entfernt, damit sich eine Öse bildet. **4/** Die Öse soll nur gerade so groß sein, dass der Knopf gut durch passt. Einen Klecks Klebstoff auf den Knoten geben und ihn gut festziehen.

ARMBAND MIT GEROLLTER FLECHTUNG

Ich wette, dass du diese Technik noch nie ausprobiert hast. Vielleicht gehört sie nicht zu den klassischen Flechttechniken, aber ich wollte sie trotzdem sehr gern in diesem Buch zeigen. Warum? Weil das Ergebnis so schön ist! Hierfür verwendet man am besten etwas festere gewachste Baumwolle. Mit dünnen Nylonfäden wird das Ergebnis nicht so gut.

MATERIAL

----

1 Faden gewachstes Baumwollgarn 150 cm
6 Fäden gewachstes Baumwollgarn 80 cm
Die Fäden sind 1 mm dick.

TECHNIK

Takling Seite 56
Verschluss Seite 55

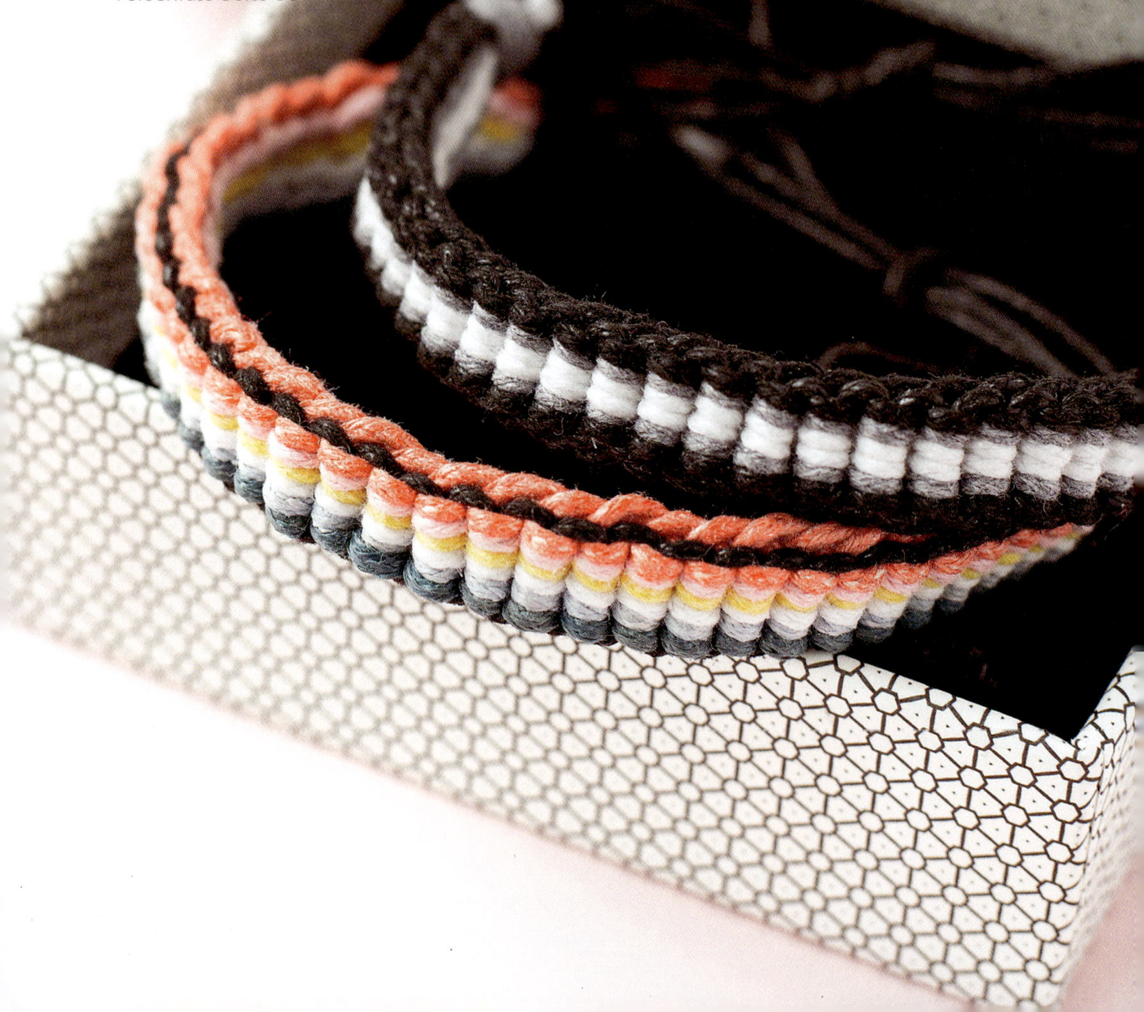

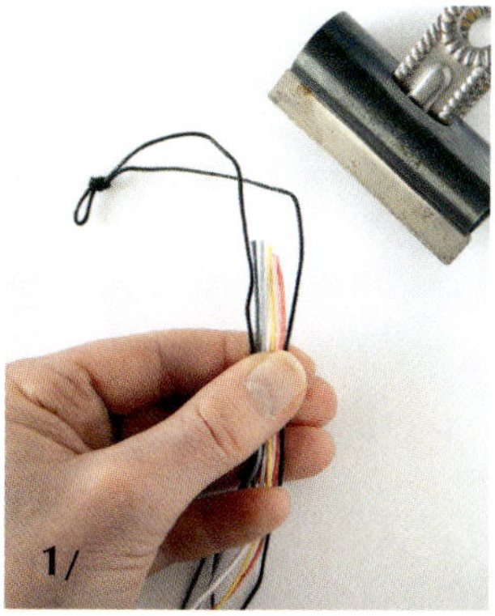

1/

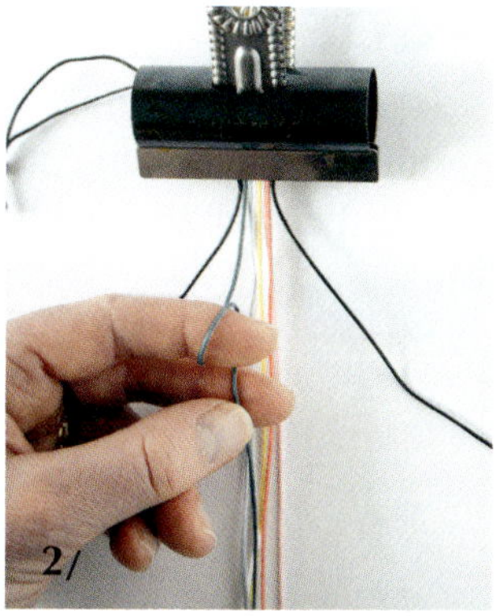

2/

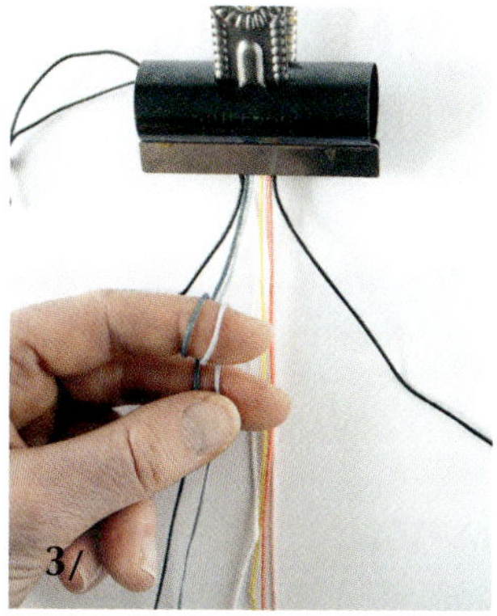

3/

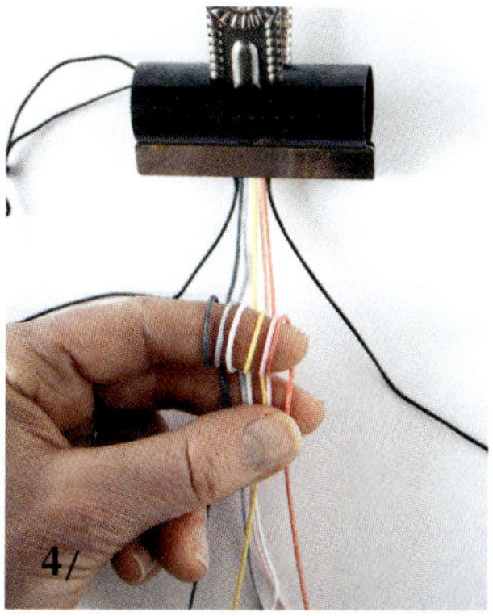

4/

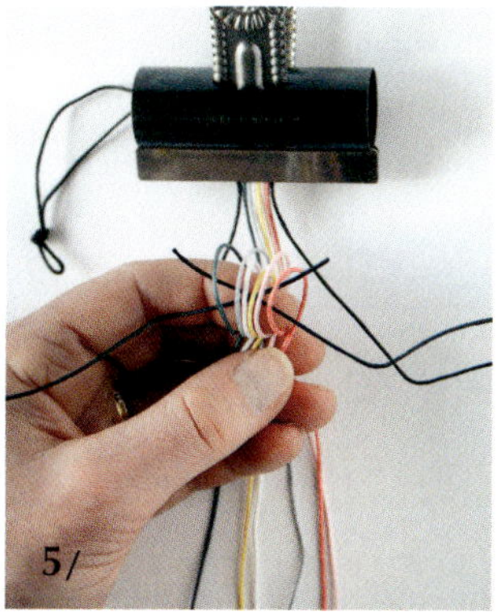

5/

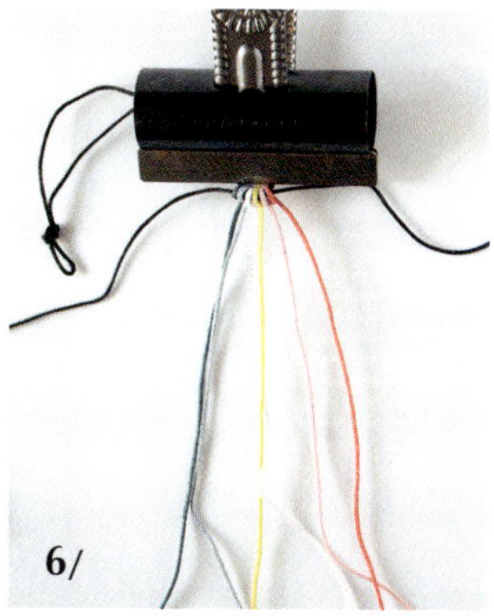

6/

1/ Den langen Faden in der Mitte umbiegen und oben einen gewöhnlichen Knoten machen. Die kurzen Fäden ca. 10–12 cm weiter unten zwischen die zwei langen Fäden legen. An dieser Stelle die Fäden an einem Clipboard, mit einer Sicherheitsnadel am Hosenbein oder etwas Klebeband am Tisch befestigen. **2/** Die äußeren langen Fäden zur Seite legen. Den ersten der kürzeren Fäden einmal um deinen Finger wickeln. **3/** Den zweiten kurzen Faden einmal um den Finger wickeln. Darauf achten, dass die Fäden sich nicht überkreuzen, sondern parallel nebeneinander liegen.

4/ Der Reihe nach alle anderen kurzen Fäden einmal um den Finger wickeln. **5/** Die Enden der langen Fäden aus ihrer jeweiligen Richtung durch die Schlaufen ziehen. **6/** Den Finger aus den Schlaufen ziehen und vorsichtig an den langen Fäden ziehen. Weiterarbeiten, bis das Armband die gewünschte Länge erreicht hat. Der geflochtene Teil an meinem Armband ist 13 cm lang. Das Armband von Clipboard, Sicherheitsnadel oder Tischplatte lösen. Alle Fäden am oberen und am unteren Ende mit je einem Takling befestigen. Die Enden der kurzen Fäden abschneiden, die langen lassen. Einen Schiebeknoten machen oder das Armband mit einem Kreuzknoten oder einem anderen Knoten am Arm befestigen.

ARMBAND AUS FÄDEN

Ich habe immer so viele Fäden über, wenn ich Armbänder herstelle. Diese Fäden sind viel zu kurz, um damit zu flechten oder zu knüpfen. Aber statt all diese farbenfrohen Bänder wegzuwerfen, knote ich sie zu eigenen Armbändern zusammen. Schlau, oder?

MATERIAL

1 Faden gewachstes Baumwollgarn 80 cm
8–10 Fadenreste gewachstes Baumwollgarn etwa 20 cm

TECHNIK

Takling Seite 56
Verschluss Seite 55

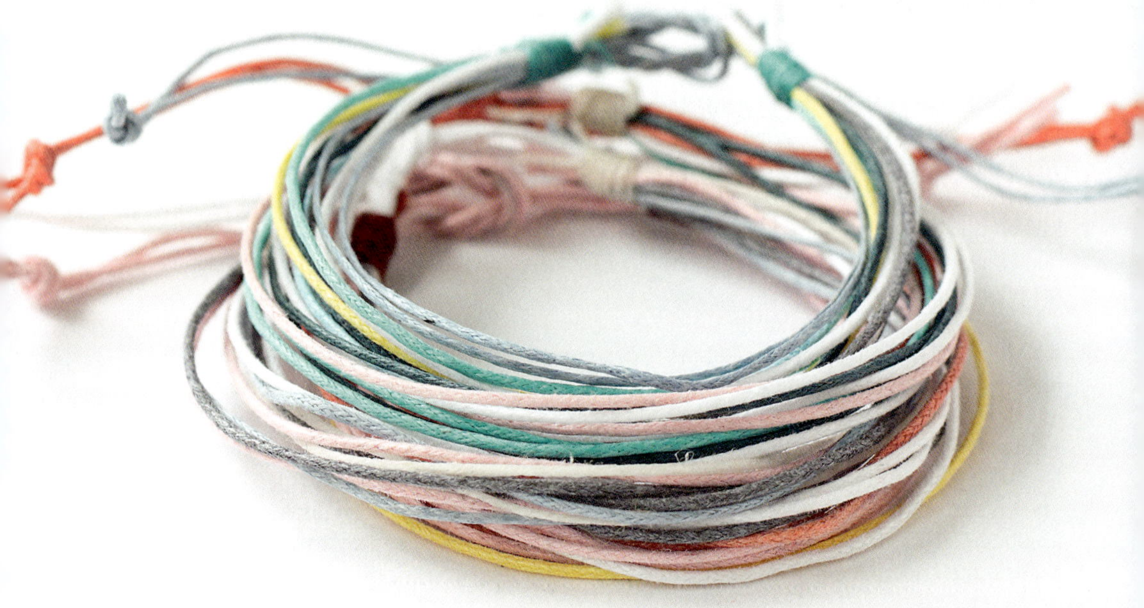

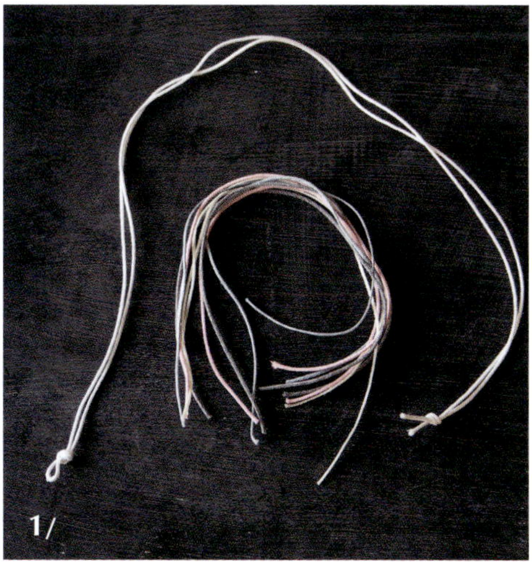

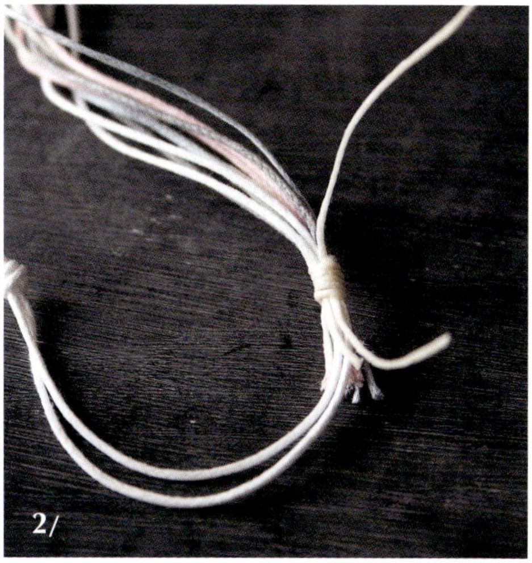

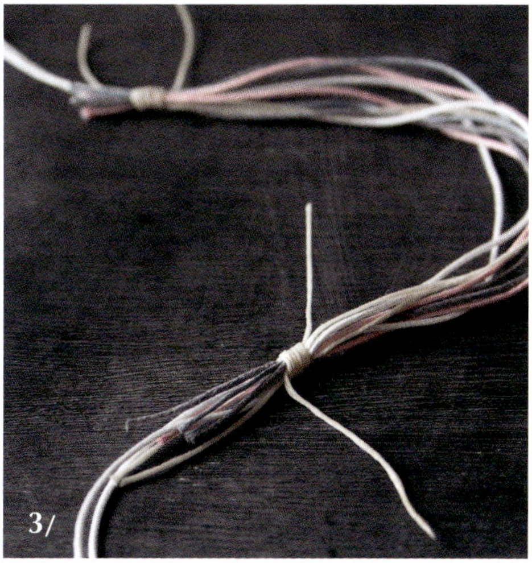

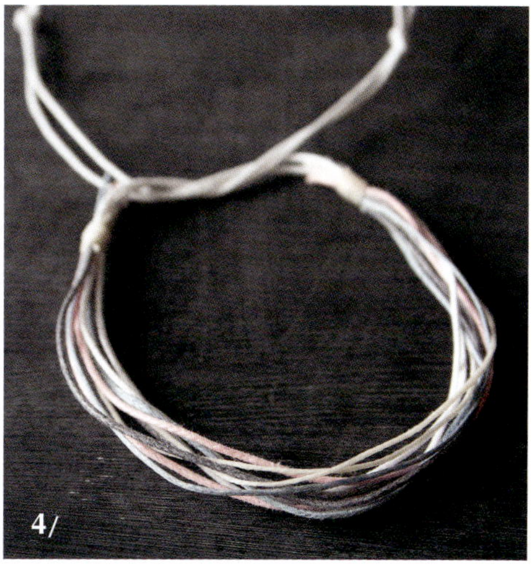

1/ Den langen Faden in der Mitte umbiegen und oben und unten einen gewöhnlichen Knoten machen. Die kurzen Fäden zu einem Bündel zusammenlegen. **2/** Das Fadenbündel ca. 12 cm weiter unten mit einem gewöhnlichen Knoten oder einem Takling am langen Faden befestigen.

3/ Dann alle Fäden ca. 17–18 cm vom ersten Knoten entfernt mit einem gewöhnlichen Knoten oder einem Takling befestigen. Die Enden der kurzen Fäden abschneiden, die langen lassen. **4/** Damit einen Schiebeknoten machen oder das Armband mit einem Kreuzknoten oder einem anderen Knoten am Arm befestigen.

KUMIHIMO

Kumihimo ist eine japanische Technik, die zum Flechten von Schnüren und Bändern verwendet wird. Japanische Samurai haben mit diesen Bändern ihre Waffen und Kleidung dekoriert. Heute sind sie ein Teil der Kimonotracht. In Hobby- und Spielwarengeschäften kann man spezielle Schaumgummischeiben kaufen, mit denen Kumihimo geflochten wird, aber ich zeige hier eine einfachere Variante. Dafür braucht man, abgesehen vom Garn, nur einen Zirkel und ein Stück Karton.

MATERIAL

ein Stück Karton
7 Fäden Stickgarn 40–50 cm

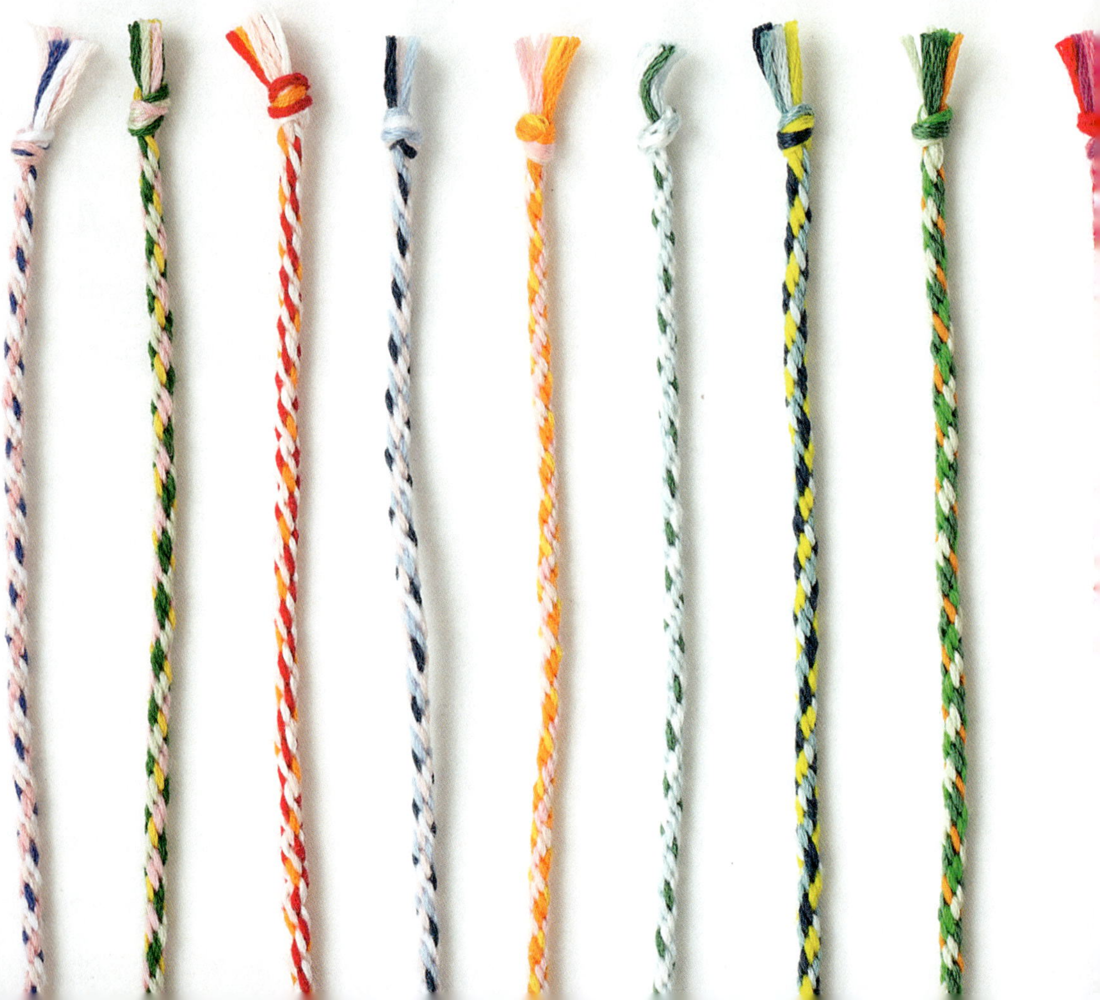

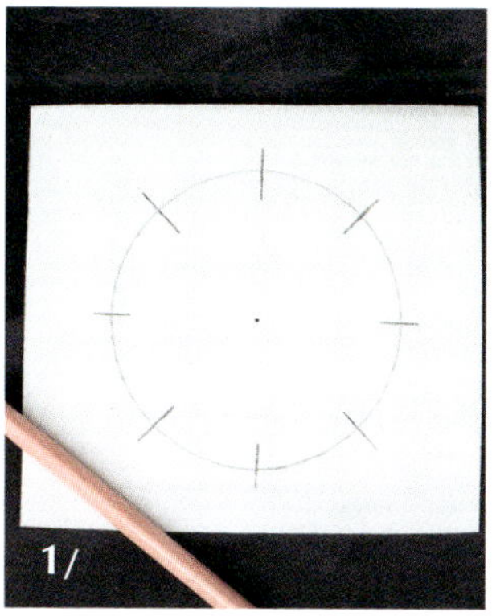

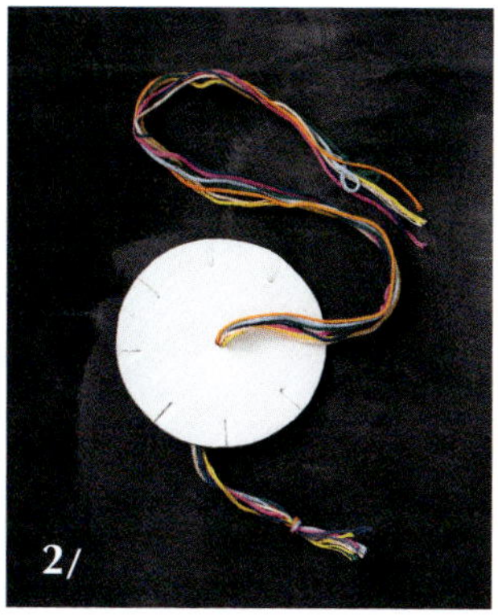

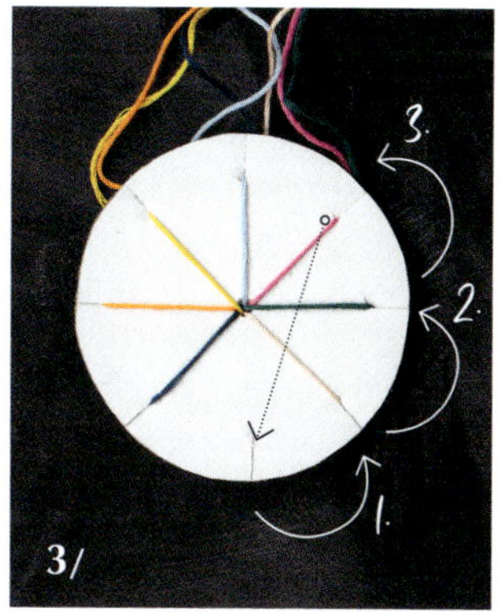

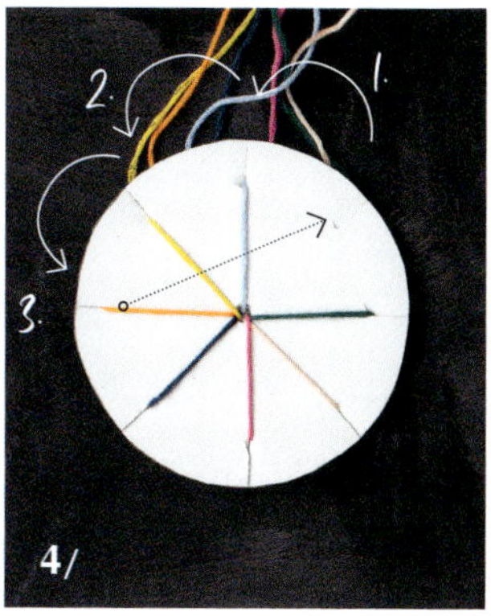

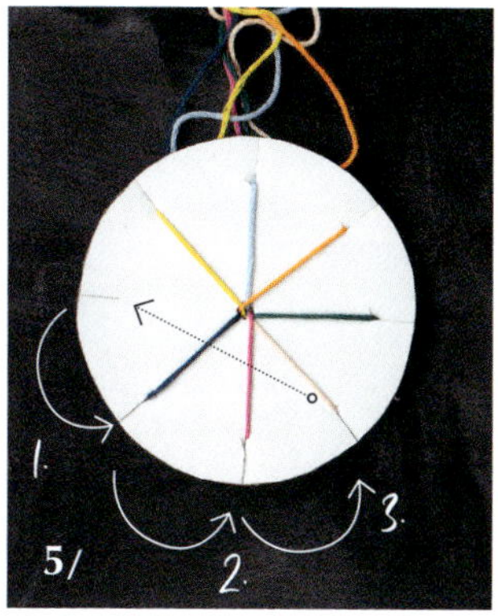

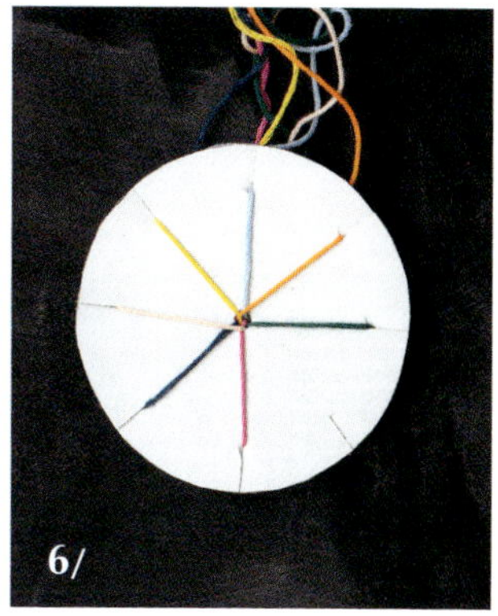

1/ Einen Kreis mit ca. 8 cm Durchmesser auf einem Stück Karton aufzeichnen und ausschneiden. Am Rand acht kurze Einschnitte in gleichmäßigem Abstand machen. In der Mitte ein Loch machen. **2/** Alle Fäden zusammennehmen und einen gewöhnlichen Knoten an einem Ende machen. Das Fadenbündel durch das Loch im Kreis ziehen, der Knoten liegt unter der Scheibe. **3/** In jeden Einschnitt einen Faden einhängen und den Kreis so hinlegen, dass der leere Einschnitt vor dir liegt. Jetzt fangen wir an zu flechten. Zähle drei Einschnitte entgegen dem Uhrzeigersinn vom leeren Einschnitt aus ab. Nimm den Faden aus dem dritten Einschnitt, also hier auf dem Bild den dunkel rosafarbenen Faden, und klemme ihn in den leeren Einschnitt.

4/ Wieder drei Einschnitte entgegen dem Uhrzeigersinn abzählen vom leeren Einschnitt aus. Nimm den Faden aus dem dritten Einschnitt, also den orangefarbenen Faden, und klemme ihn in den leeren Einschnitt. **5/** Auf diese Weise weiterarbeiten: immer drei Einschnitte entgegen dem Uhrzeigersinn abzählen vom leeren Einschnitt aus und den Faden vom dritten Einschnitt in den leeren einklemmen. Hier ist es jetzt der hell rosafarbene Faden. Die fertige Schnur entsteht auf der Unterseite des Kreises. **6/** Weiterarbeiten, bis das Armband die gewünschte Länge erreicht hat. Meine Kumihimoschnur ist 30 cm lang. Das Armband von der Kartonscheibe lösen und mit einem gewöhnlichen Knoten beenden. Das Armband mit einem Kreuzknoten oder einem anderen Knoten an deinem Arm befestigen.

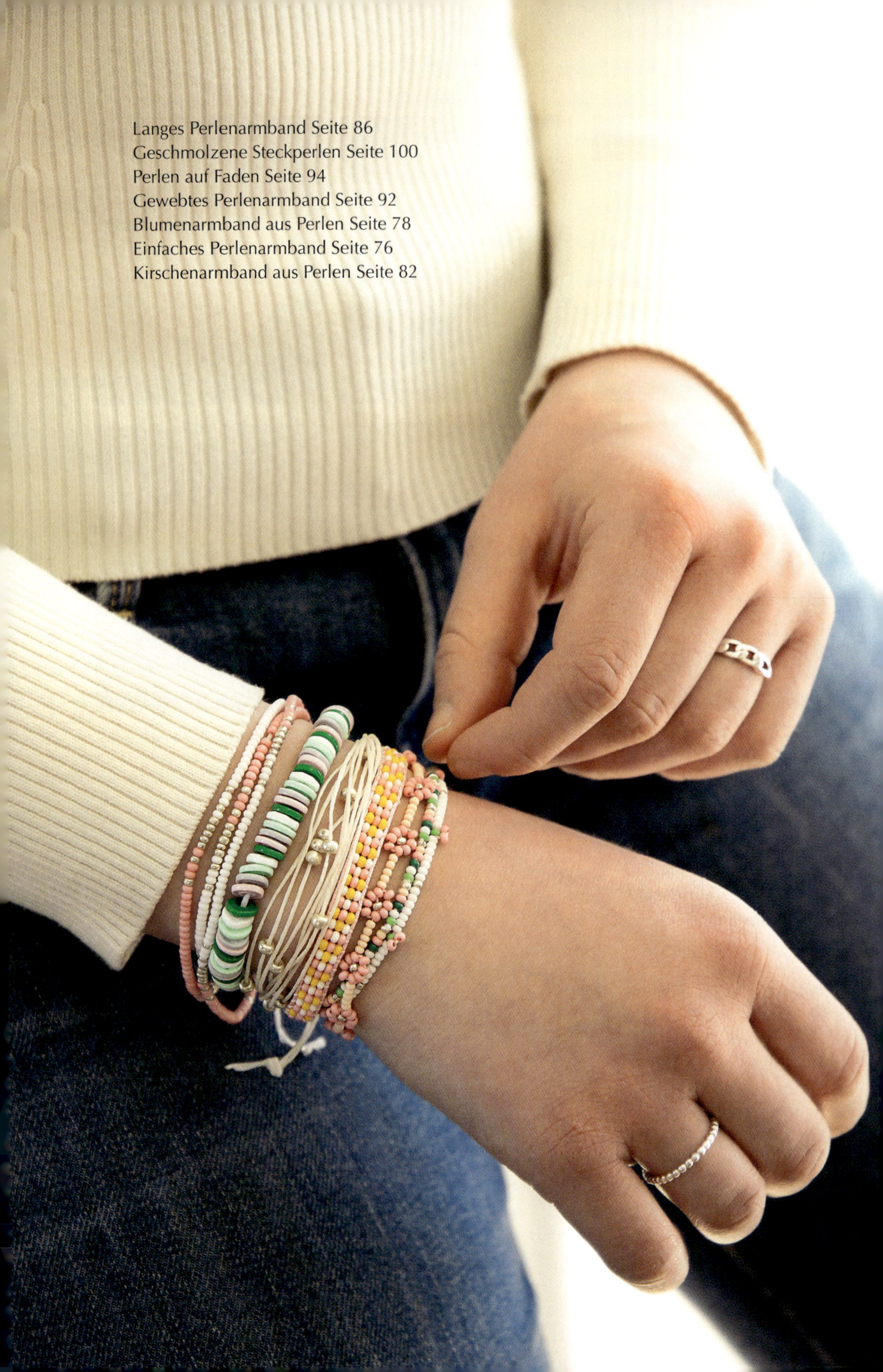

Langes Perlenarmband Seite 86
Geschmolzene Steckperlen Seite 100
Perlen auf Faden Seite 94
Gewebtes Perlenarmband Seite 92
Blumenarmband aus Perlen Seite 78
Einfaches Perlenarmband Seite 76
Kirschenarmband aus Perlen Seite 82

PERLEN AUFFÄDELN

Schmuck aus Perlen haben wir schon als Kinder im Kindergarten hergestellt. Überall werden Armbänder mit süßen Figuren und in kräftigen Farben von stolzen Eltern getragen. Diese einfache Technik lässt sich auch für deutlich erwachsenere Varianten verwenden. In diesem Kapitel geht es um viele verschiedene Techniken, von der einfachen »Perlen auf einem Faden« zu komplizierteren Mustern, die sowohl Fingerfertigkeit als auch Geduld erfordern. Ich verwende nur wenige Perlensorten. Perlen einkaufen ist wie Süßigkeiten kaufen, wenn man hungrig ist – man kauft immer viel zu viel. Mein Vorschlag ist, dass du zuerst überlegst, was du brauchst, dann nachsiehst, was du zu Hause hast und erst dann einkaufen gehst.

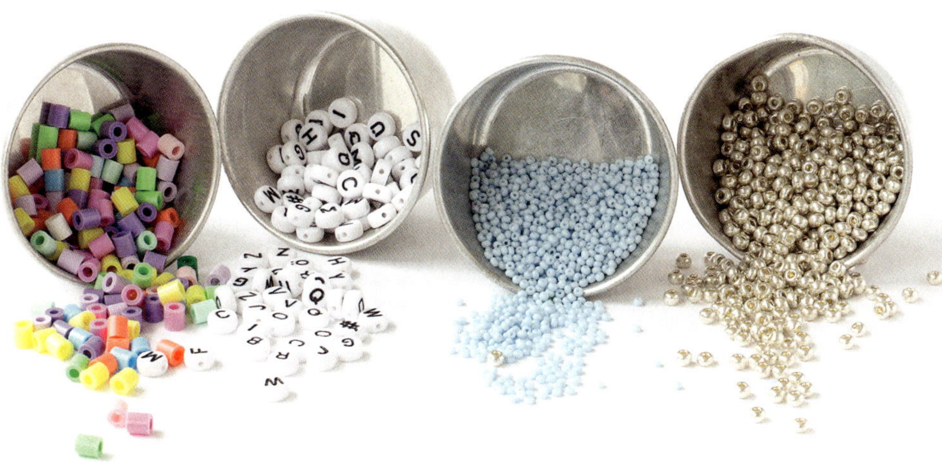

ABSCHLUSS UND VERSCHLUSS

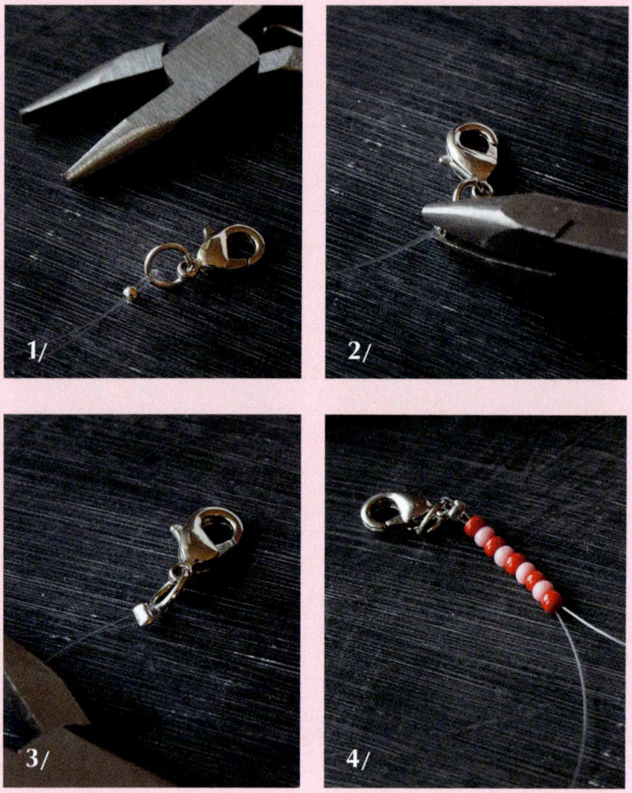

SCHMUCKVERSCHLUSS UND QUETSCHPERLEN

Ein Perlenarmband möchte man, im Gegensatz zu weichen geknüpften und geflochtenen Armbändern, meistens am Abend abnehmen. Wenn man ein Armband aus Angelschnur macht, braucht man also einen Verschluss. Schmuckverschlüsse mit Karabiner oder Federring gibt es in vielen verschiedenen Varianten, und sie lassen sich mithilfe einer weichen Quetschperle ganz einfach an der Angelschnur befestigen.

1/ Eine Quetschperle und einen Verschluss auf die Angelschnur auffädeln. Die Schnur zurück durch die Quetschperle fädeln und ziehen, damit die Quetschperle dicht am Verschluss sitzt.
2/ Die Quetschperle mit der Zange fest zusammendrücken, bis sie ganz flach ist.

3/ Darauf achten, dass die Angelschnur gut befestigt ist.
4/ Die Angelschnur durch die ersten Perlen doppelt durchführen und dann das kurze Ende abschneiden. Das ist eine Vorsichtsmaßnahme, denn falls das Armband aufgeht, kann man es mit dem restlichen Stück Angelschnur und einer neuen Quetschperle reparieren.

Wenn du einen weichen Faden zum Auffädeln nimmst, ein Perlengarn oder extra starkes Nähgarn zum Beispiel, kann man den Faden auch mit einem gewöhnlichen Knoten am Verschlussring festknoten. Am besten einen Doppelknoten machen und sehr fest anziehen, damit er auch wirklich hält. Dieser Verschluss hier hat eine Hülle, in der das Bandende verschwindet, man sieht es nicht mehr.

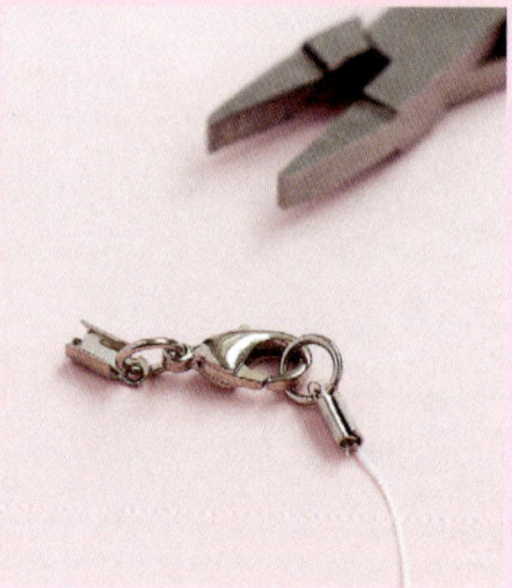

VERSCHLUSS MIT PERLEN

Man kann Perlen auch als Verschluss verwenden. Damit sie die gleiche Funktion erfüllen wie ein Schiebeknoten oder ein Makrameeverschluss, muss das Loch der Perlen groß genug sein, damit die Fäden hindurchpassen, aber klein genug, dass die Fäden festgeklemmt werden und der Verschluss nicht aufgeht. Nicht alle Perlen eignen sich dafür, du musst es ausprobieren.

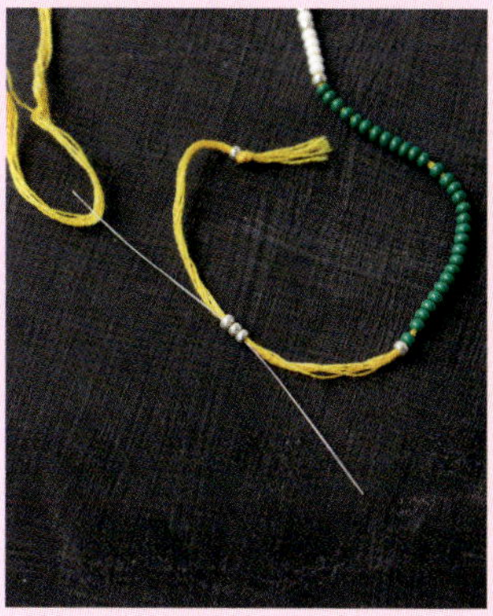

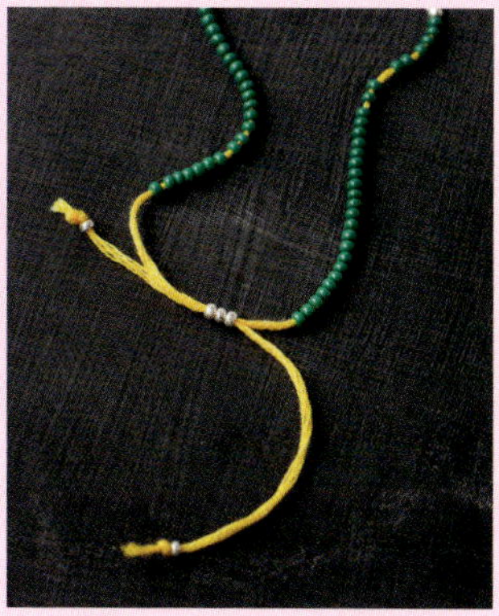

Beginne dein Armband mit den Perlen, die den Verschluss bilden sollen. Dann fädelst du das ganze Armband auf und ziehst den Faden so durch die Verschlussperlen, dass das Armband einen Kreis bildet.

ELASTISCHEN FADEN VERKNOTEN

Dünner, elastischer Faden lässt sich schwer verknoten. Ich finde, dass ein sogenannter Chirurgenknoten am besten hält. Auf den Bildern zeige ich ihn mit einem dicken Nylonfaden, damit du gut siehst, wie er geknotet wird.

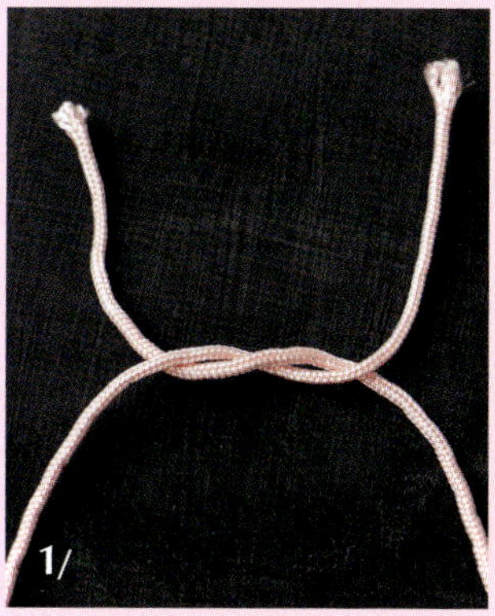

1/

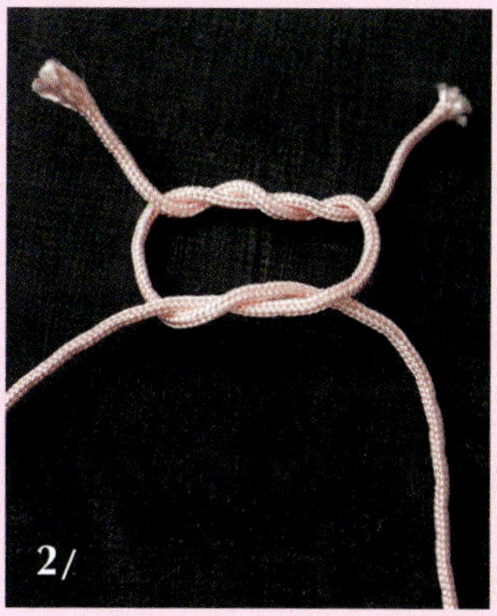

2/

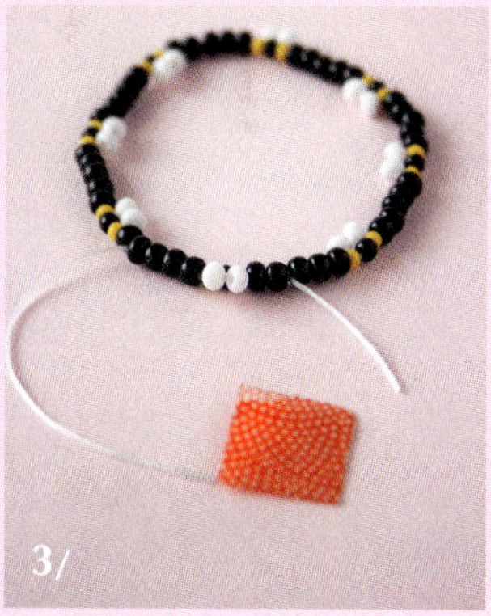

3/

1/ Zuerst einen einfachen Knoten machen, aber noch nicht festziehen. Dann mit den Schnurenden noch einen Knoten machen und sie zweimal umeinander wickeln. **2/** An allen vier Enden gleichzeitig ziehen und den Knoten ganz fest zusammenziehen. Wenn du unsicher bist, ob er hält, gibst du einen kleinen Klecks Klebstoff auf den Knoten. **3/** Ich versuche außerdem, den Knoten immer in die nächste Perle zu ziehen, bevor der Klebstoff getrocknet ist. Dort ist er nicht zu sehen und gut geschützt.

EINFACHES PERLENARMBAND

Die Technik »Perlen auf einem Faden« ist, wie schon gesagt, etwas, das die meisten von uns seit ihrer Kindheit gemacht haben. Das ist aber auch eine Technik, mit der man wirklich schöne Perlenarmbänder herstellen kann. Ich verwende Stickgarn, aber du kannst auch anderes Garn verwenden. Achte nur darauf, dass der Faden fest und haltbar ist, damit deine schönen Perlenarmbänder lange halten.

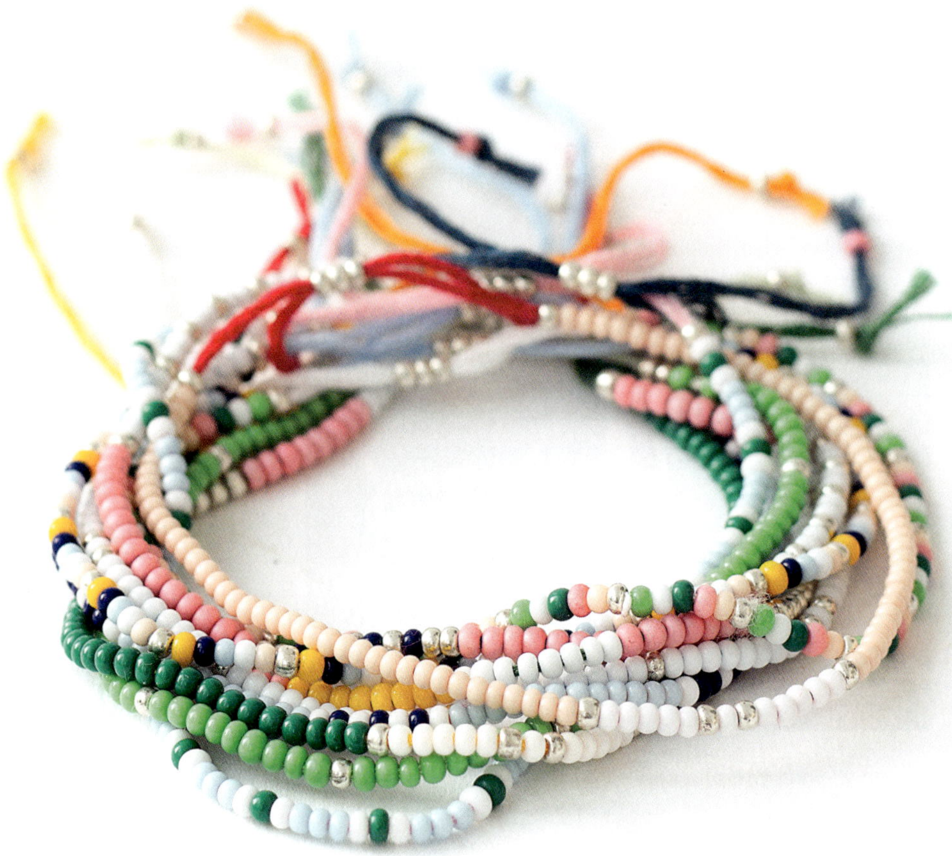

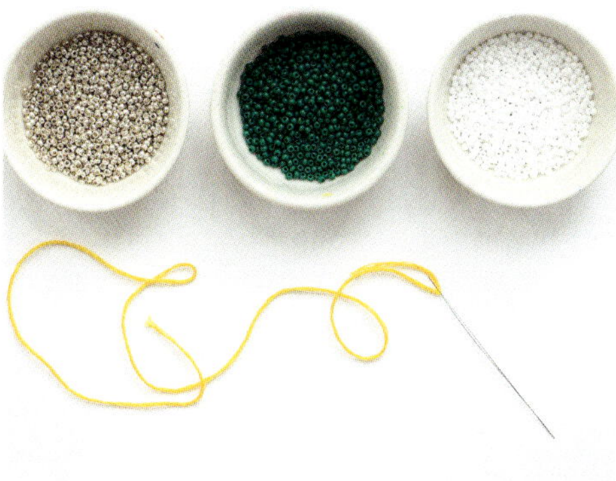

1/

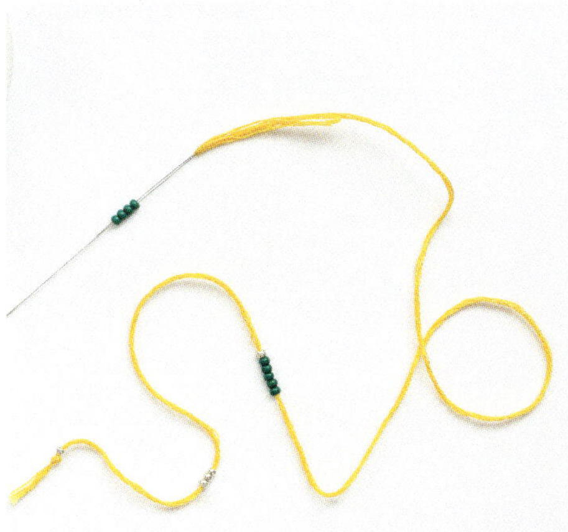

2/

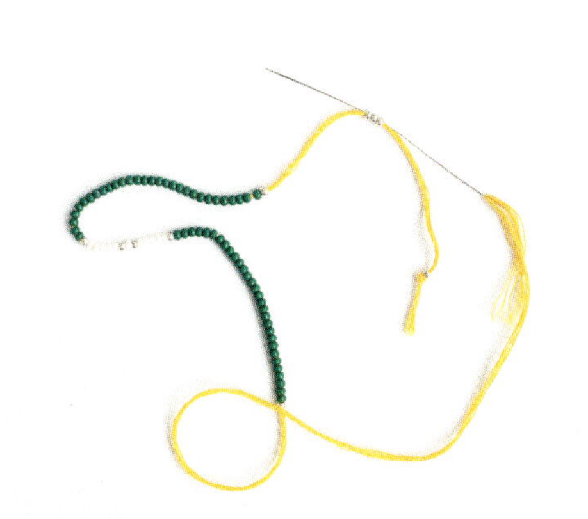

3/

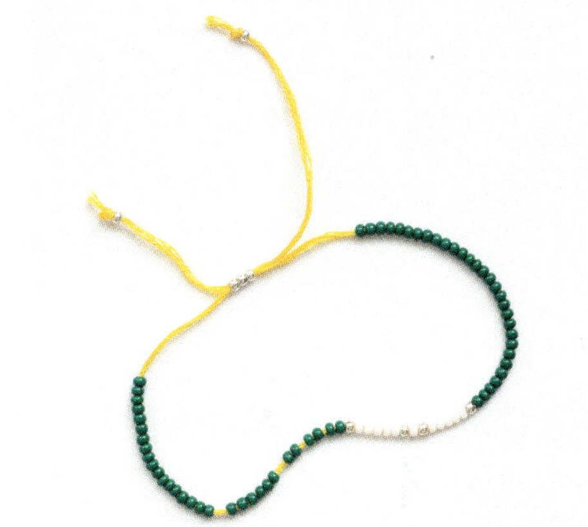

4/

MATERIAL

Perlennadel
Seed beads
50 cm Stickgarn

TECHNIK

Verschluss mit Perlen
Seite 75

1/ Fädele farblich passendes Stickgarn auf die Perlennadel. Mache einen Knoten am Anfang und am Ende, damit die Perlen nicht wegrollen. **2/** Zuerst die Perlen auffädeln, die den Perlenverschluss bilden. Dann das gesamte Armband auffädeln. Der Perlenteil von meinem Armband ist 13 cm lang.

3/ Fädele den Faden zum Schluss wieder durch die Verschlussperlen, sodass das Armband einen Kreis bildet. **4/** Entferne die Nadel und mache einen abschließenden Knoten. Ich habe am Ende des Fadens noch eine Perle aufgefädelt. Das ist nicht notwendig, aber ich finde es hübsch.

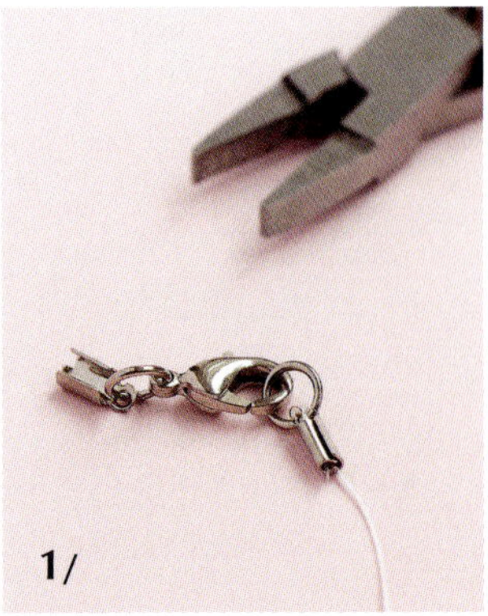
1/

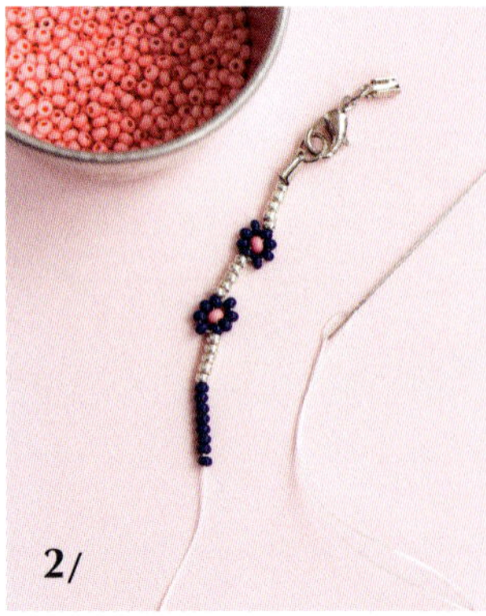
2/

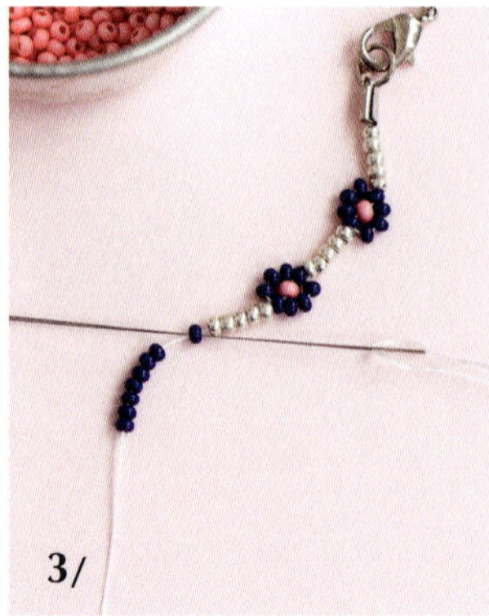
3/

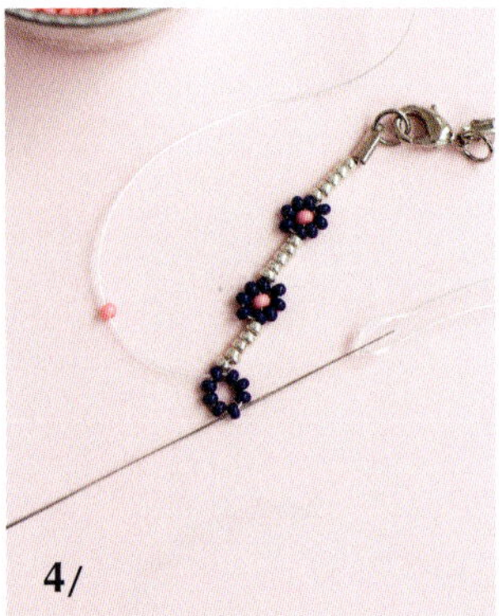
4/

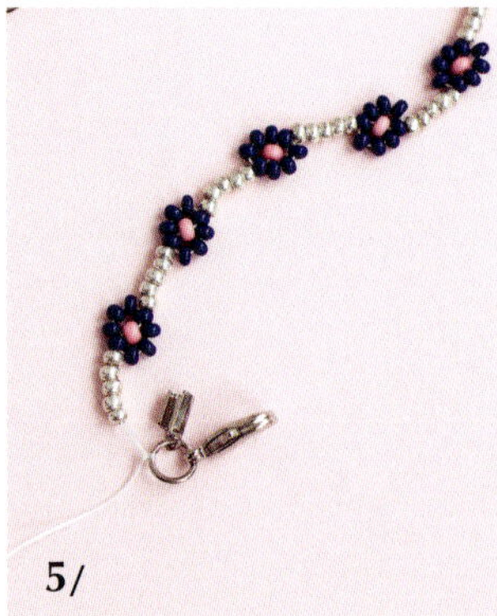
5/

MATERIAL

- - - - - - - - - -

60 cm Perlengarn
Perlennadel
Seed beads
Schmuckverschluss

BLUMENARMBAND AUS PERLEN

Jetzt wird es etwas schwieriger, denn wir werden Blumen am Armband herstellen. Für dieses Armband verwende ich Perlengarn, einen festen und geschmeidigen Faden.

1/ Ein Ende des Perlengarns mit einem festen Knoten am Schmuckverschluss befestigen. **2/** Das Perlengarn in die Nadel einfädeln und die Perlen auffädeln, die vor der ersten Blume liegen. Für eine Blume werden dann acht Perlen auf den Faden gefädelt. Dies sind die Blumenperlen. **3/** Dann die Nadel wieder durch die erste Blumenperle fädeln, damit die Blumenperlen einen Kreis bilden.

4/ Jetzt die Perle auffädeln, die die Mitte der Blume sein soll. Die Nadel in die Perle einfädeln, die mittig gegenüber der Perle liegt, aus der der Faden kommt. Faden anziehen, bis die Mittelperle richtig sitzt. Wieder die Perlen auffädeln, die zwischen den Blumen liegen. **5/** Mit abwechselnd Perlen und Blumen weiterarbeiten, bis das Armband die gewünschte Länge hat. Mein Armband ist 18 cm lang. Die Nadel entfernen. Einen letzten festen Knoten am anderen Ende des Schmuckverschlusses machen, und dein Armband ist fertig.

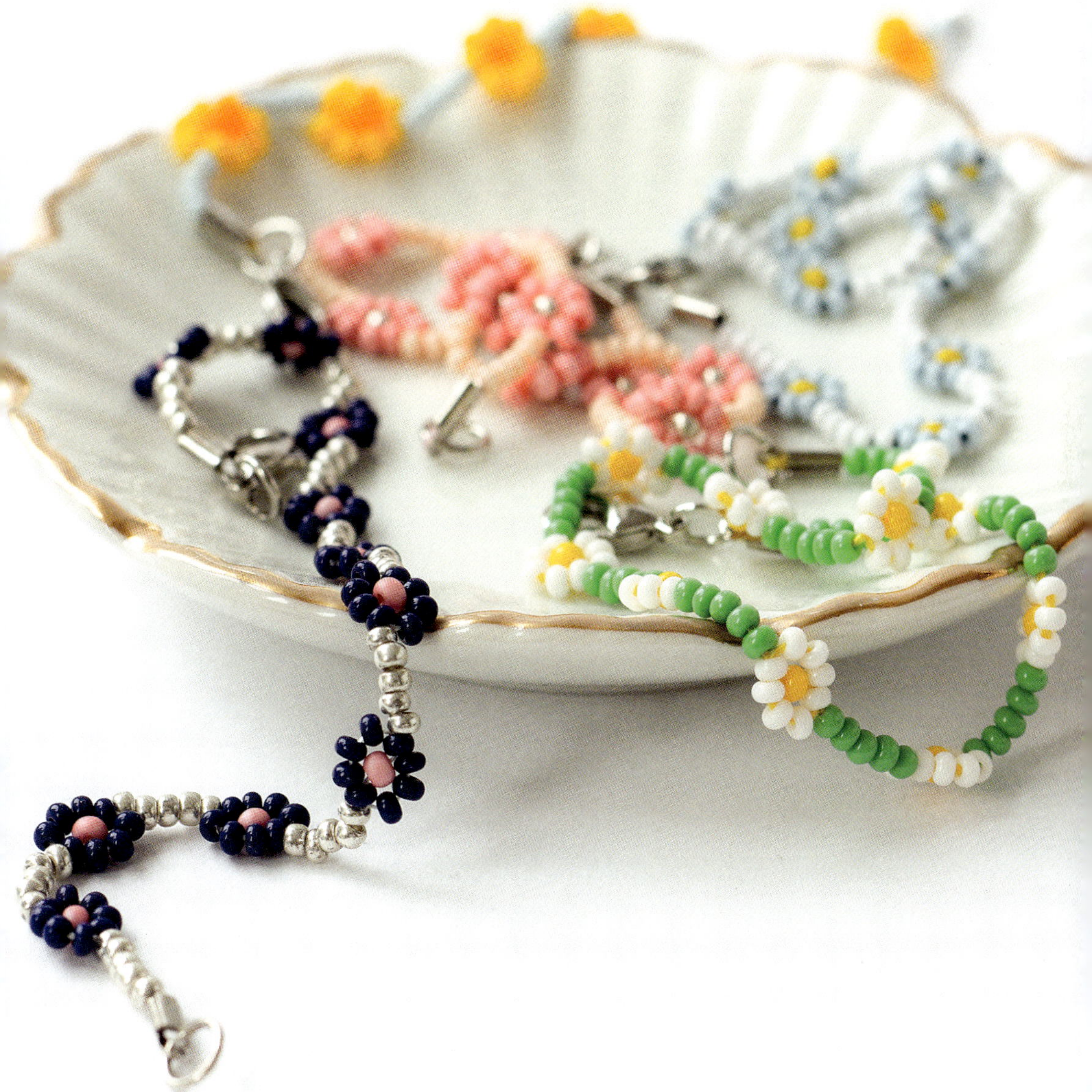

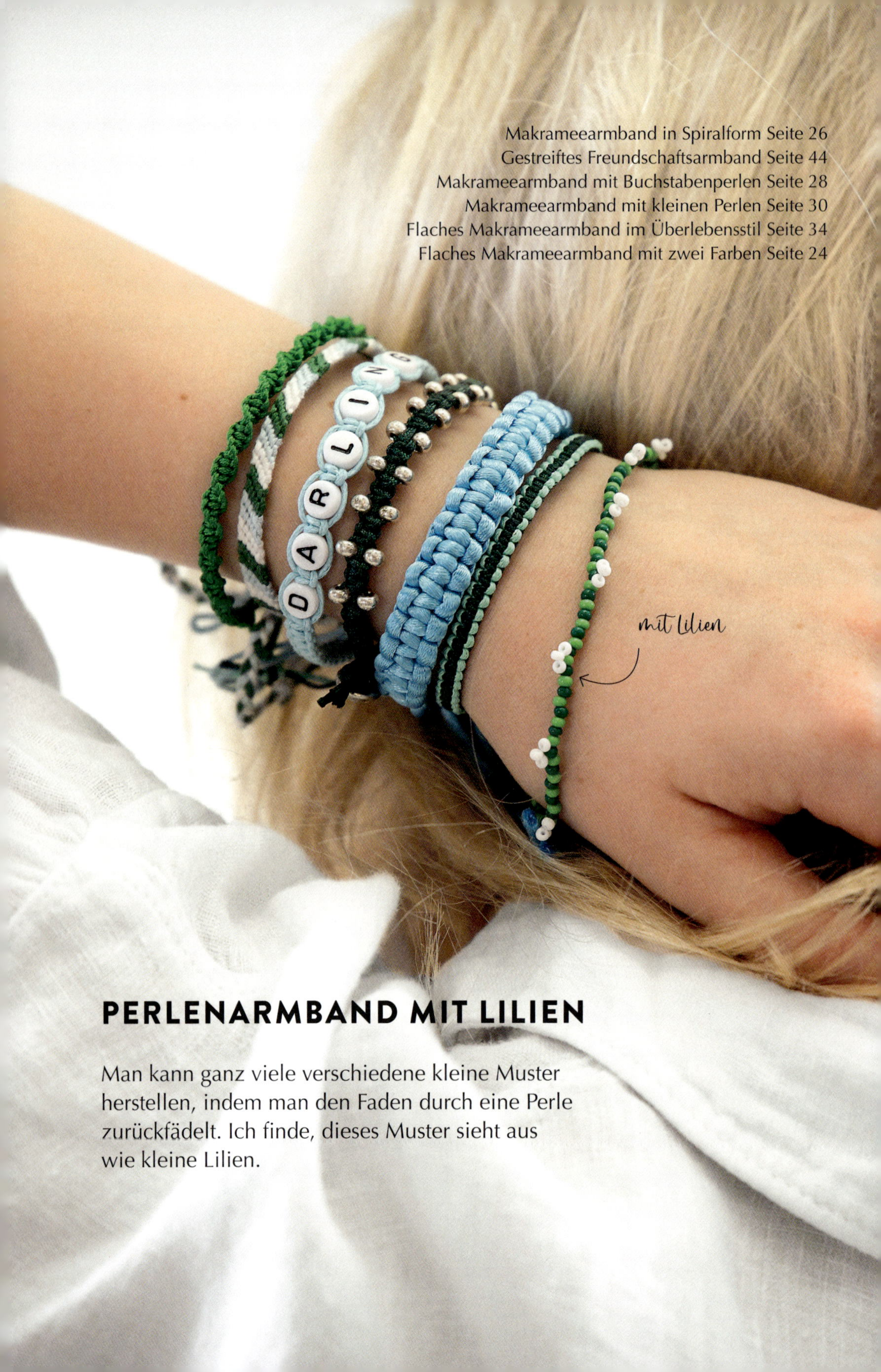

Makrameearmband in Spiralform Seite 26
Gestreiftes Freundschaftsarmband Seite 44
Makrameearmband mit Buchstabenperlen Seite 28
Makrameearmband mit kleinen Perlen Seite 30
Flaches Makrameearmband im Überlebensstil Seite 34
Flaches Makrameearmband mit zwei Farben Seite 24

PERLENARMBAND MIT LILIEN

Man kann ganz viele verschiedene kleine Muster herstellen, indem man den Faden durch eine Perle zurückfädelt. Ich finde, dieses Muster sieht aus wie kleine Lilien.

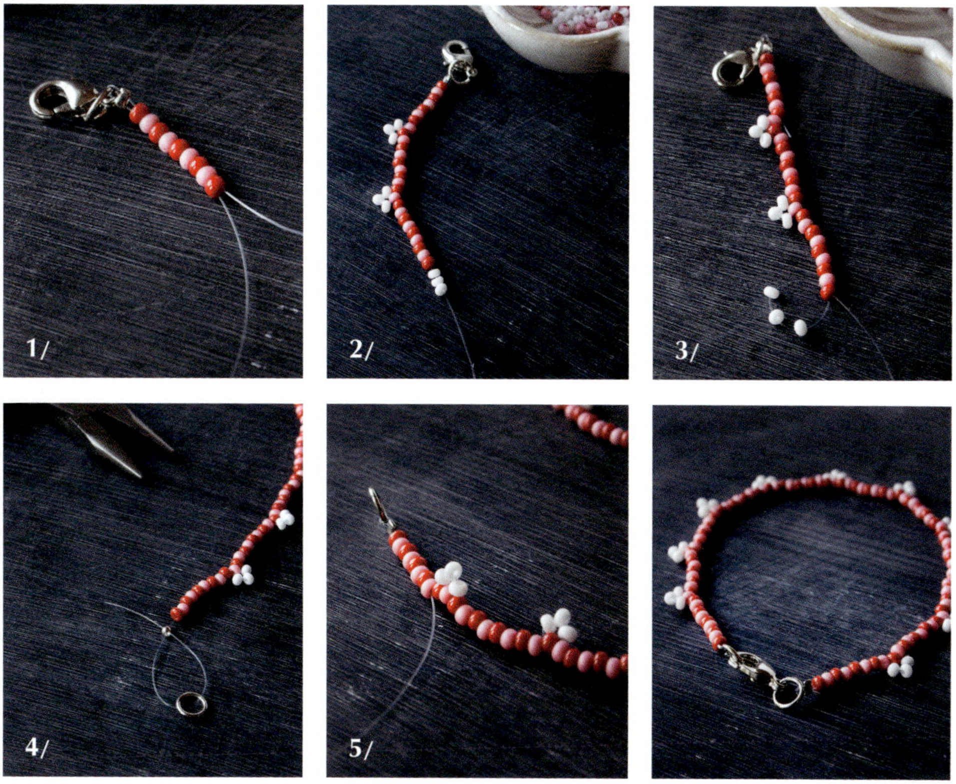

MATERIAL

60 cm Angelschnur
Seed beads
Schmuckverschluss und Quetschperle
Zange

TECHNIK

Quetschperle Seite 74

1/ Einen Schmuckverschluss mit einer Quetschperle an einem Ende der Angelschnur befestigen, dabei einige Zentimeter Schnur stehen lassen. 6–8 Perlen auf diese doppelte Schnur auffädeln. Eine Nadel benötigt man hier nicht, weil die Angelschnur so steif ist. Das kürzere Ende der Schnur abschneiden. **2/** So viele Perlen auffädeln, wie zwischen den Lilien sein sollen. Für eine Lilie werden dann drei weiße Perlen auf den Faden gefädelt. **3/** Die Angelschnur durch die letzte Perle vor den weißen fädeln, sodass die weißen Perlen einen Kreis bilden.

4/ Mit abwechselnd Perlen und Lilien weiterarbeiten, bis das Armband die gewünschte Länge hat. Mein Armband ist 18 cm lang. Zuletzt eine Quetschperle auffädeln, die Schnur durch den anderen Teil des Verschlusses und zurück durch die Quetschperle fädeln. **5/** Die Angelschnur wieder durch ein paar Perlen zurückfädeln, das kurze Stück Schnur abschneiden, und dein Armband ist fertig.

KIRSCHENARMBAND AUS PERLEN

Jetzt werden wir mit elastischem Faden auffädeln. Der Vorteil bei elastischem Faden ist, dass man keinen Verschluss benötigt. Der Nachteil ist, dass der Faden ziemlich glatt ist und leicht wegrutscht. Die Technik ist gleich: Indem Kreise mit dem Faden gebildet werden, entstehen kleine Muster. Hier wird es ein Armband mit Kirschen und in der nächsten Anleitung eines mit kleinen Bienen.

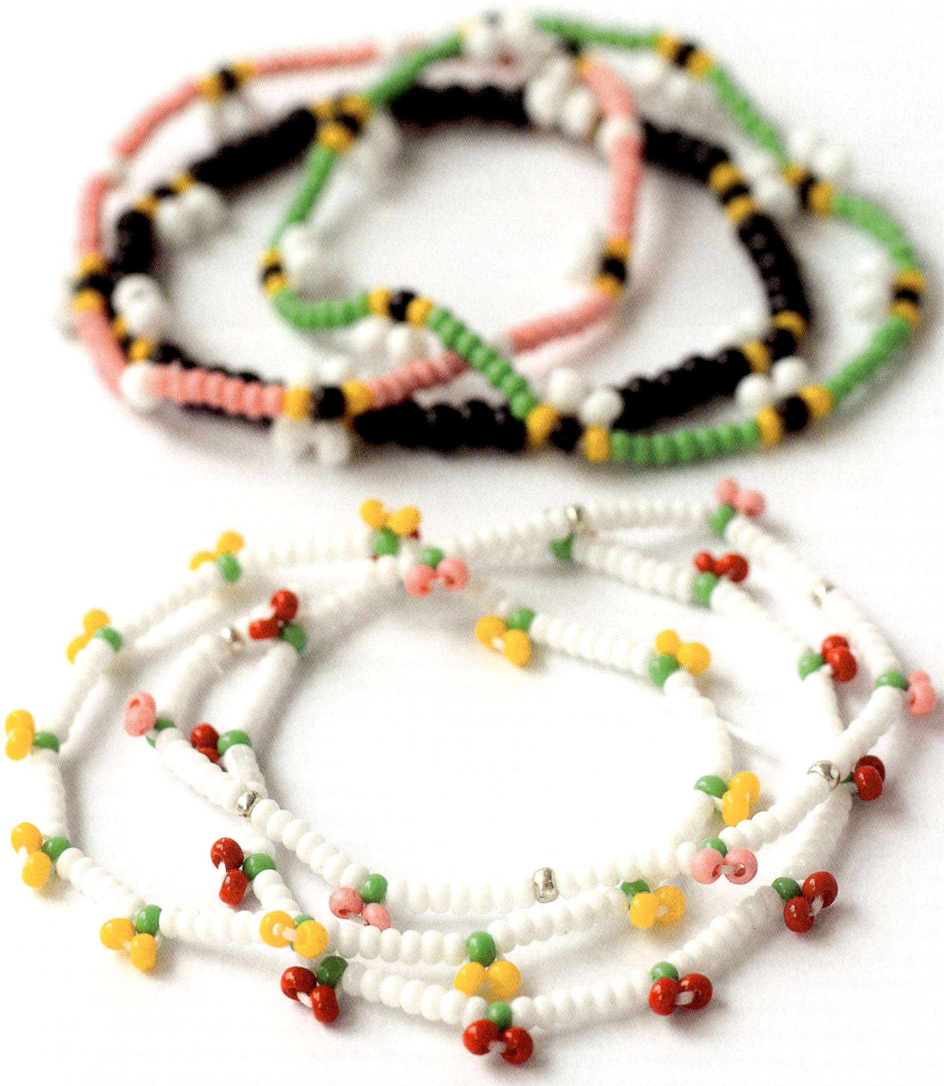

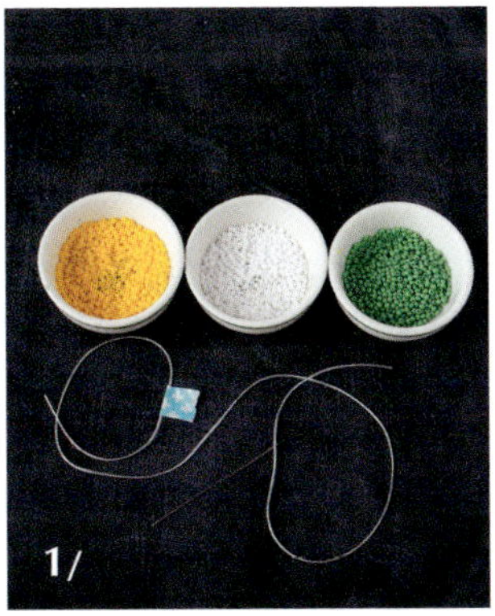
1/

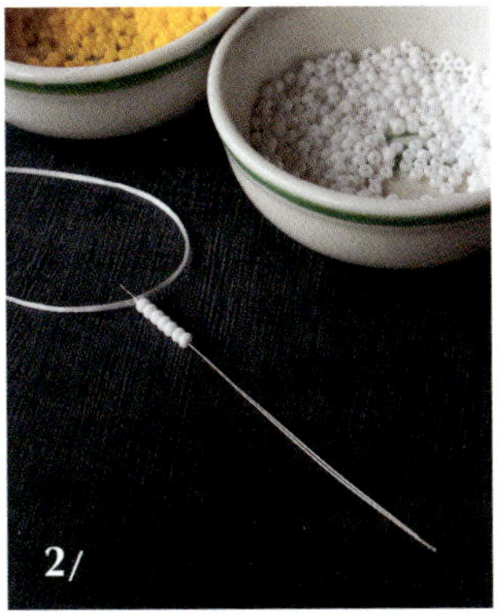
2/

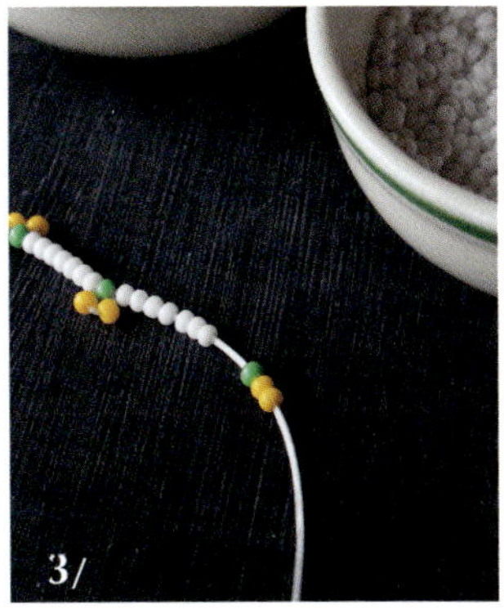
3/

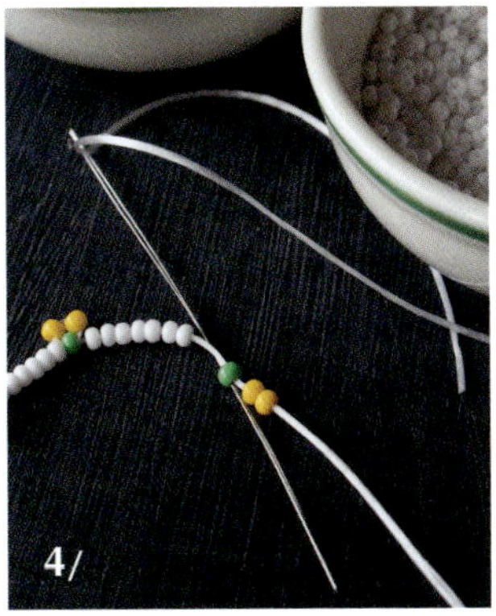
4/

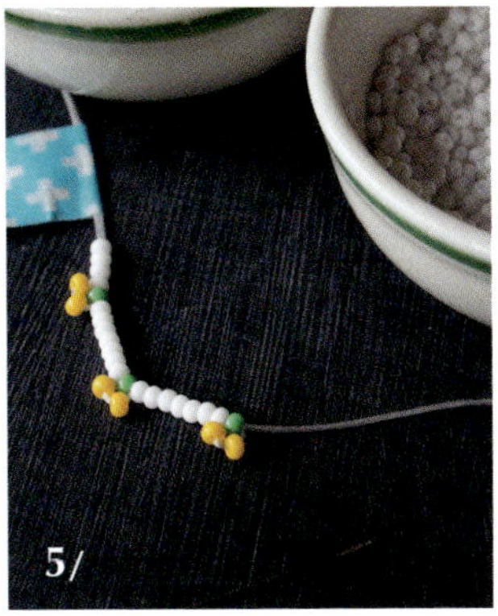
5/

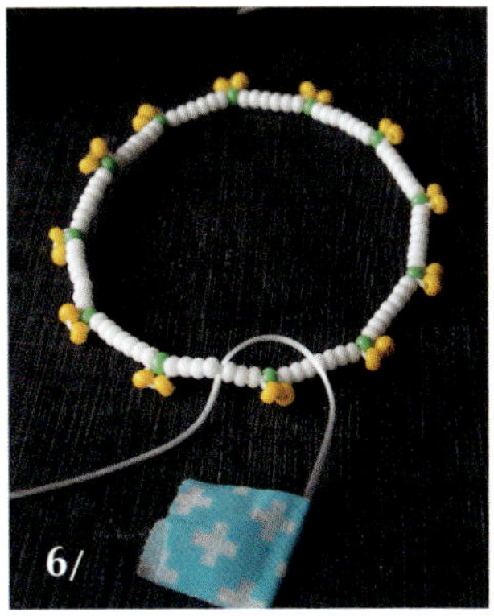
6/

MATERIAL

- - - - - - - - - -

50 cm elastischer Faden
Der Faden ist 0,5 mm dick.
Seed beads
Perlennadel

TECHNIK

- - - - - - -

Chirurgenknoten Seite 75

1/ Den elastischen Faden in die Perlennadel einfädeln. Am anderen Ende des Fadens einen Klebestreifen befestigen, damit die Perlen nicht wegrollen. **2/** So viele Perlen auffädeln, wie du zwischen den Kirschen möchtest. **3/** Für eine Kirsche werden eine grüne und zwei gelbe Perlen aufgefädelt.

4/ Dann die Nadel wieder durch die grüne Perle fädeln, damit die grüne und die gelben Perlen einen Kreis bilden. **5/** Die erste Kirsche ist fertig. Mit abwechselnd Perlen und Kirschen weiterarbeiten, bis das Armband die gewünschte Länge hat. Mein Armband ist 16 cm lang. **6/** Die Enden des elastischen Fadens mit einem Chirurgenknoten verknoten. Den Knoten gut festziehen und eventuell einen Klecks Klebstoff daraufgeben. Jetzt ist dein Armband fertig.

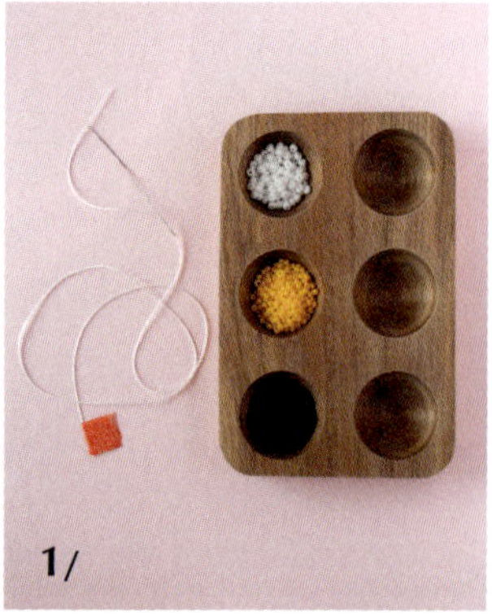
1/

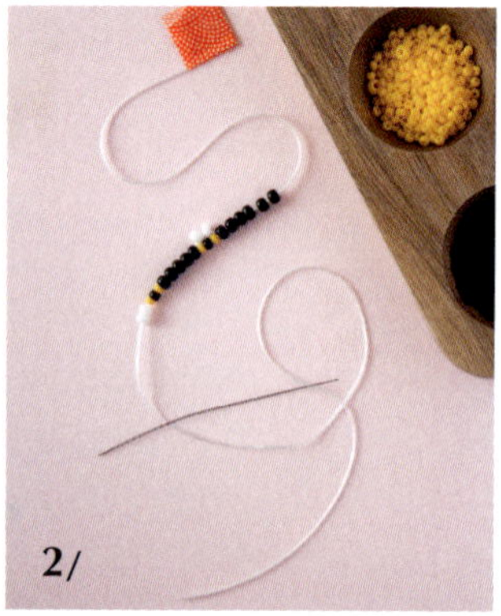
2/

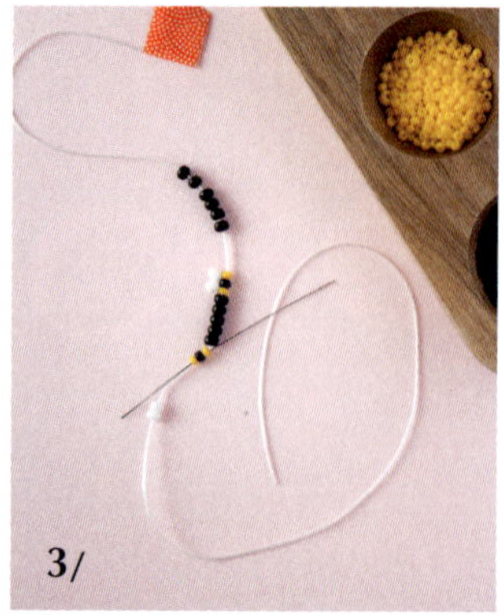
3/

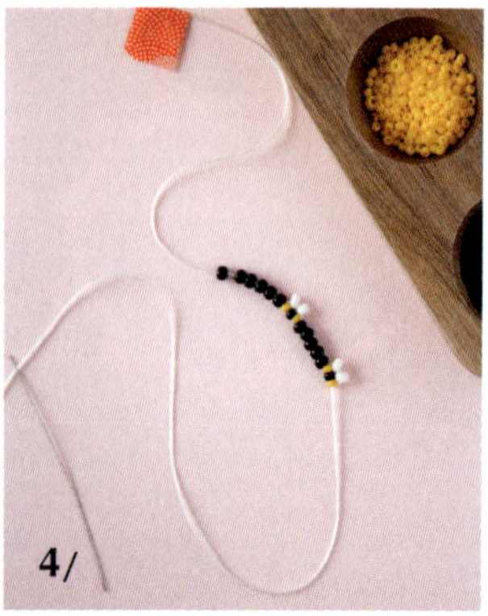
4/

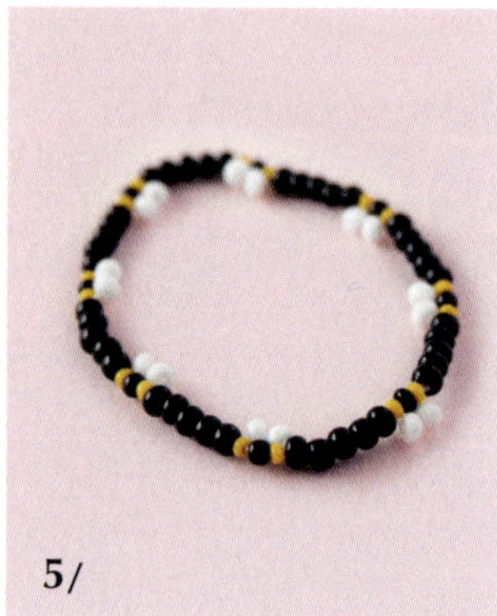
5/

BIENENARMBAND AUS PERLEN

MATERIAL

50 cm elastischer Faden
Der Faden ist 0,5 mm dick.
Seed beads
Perlennadel

TECHNIK

Chirurgenknoten Seite 75

1/ Den elastischen Faden in die Perlennadel einfädeln. Am anderen Ende des Fadens einen Klebestreifen befestigen, damit die Perlen nicht wegrollen. **2/** So viele Perlen auffädeln, wie du zwischen den Bienen möchtest. Für eine Biene werden eine gelbe, eine schwarze, eine gelbe und zwei weiße Perlen aufgefädelt. **3/** Dann die Nadel wieder durch die erste gelbe, die schwarze und die zweite gelbe Perle fädeln, damit sie zusammen mit den weißen Perlen einen Kreis bilden.

4/ Die erste Biene ist fertig. Mit abwechselnd Perlen und Bienen weiterarbeiten, bis das Armband die gewünschte Länge hat. Mein Armband ist 16 cm lang. **5/** Die Enden des elastischen Fadens mit einem Chirurgenknoten verknoten. Den Knoten gut festziehen und eventuell einen Klecks Klebstoff daraufgeben. Jetzt ist dein Armband fertig.

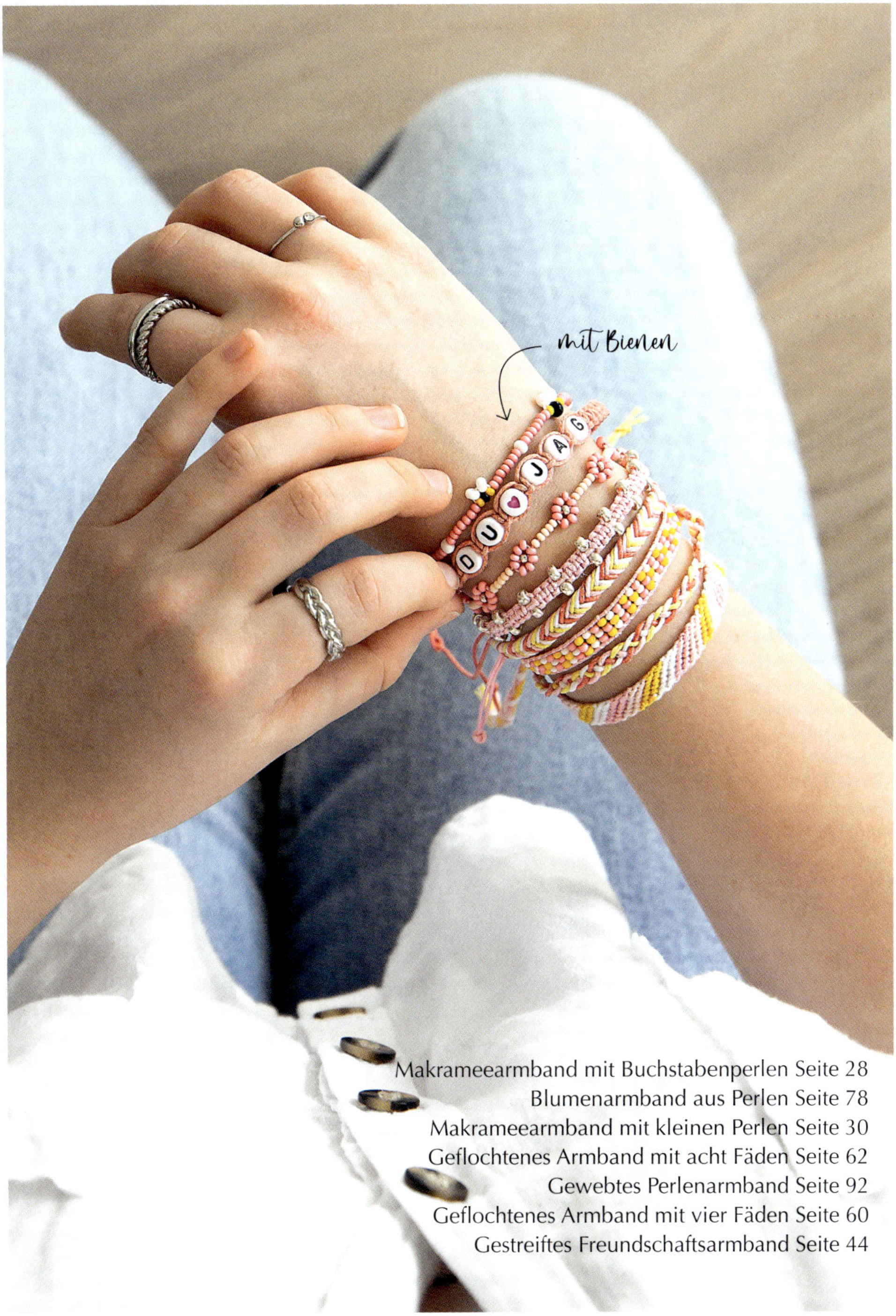

Makrameearmband mit Buchstabenperlen Seite 28
Blumenarmband aus Perlen Seite 78
Makrameearmband mit kleinen Perlen Seite 30
Geflochtenes Armband mit acht Fäden Seite 62
Gewebtes Perlenarmband Seite 92
Geflochtenes Armband mit vier Fäden Seite 60
Gestreiftes Freundschaftsarmband Seite 44

LANGES PERLENARMBAND

Ich mag Armbänder, die man mehrfach um das Handgelenk wickeln kann. Dieses Perlenarmband arbeite ich mit elastischem Faden, damit ich es schnell an- und ausziehen kann.

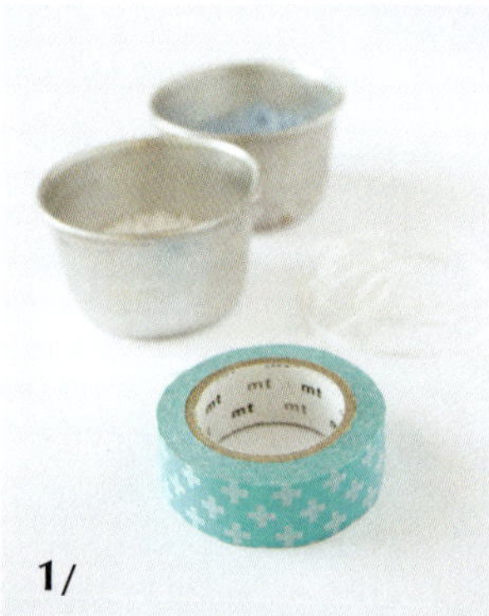

1/

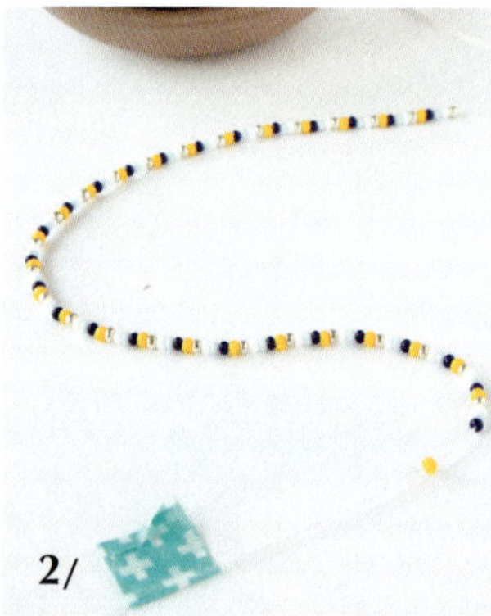

2/

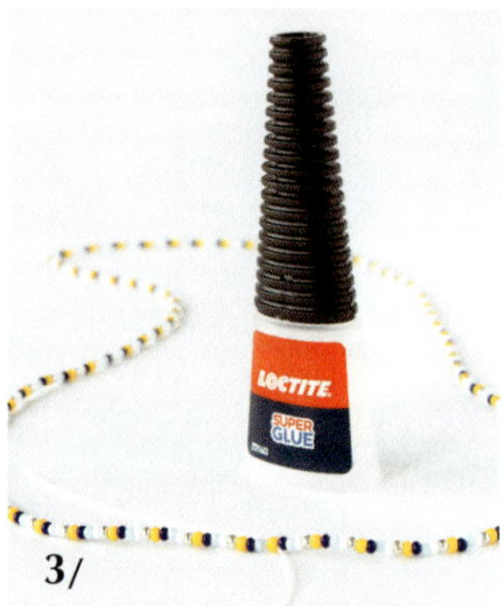

3/

MATERIAL

----

100 cm elastischer Faden
Der Faden ist 0,5 mm dick.
Seed beads
Perlennadel

TECHNIK

Chirurgenknoten Seite 75

1/ Den elastischen Faden in die Perlennadel einfädeln. Am anderen Ende des Fadens einen Klebestreifen befestigen, damit die Perlen nicht wegrollen. **2/** Perlen auffädeln. So viele Perlen auffädeln, bis das Armband die gewünschte Länge hat. Mein Armband ist 60 cm lang, und ich kann es viermal um meinen Arm wickeln.

3/ Die Enden des elastischen Fadens mit einem Chirurgenknoten verknoten. Den Knoten gut festziehen und eventuell einen Klecks Klebstoff daraufgeben. Nun ist dein Armband fertig.

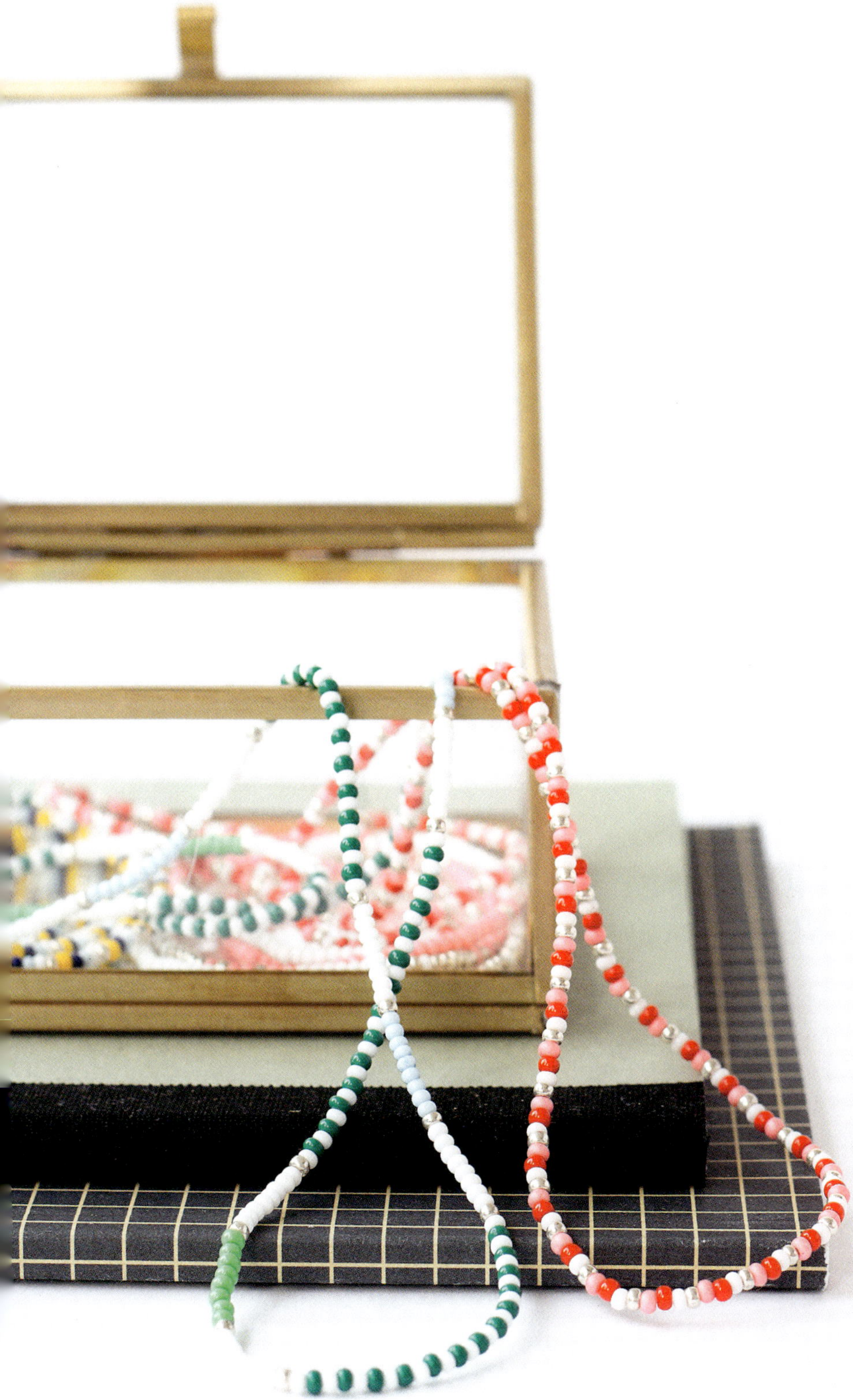

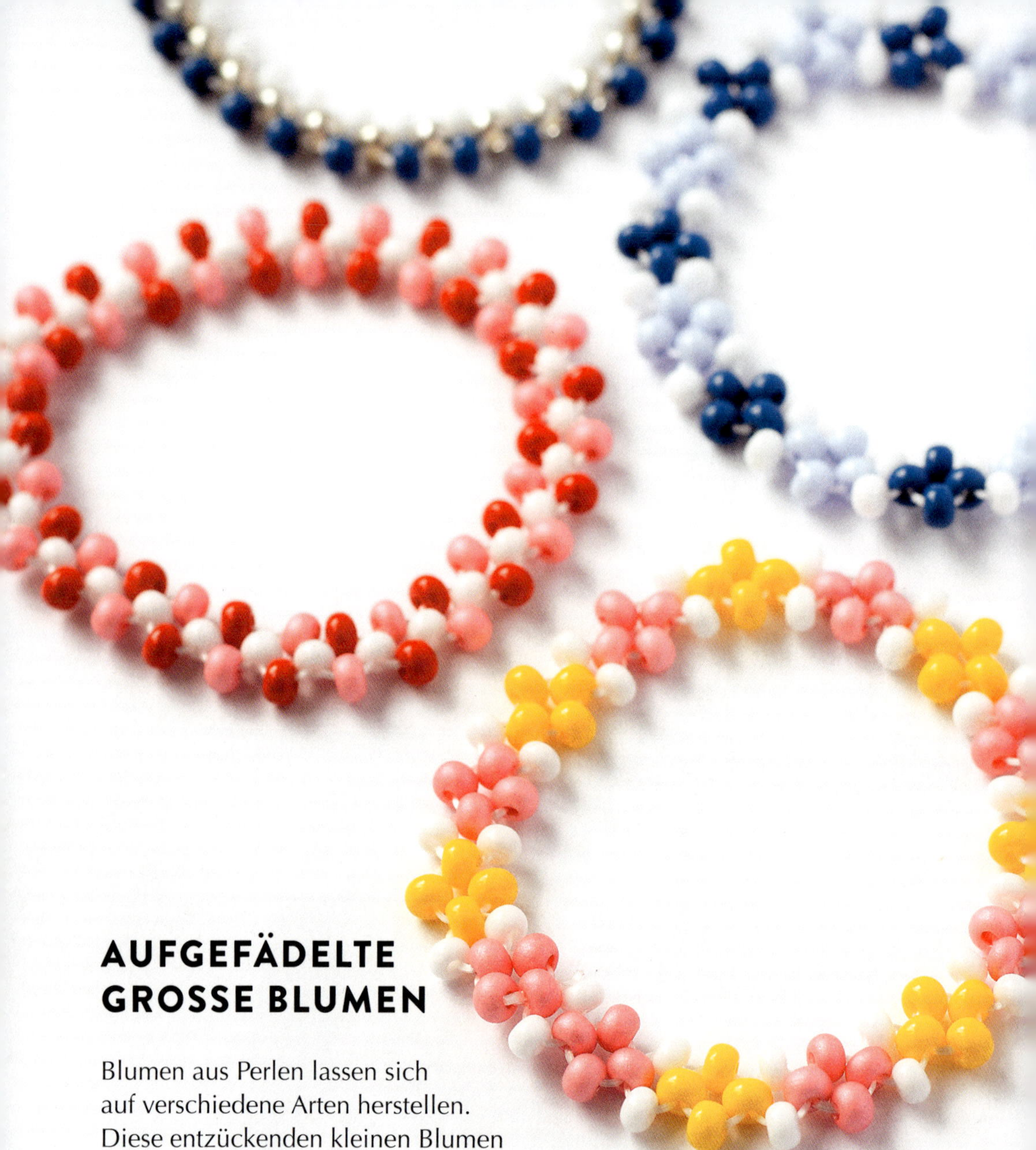

AUFGEFÄDELTE GROSSE BLUMEN

Blumen aus Perlen lassen sich auf verschiedene Arten herstellen. Diese entzückenden kleinen Blumen entstehen auf einem einzigen langen Band. Die Perlen, die ich hier verwendet habe, sind gerade so groß, dass ich keine Nadel brauche, sondern sie direkt von Hand auffädeln kann. Wenn du kleinere Perlen hast, brauchst du eventuell eine Nadel an jedem Ende des Fadens.

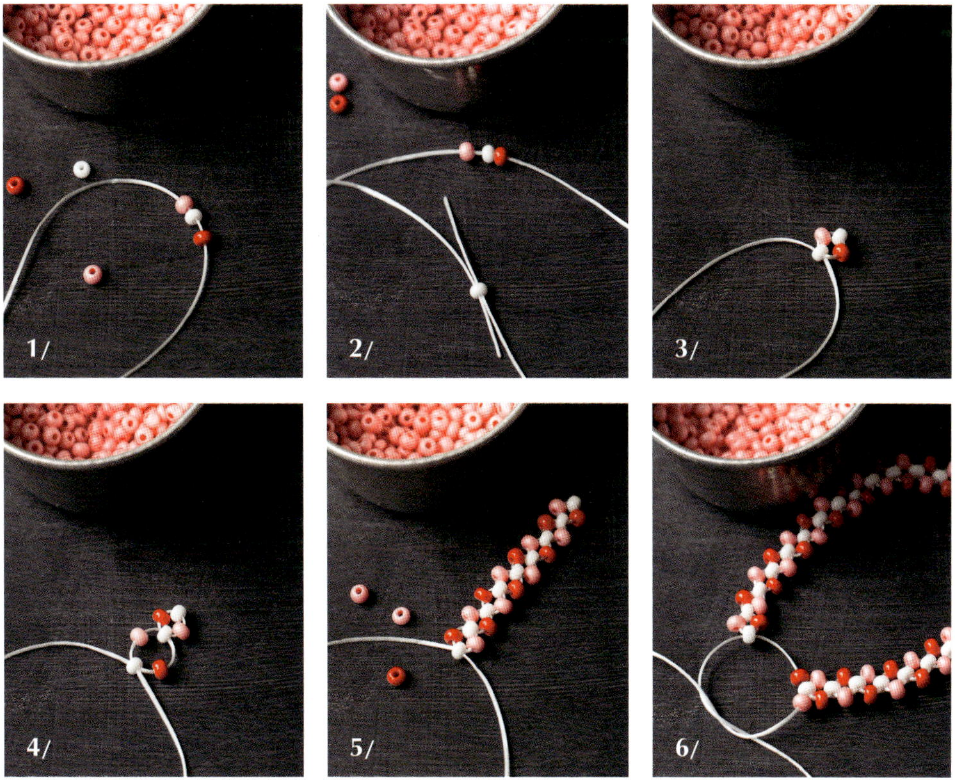

MATERIAL

----

80 cm elastischer Faden
Der Faden ist 0,5 mm dick.
große Seed beads

TECHNIK

Chirurgenknoten Seite 75

1/ Drei Perlen auffädeln und in der Mitte des Fadens platzieren. **2/** Eine vierte Perle auf ein Ende des Fadens auffädeln und die andere Seite des Fadens auch durch diese Perle fädeln, aber von der anderen Seite. **3/** Am Faden ziehen, und die erste Blume ist fertig.

4/ Zwei neue Perlen auffädeln, jeweils eine auf einem Fadenende. Eine dritte Perle auf ein Ende des Fadens auffädeln und die andere Seite des Fadens auch durch diese Perle fädeln, aber von der anderen Seite. **5/** So weiterarbeiten, bis das Armband die gewünschte Länge hat. Mein Armband ist 15 cm lang. **6/** Zum Verknoten ein Ende des Fadens durch die erste Perle vom Armband fädeln. Dann die Enden des elastischen Fadens mit einem Chirurgenknoten verknoten. Den Knoten gut festziehen und eventuell einen Klecks Klebstoff daraufgeben. Nun ist dein Armband fertig.

GEWEBTES LANGES PERLENARMBAND

Mit einem Perlenwebstuhl lassen sich herrliche gewebte Perlenarmbänder herstellen. Aber auch ohne Webstuhl kannst du eine einfachere Variante weben.

MATERIAL

100 cm gewachster Baumwollfaden
Der Faden ist 1 mm dick.
2 Fäden Perlengarn oder extra starkes Nähgarn ca. 120 cm
Nähnadel
große Seed beads
Knopf

TECHNIK

Knopfverschluss Seite 56

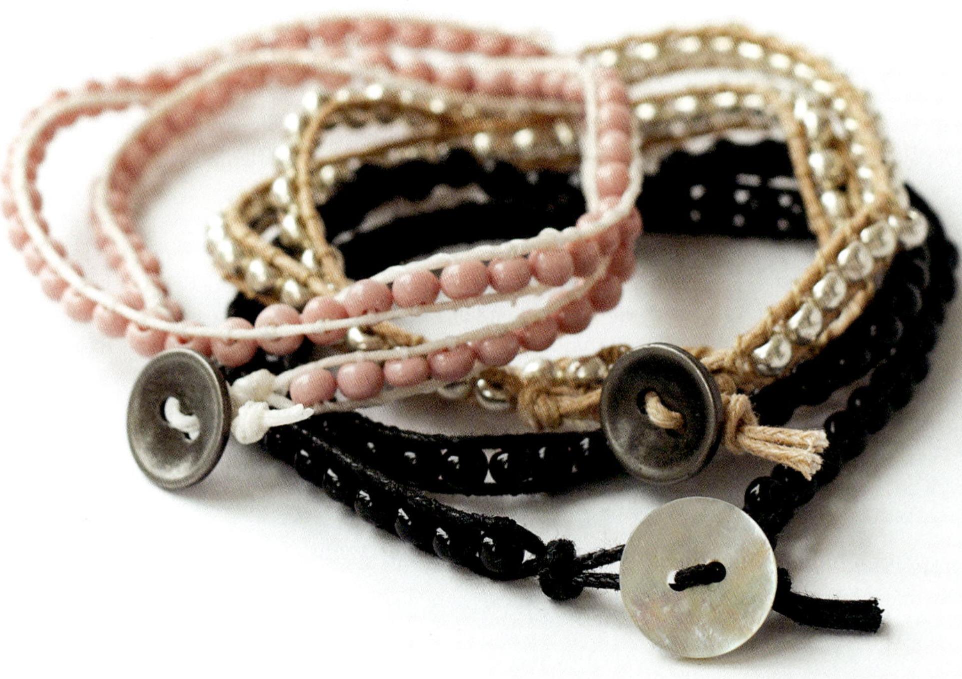

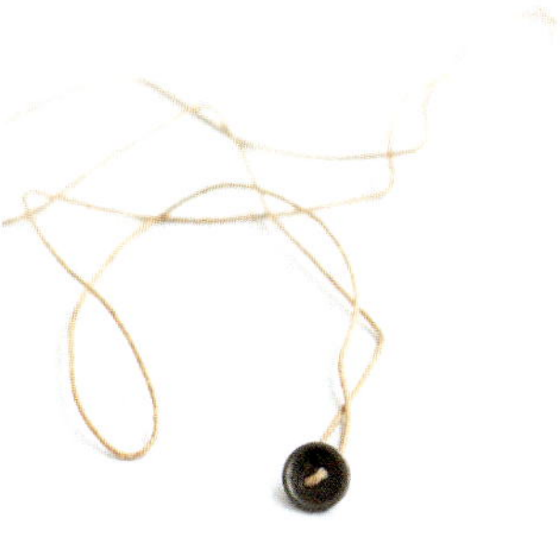

1/

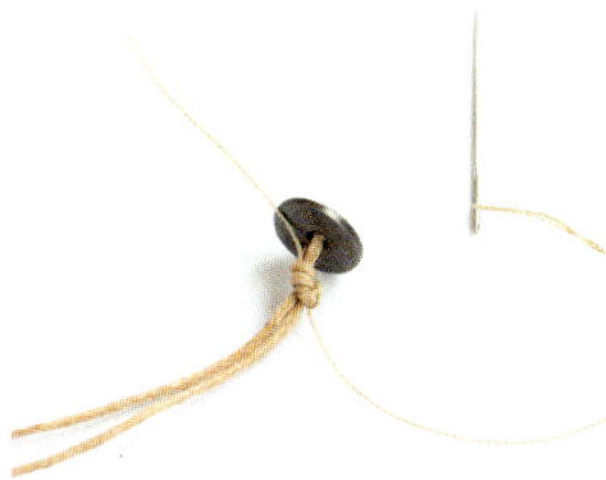

2/

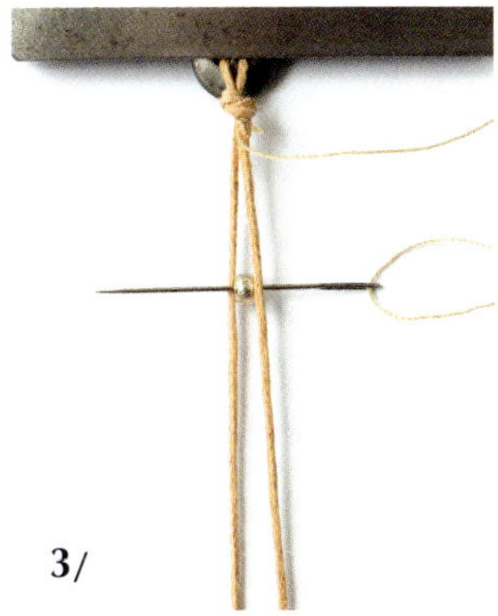

3/

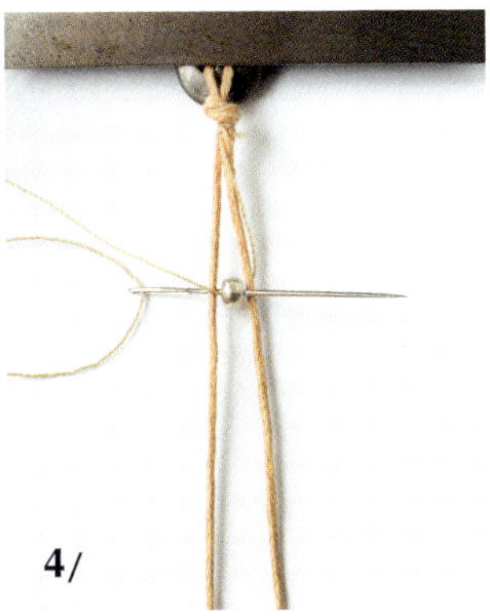

4/

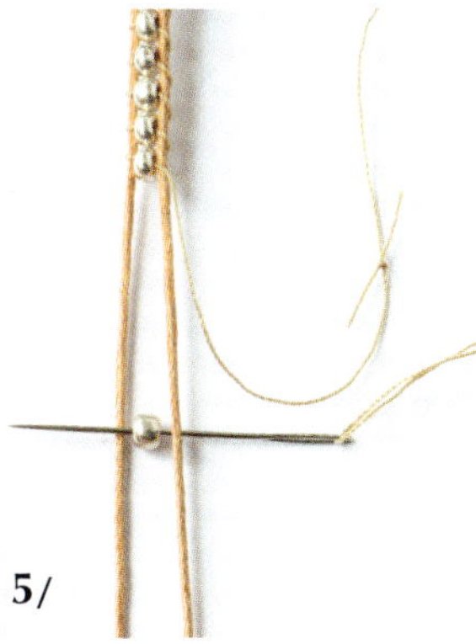

5/

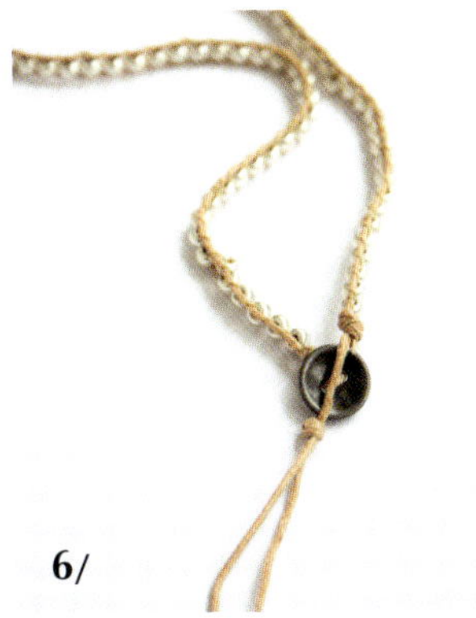

6/

1/ Einen Knopf auf den Baumwollfaden auffädeln und in die Mitte schieben. Einen Knoten direkt unterhalb des Knopfes machen. **2/** Das Perlengarn auffädeln und mit ein paar Stichen im Knoten festnähen. **3/** Den Knopf und den Faden an einem Clipboard, mit einer Sicherheitsnadel am Hosenbein oder etwas Klebeband am Tisch befestigen. Eine Perle auf die Nadel nehmen und die Nadel unter den ersten (rechten) Baumwollfaden legen. Die Perle zwischen die Fäden legen und die Nadel über den zweiten (linken) Baumwollfaden legen. Das Perlengarn anziehen.

4/ Jetzt geht es in die andere Richtung. Die Nadel unter den linken Baumwollfaden legen. Die Nadel durch die Perle führen, die du gerade zwischen die Fäden gelegt hast, und über den rechten Baumwollfaden. Das Perlengarn anziehen. **5/** Bevor der erste Faden zu Ende geht, verbindest du ihn mit dem neuen mit einem Kreuzknoten. Weiter weben, bis das Armband die gewünschte Länge hat. Mein Armband ist 33 cm lang, und ich kann das fertige Armband zweimal um meinen Arm wickeln. **6/** Das Armband von Clipboard, Sicherheitsnadel oder Tischplatte lösen. Das Webband mit einem gewöhnlichen Knoten abschließen und auch das Perlengarn mit verknoten. Dann einen weiteren Knoten machen, ein paar Zentimeter vom letzten Knoten entfernt, damit sich eine Öse bildet. Die Öse soll nur gerade so groß sein, dass der Knopf gut durch passt. Einen Klecks Klebstoff auf den Knoten geben und ihn gut festziehen.

MATERIAL

80 cm Nylonfaden
Der Faden ist 1 mm dick.
ca. 150 cm Perlengarn oder extra starkes Nähgarn
Nähnadel
Seed beads

TECHNIK

Verschluss Seite 55

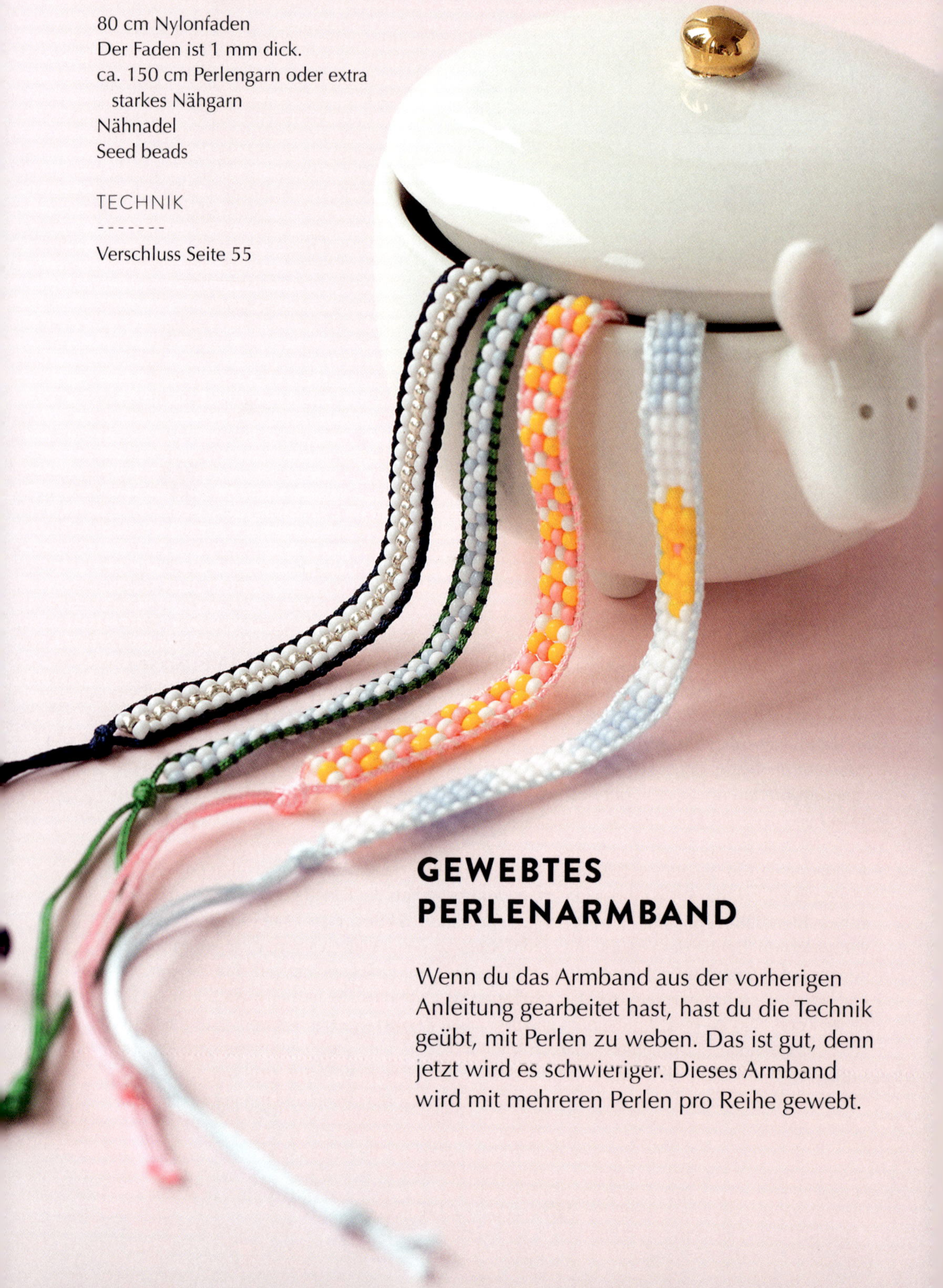

GEWEBTES PERLENARMBAND

Wenn du das Armband aus der vorherigen Anleitung gearbeitet hast, hast du die Technik geübt, mit Perlen zu weben. Das ist gut, denn jetzt wird es schwieriger. Dieses Armband wird mit mehreren Perlen pro Reihe gewebt.

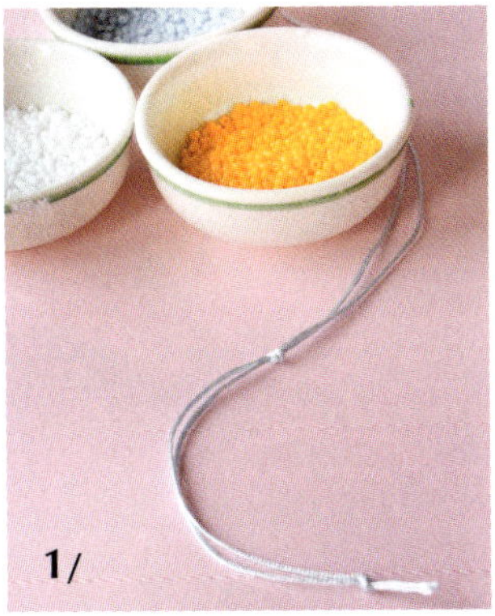

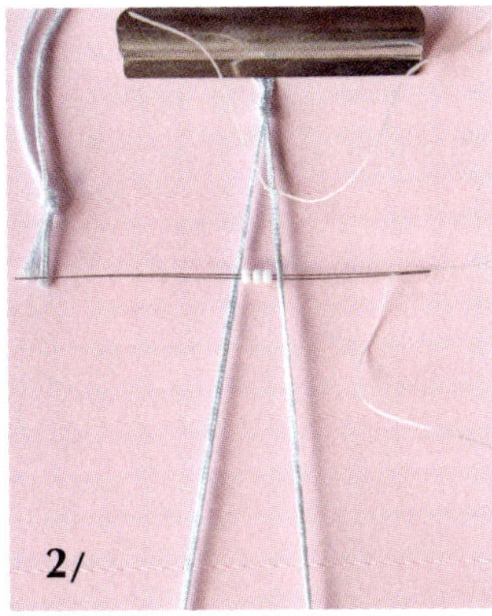

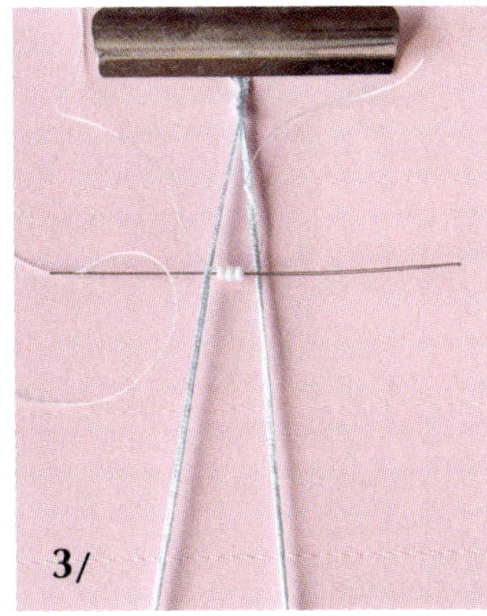

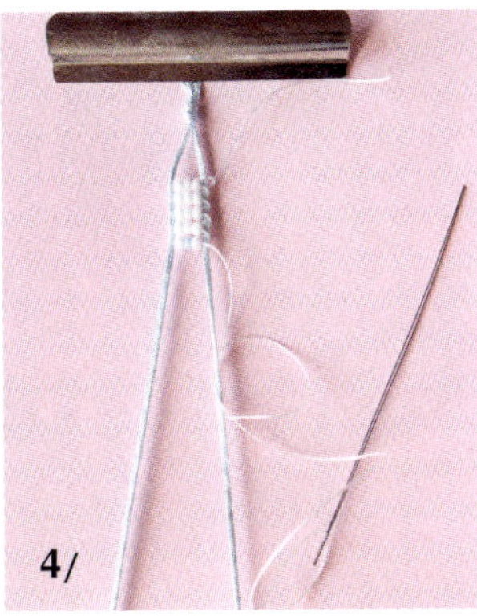

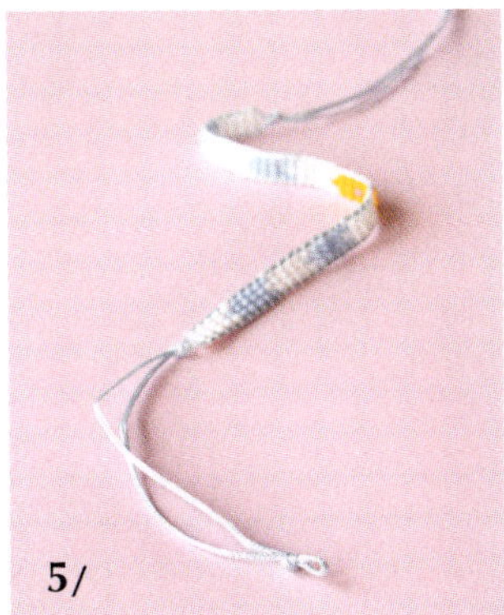

1/ Den Nylonfaden in der Mitte umbiegen und einen Knoten machen. Einen weiteren Knoten etwa 9 cm weiter unten machen. **2/** Das Perlengarn auffädeln und mit ein paar Stichen im Knoten festnähen. Den Nylonfaden an einem Clipboard, mit einer Sicherheitsnadel am Hosenbein oder etwas Klebeband am Tisch befestigen. Drei Perlen auf die Nadel nehmen und die Nadel unter den ersten (rechten) Baumwollfaden legen. Die Perlen zwischen die Fäden legen und die Nadel über den zweiten (linken) Baumwollfaden legen. Das Perlengarn anziehen. **3/** Jetzt geht es in die andere Richtung. Die Nadel unter den linken Baumwollfaden legen. Die Nadel durch die Perlen führen, die du gerade zwischen die Fäden gelegt hast, und über den rechten Baumwollfaden. Das Perlengarn anziehen.

4/ So weiter weben, bis das Armband die gewünschte Länge hat. Der Perlenteil von meinem Armband ist 13 cm lang. **5/** Das Armband von Clipboard, Sicherheitsnadel oder Tischplatte lösen. Das Webband mit einem gewöhnlichen Knoten abschließen und auch das Perlengarn mit verknoten. Dann einen weiteren Knoten machen, am Ende des Nylonfadens. Einen Schiebeknoten machen oder das Armband mit einem Kreuzknoten oder einem anderen Knoten am Arm befestigen.

PERLEN AUF FADEN

Perlen auffädeln muss nicht kompliziert sein. Fädele ein paar schöne Perlen auf Fäden auf, und du erhältst ein bezauberndes Armband.

MATERIAL

80 cm gewachster Baumwollfaden
7–8 Fadenreste ca. 20 cm
Perlen

TECHNIK

Takling Seite 56
Verschluss Seite 55

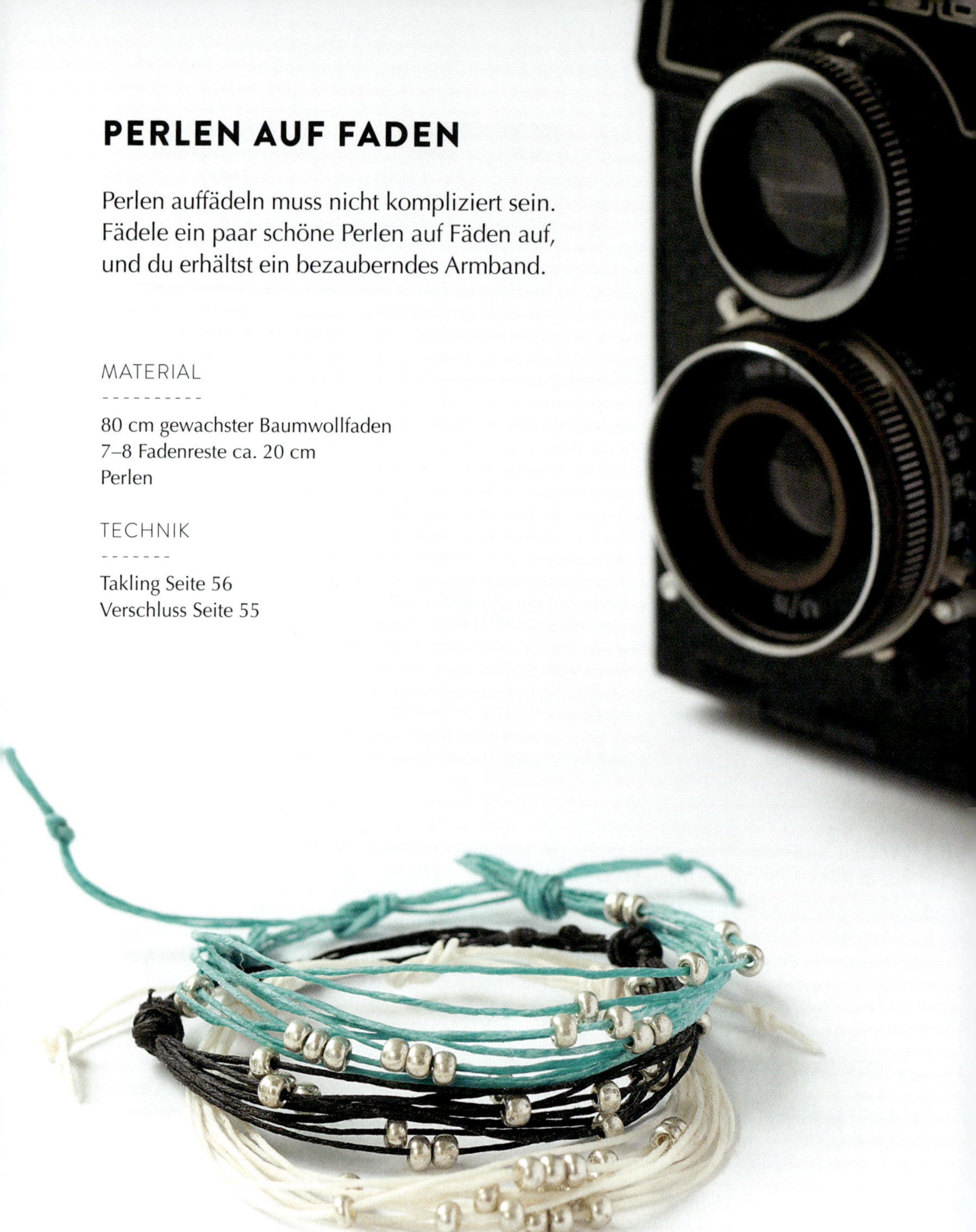

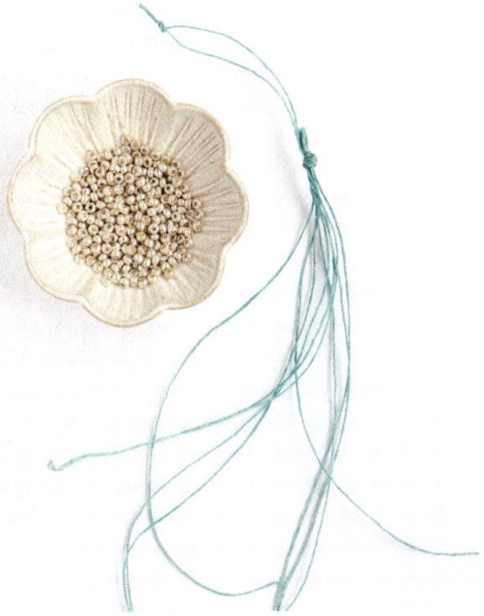

1/

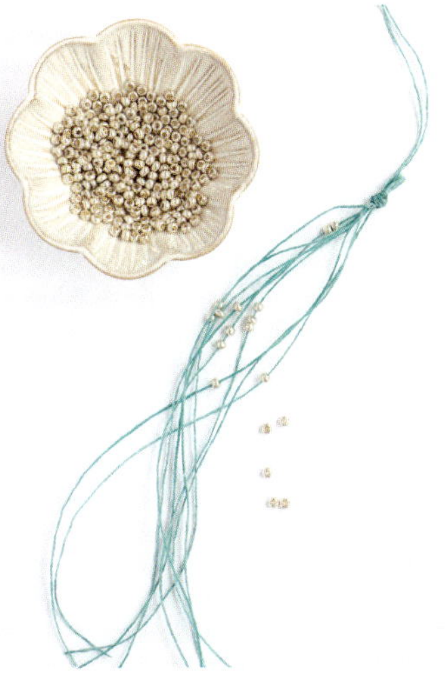

2/

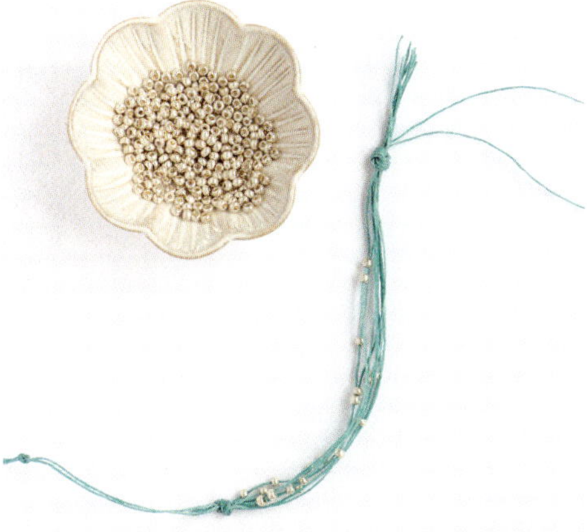

3/

1/ Den langen Faden in der Mitte umbiegen und oben und unten einen gewöhnlichen Knoten machen. Die kurzen Fäden zu einem Bündel zusammenlegen. Das Fadenbündel ca. 12 cm weiter unten mit einem gewöhnlichen Knoten oder einem Takling am langen Faden befestigen.
2/ Fädele 1–3 Perlen auf jeden Faden. Die Perlen müssen nicht festgeknotet werden, sondern sollen sich auf dem Faden frei bewegen.

3/ Dann alle Fäden ca. 17–18 cm vom ersten Knoten entfernt mit einem gewöhnlichen Knoten oder einem Takling befestigen. Die Enden der kurzen Fäden abschneiden, die zwei langen lassen. Einen gewöhnlichen Knoten am Ende der langen Fäden machen. Einen Schiebeknoten machen oder das Armband mit einem Kreuzknoten oder einem anderen Knoten am Arm befestigen.

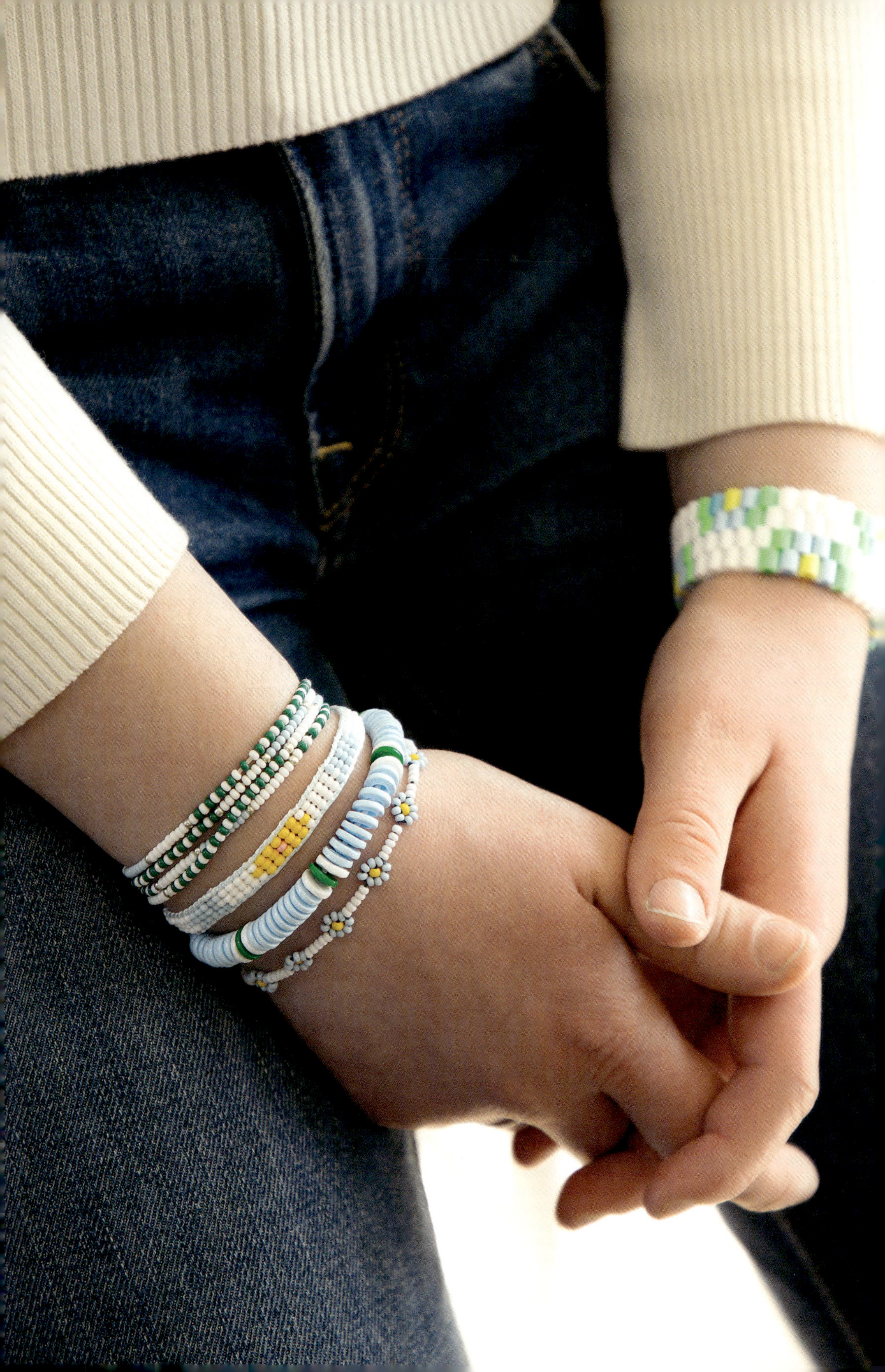

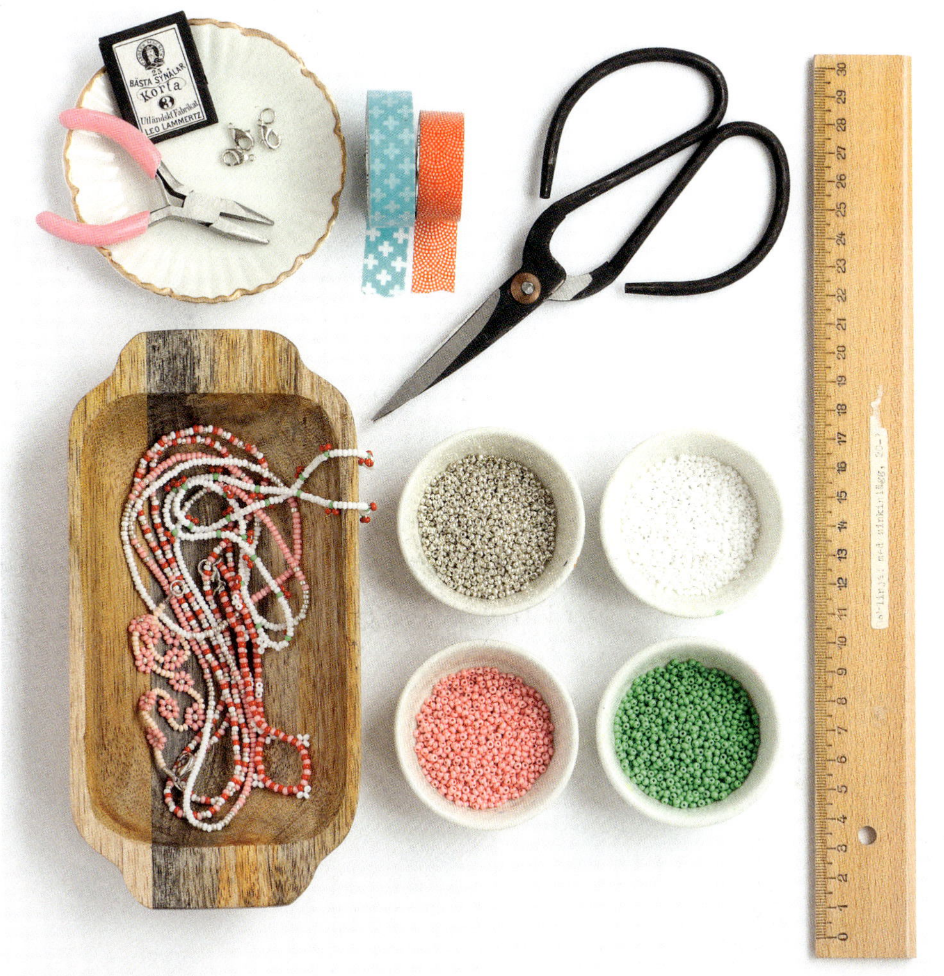

Langes Perlenarmband Seite 86, gewebtes Perlenarmband Seite 92, geschmolzene Steckperlen Seite 100, Blumenarmband aus Perlen Seite 78, Peyote-Technik mit Steckperlen Seite 102

GEBÜGELTE STECKPERLEN

Aus Steckperlen lassen sich trotz ihrer eckigen Form schöne Armbänder herstellen. Steckperlen gibt es in verschiedenen Größen, aber ich verwende die klassischen, die du sicher auch benutzt, wenn du mit Bügelplatten arbeitest. Ich fange genau damit an – mit Perlen auf einer Bügelplatte, aus denen anschließend ein Armband wird.

MATERIAL

Steckperlen
Bügelplatte
Bügeleisen
Bügel- oder Backpapier

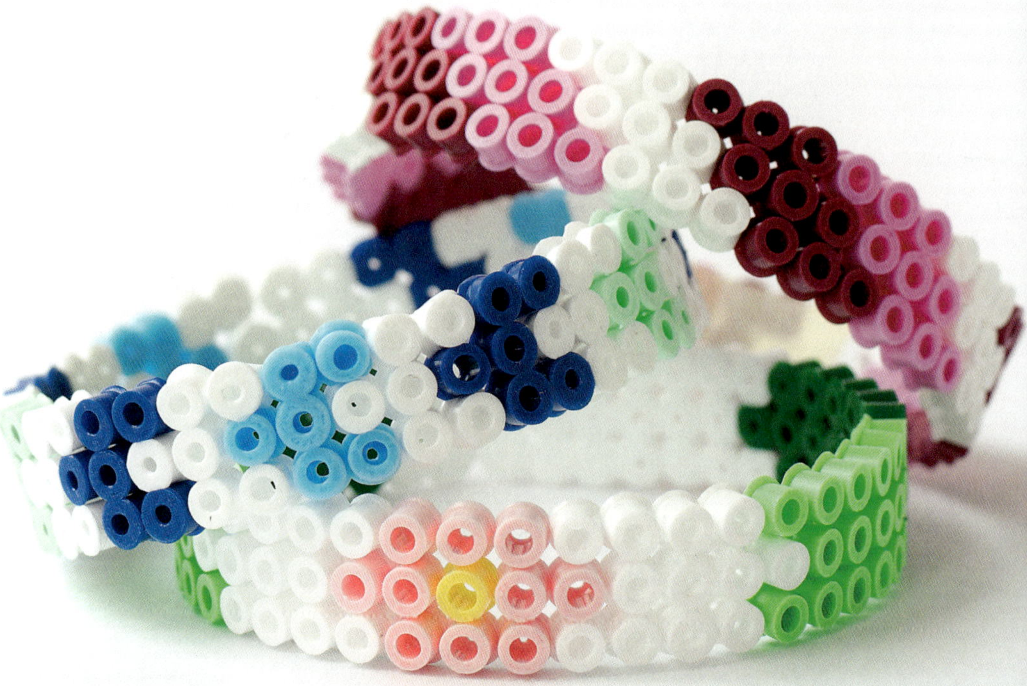

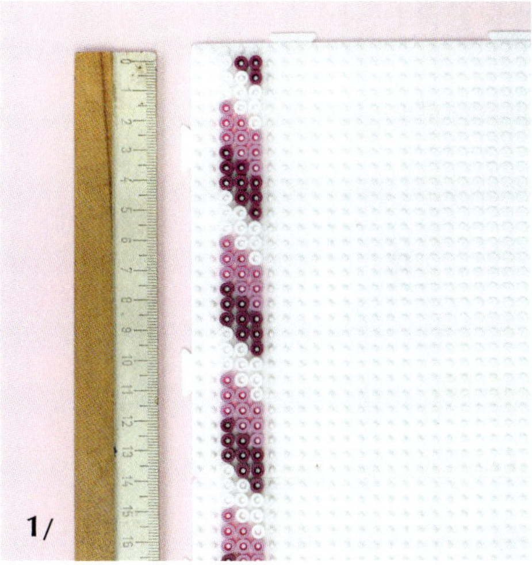

1/

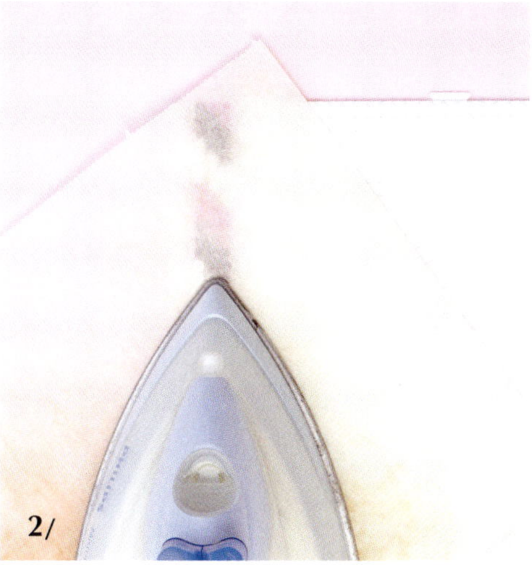

2/

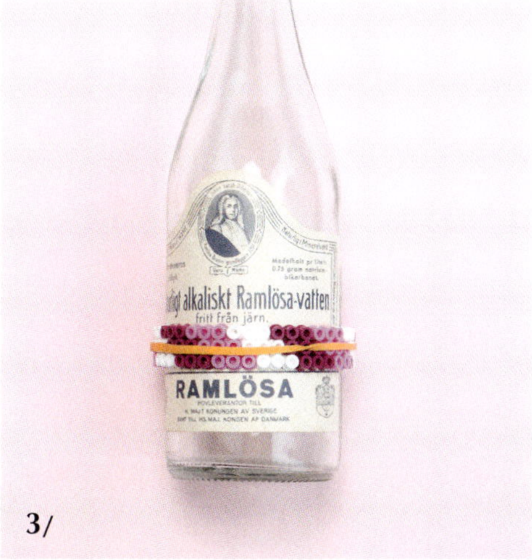

3/

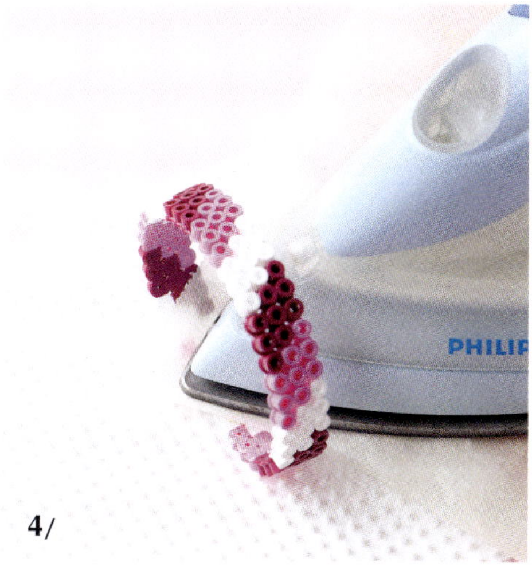

4/

1/ Das Muster auf der Bügelplatte auslegen, genau so lang, wie dein fertiges Armband hinterher sein soll. Achte darauf, dass es über die ganze Hand passen muss, nicht nur um das Handgelenk. Meine Perlenplatte ist 23,5 cm lang. **2/** Ein Bügel- oder Backpapier auf die Perlen legen und vorsichtig bei hoher Temperatur bügeln, bis die Perlen zusammenschmelzen.

3/ Das Perlenband vorsichtig von der Platte nehmen, solange es noch warm ist und schnell um eine runde Dose oder Flasche legen. Abkühlen lassen. **4/** Beide kurzen Seiten des Perlenbandes direkt aneinanderlegen und auf die Bügelplatte drücken. Ein Bügel- oder Backpapier auf die Perlen legen und die Naht vorsichtig bügeln, bis die Perlen zusammenschmelzen. Abkühlen lassen, und dein Armband ist fertig.

GESCHMOLZENE STECKPERLEN

Steckperlen im Backofen »zu backen« ist eine meiner Lieblingsideen. Die süßen Steckperlen verändern sich komplett und erinnern nach dem Backen an leckere Süßigkeiten.

MATERIAL

Steckperlen
Backpapier
elastischer Faden
Stopfnadel

TECHNIK

Chirurgenknoten Seite 75

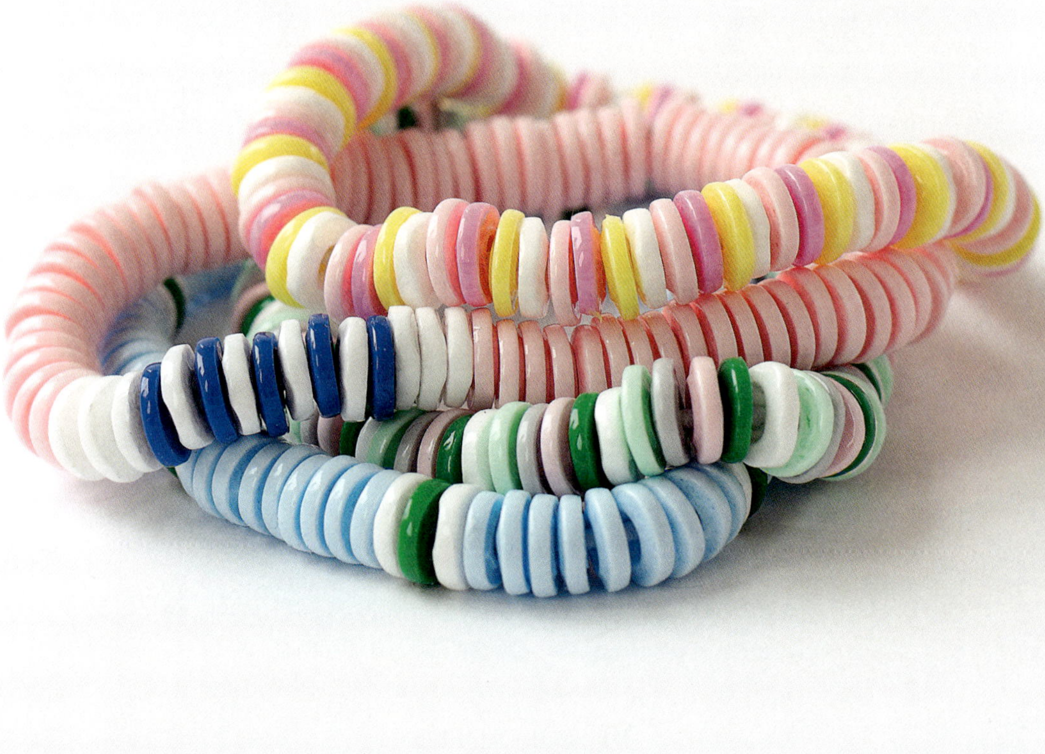

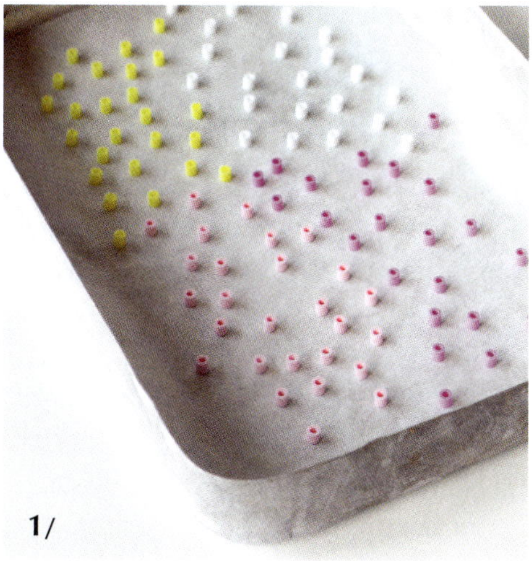

1/

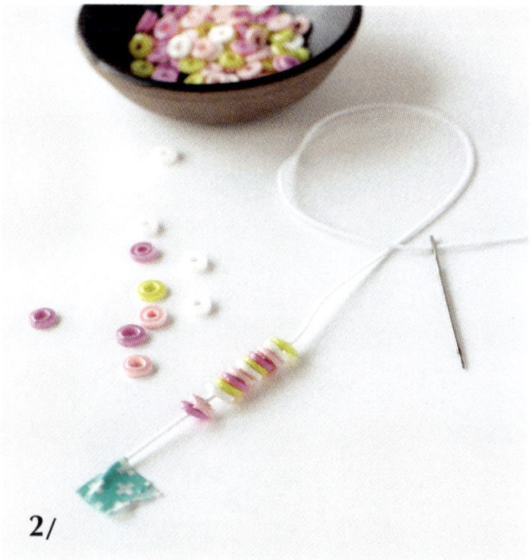

2/

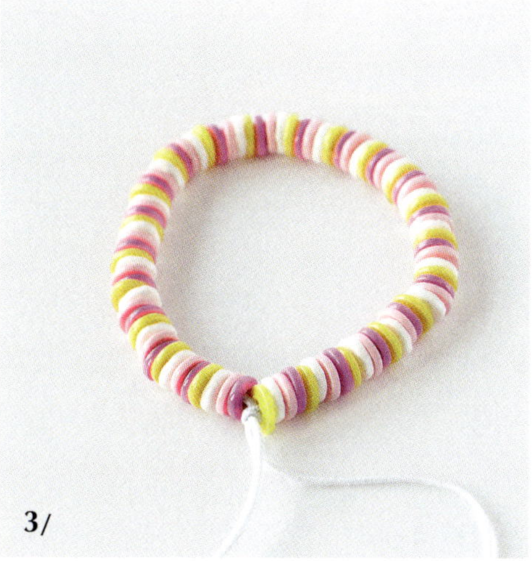

3/

1/ Den Backofen auf 200 °C stellen. Die Steckperlen aufrecht auf ein mit Backpapier ausgelegtes Backblech stellen. Die Perlen etwa 4–5 Minuten im Backofen »backen«. Die Perlen beobachten, sie sollen nicht zu stark schmelzen. **2/** Die Perlen abkühlen lassen. Den elastischen Faden in die Nadel fädeln und am anderen Ende des Fadens einen Klebestreifen befestigen, damit die Perlen nicht wegrollen. Dann so viele Perlen auffädeln, bis die gewünschte Länge des Armbandes erreicht ist. Mein Armband ist 18 cm lang.

3/ Die Enden des elastischen Fadens mit einem Chirurgenknoten zusammenknoten und eventuell einen Klecks Klebstoff daraufgeben. Jetzt ist dein Armband fertig.

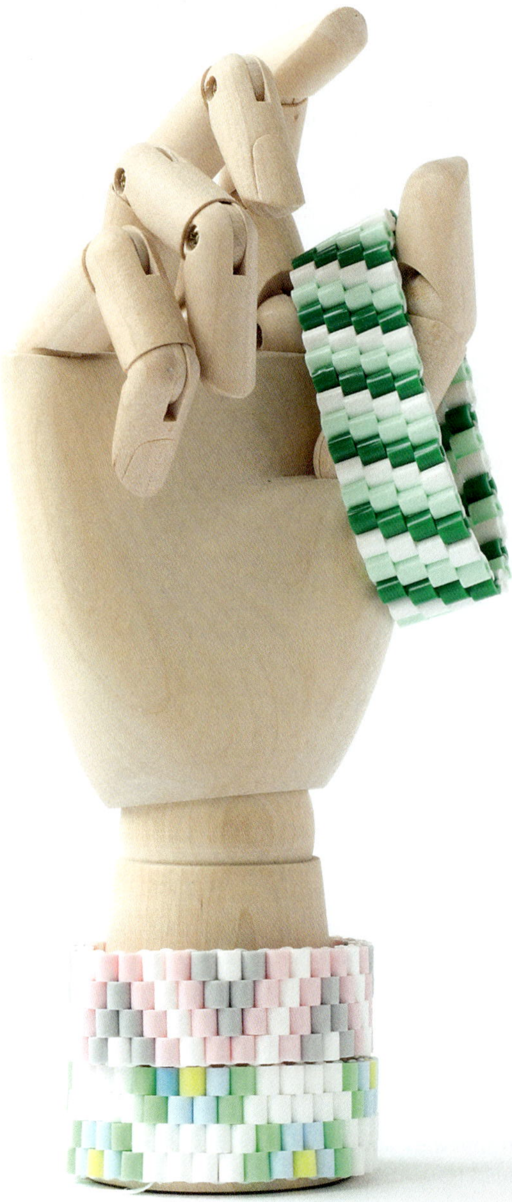

PEYOTE-WEB-TECHNIK MIT STECKPERLEN

Zum Schluss gibt es ein Armband in einer Webtechnik, die Peyote heißt. Die Technik kannst du auch verwenden, um ein Armband mit kleinen Perlen herzustellen, aber versuche es zuerst mit Steckperlen. Das ist nicht schwer, aber etwas mühsam, bis die Technik sitzt.

MATERIAL

Steckperlen
2 elastische Fäden 100 cm
Nähnadel

TECHNIK

Chirurgenknoten Seite 75

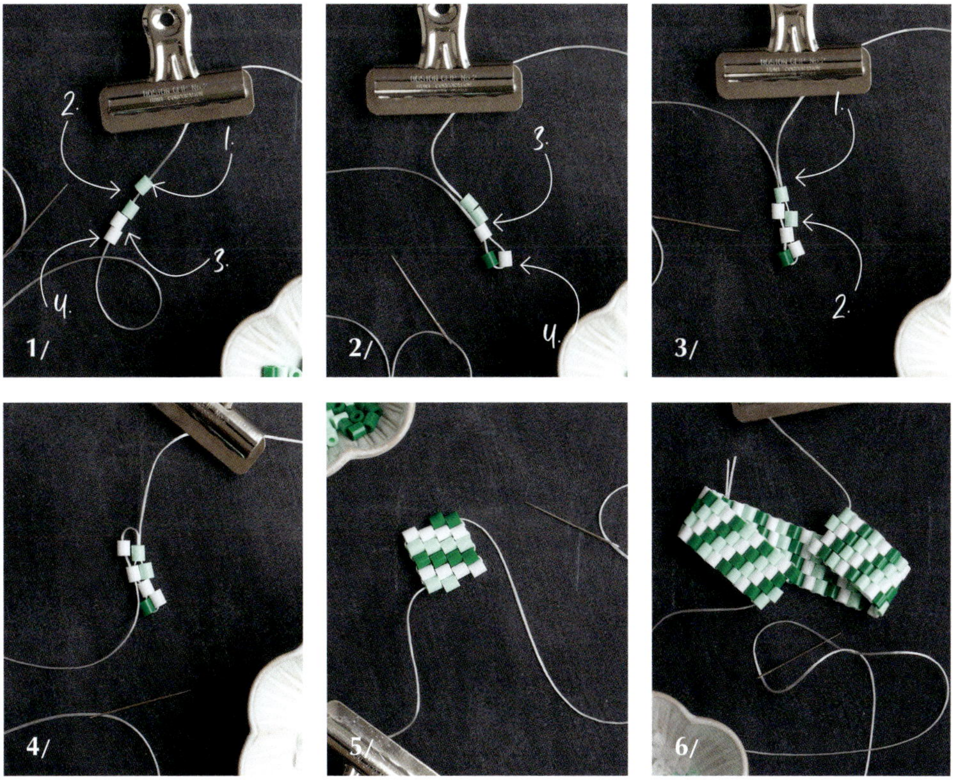

1/ Den elastischen Faden in die Nähnadel einfädeln. Am anderen Ende des Fadens einen Klebestreifen oder eine Klemme befestigen, damit die Perlen nicht wegrollen. Vier Perlen auffädeln. **2/** Eine neue Perle auffädeln, diese neben die vierte Perle legen und die Nadel zurück durch Perle Nummer drei fädeln. **3/** Wieder eine Perle auffädeln. Diese neben die zweite Perle legen und die Nadel zurück durch Perle Nummer eins fädeln.

4/ In der nächsten Runde machst du es genauso: zuerst eine neue Perle auffädeln, dann den Faden durch eine bestehende Perle fädeln, eine weitere, neue Perle auffädeln und danach wieder durch eine bestehende Perle fädeln. **5/** So weiterarbeiten. Bevor der erste Faden zu Ende ist, einen neuen mit einem Chirurgenknoten anknoten. Weiterarbeiten, bis das Armband die gewünschte Länge hat. Mein Armband ist 17 cm lang. **6/** Zum Abschluss beide Enden des Armbandes aneinanderlegen, sie passen genau zusammen. Die Nadel abwechselnd durch je eine Perle einer der Seiten fädeln, bis du am ersten Fadenende angekommen bist. Beide Enden mit einem Chirurgenknoten zusammenknoten und eventuell einen Klecks Klebstoff daraufgeben. Jetzt ist dein Armband fertig.

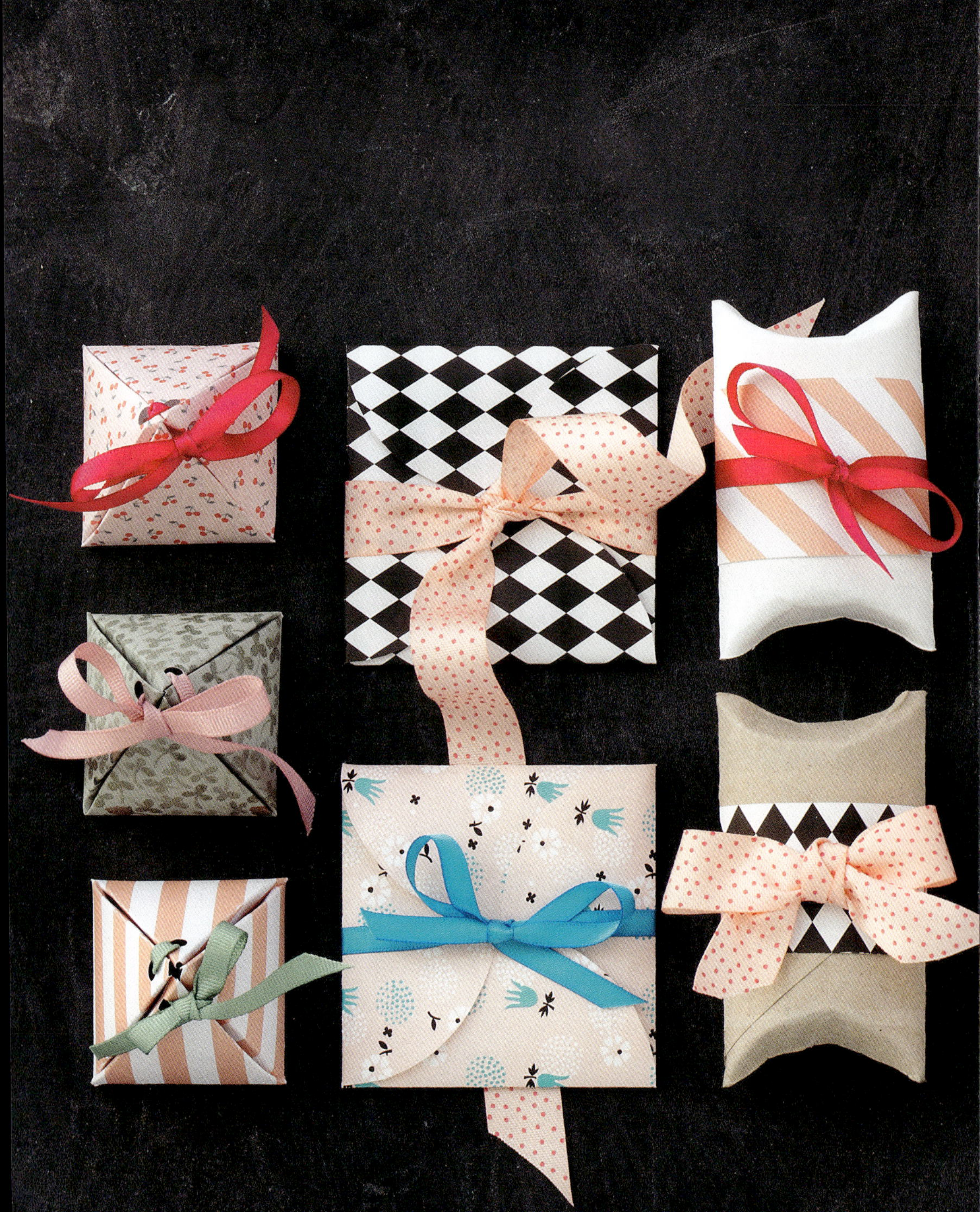

VERSCHENKEN

Wahrscheinlich hast du bis jetzt, genauso wie ich, mehr Armbänder hergestellt, als du selbst tragen kannst. Dann ist es Zeit, sie zu verschenken. Die Familie und liebe Freunde möchten auch ein Armband haben, das verspreche ich dir! Für deine schönen Armbänder stellst du am besten eine besondere Geschenkverpackung her.

PYRAMIDENSCHACHTEL

MATERIAL

hübsches Papier
Schere
Locher
Schnüre oder Bänder

Diese süße Pyramide passt für eins oder ein paar dünne Armbänder. Verwende gerne etwas festeres Papier, wie ein Stück Tapete oder Karton.

1/ Die Vorlage von Seite 107 auf ein schönes, in der Mitte gefaltetes Papier übertragen und ausschneiden. In jede Spitze ein Loch mit dem Locher machen. **2/** Wie auf der Vorlage an den schwarzen Linien umbiegen. **3/** Eine Schnur oder ein schönes Band durch die Löcher ziehen. Die Pyramide mit einem oder mehr Armbändern füllen und die Schnur zusammenziehen. Eine schöne Schleife binden und verschenken!

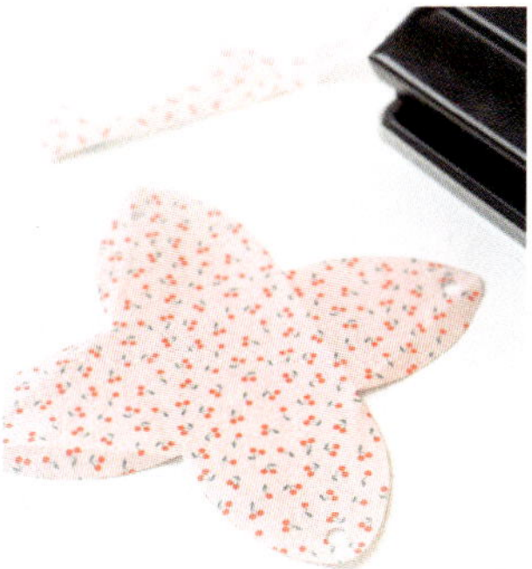

1/

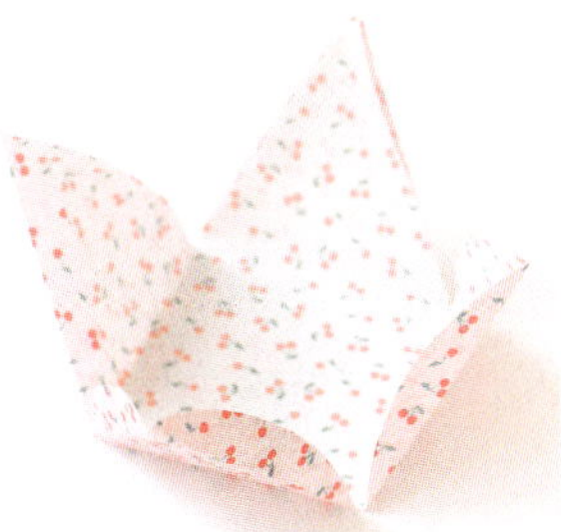

2/

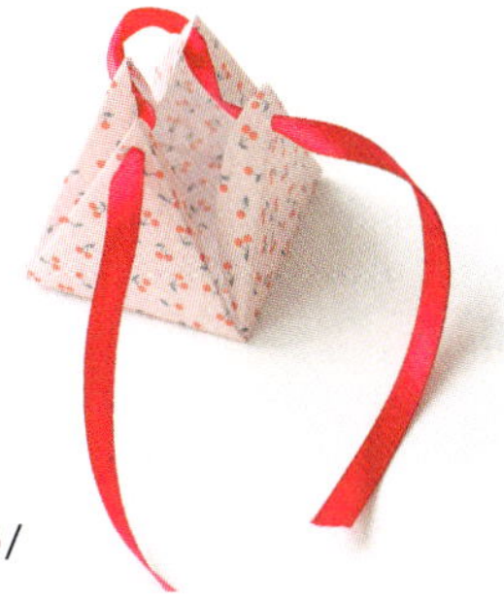

3/

GESCHENKUMSCHLAG

Ich mag es, farblich zueinander passende Armbänder zu verschenken. Ich schiebe sie auf ein Stück Karton und lege sie in einen Geschenkumschlag.

MATERIAL

hübsches Papier
Schere
Locher
Schnüre oder Bänder

1/ Die Vorlage von Seite 107 auf ein schönes, in der Mitte gefaltetes Papier übertragen und ausschneiden. Wie auf der Vorlage an den schwarzen Linien umbiegen. **2/** Ein Stück Karton 7 x 7 cm groß ausschneiden und die Armbänder daraufschieben. **3/** Den Karton in den Umschlag legen und ihn schließen, indem die Bogen ineinander gefaltet werden. Den Umschlag mit einem schönen Band verschließen.

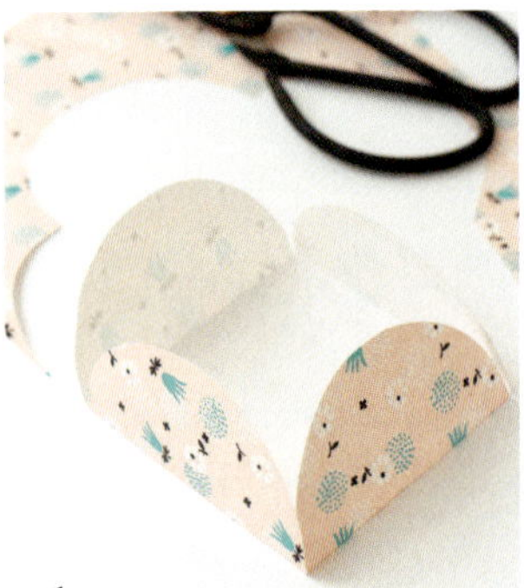

1/

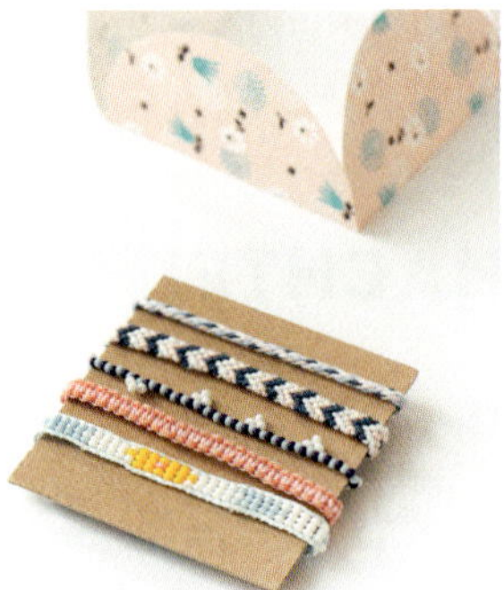

2/

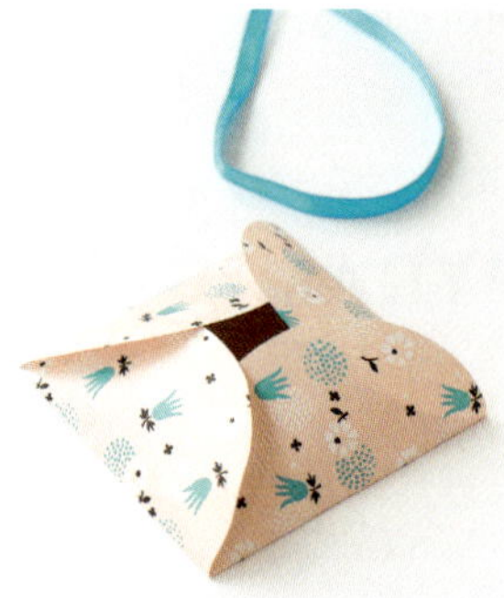

3/

KLOPAPIERROLLEN-SCHACHTEL

Eine ganz gewöhnliche Klopapierrolle kann auch eine hübsche Geschenkschachtel werden. Und es passen viele Armbänder hinein!

MATERIAL

Klopapierrolle
schönes Papier
Schnüre oder Bänder

1/ Die Rolle an einem Ende eindrücken wie auf dem Bild. **2/** Die Armbänder hineinlegen und das andere Ende eindrücken. Die Rolle mit einem schönen Papier schmücken und ein Band darum knoten.

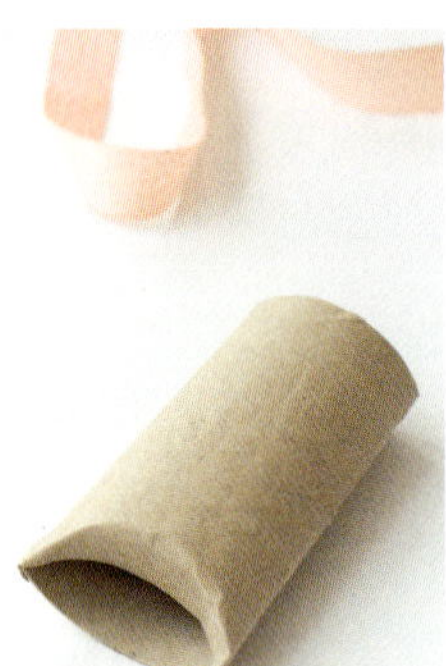

1/

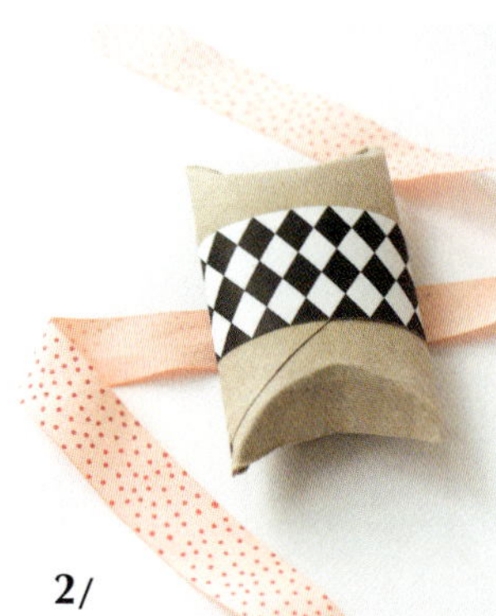

2/

SCHABLONEN

Die Schablonen auf ein Stück Papier übertragen und ausschneiden. Das Papier doppelt falten und mit der Faltlinie an der roten Linie anlegen. So ergibt sich die komplette Schablone.

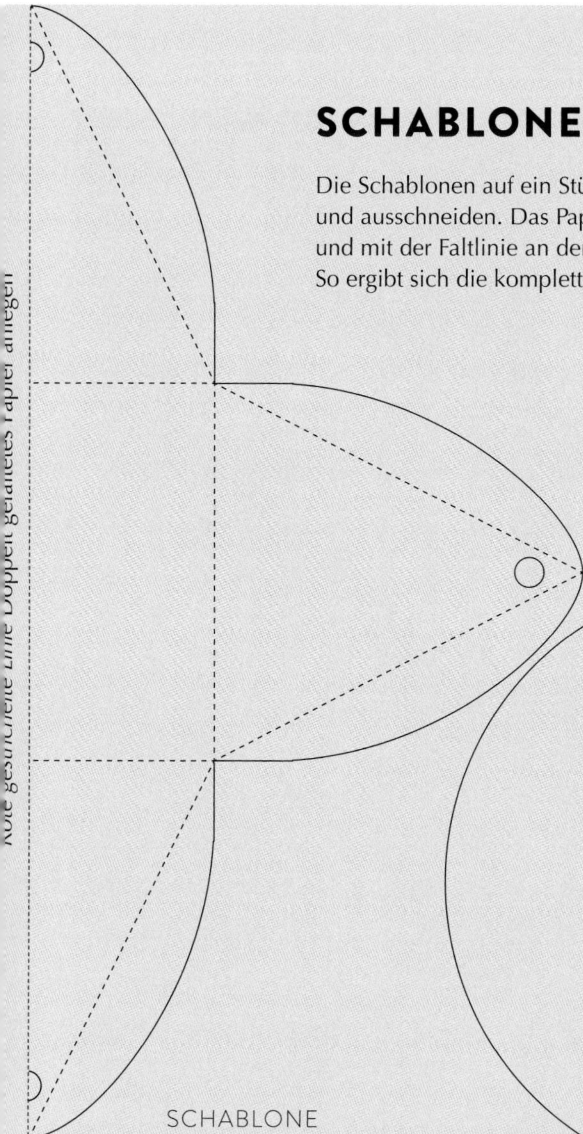

SCHABLONE
PYRAMIDENSCHACHTEL

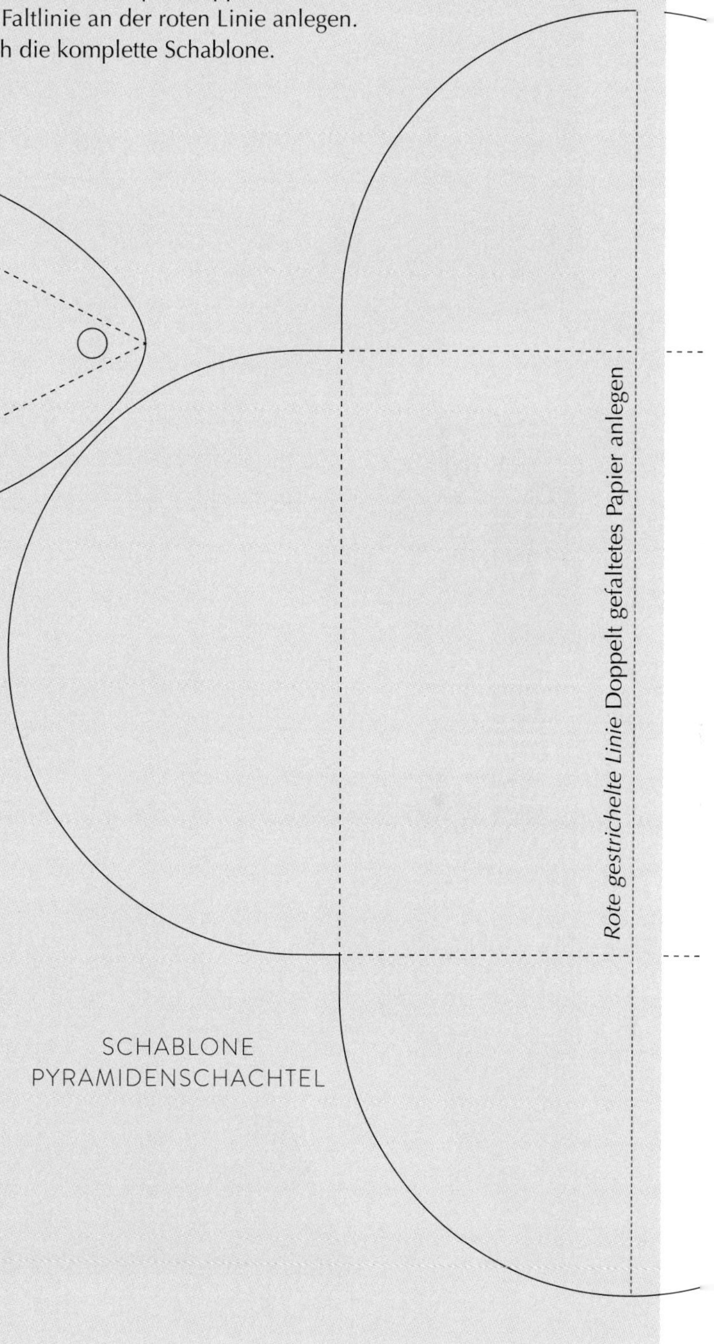

SCHABLONE
PYRAMIDENSCHACHTEL

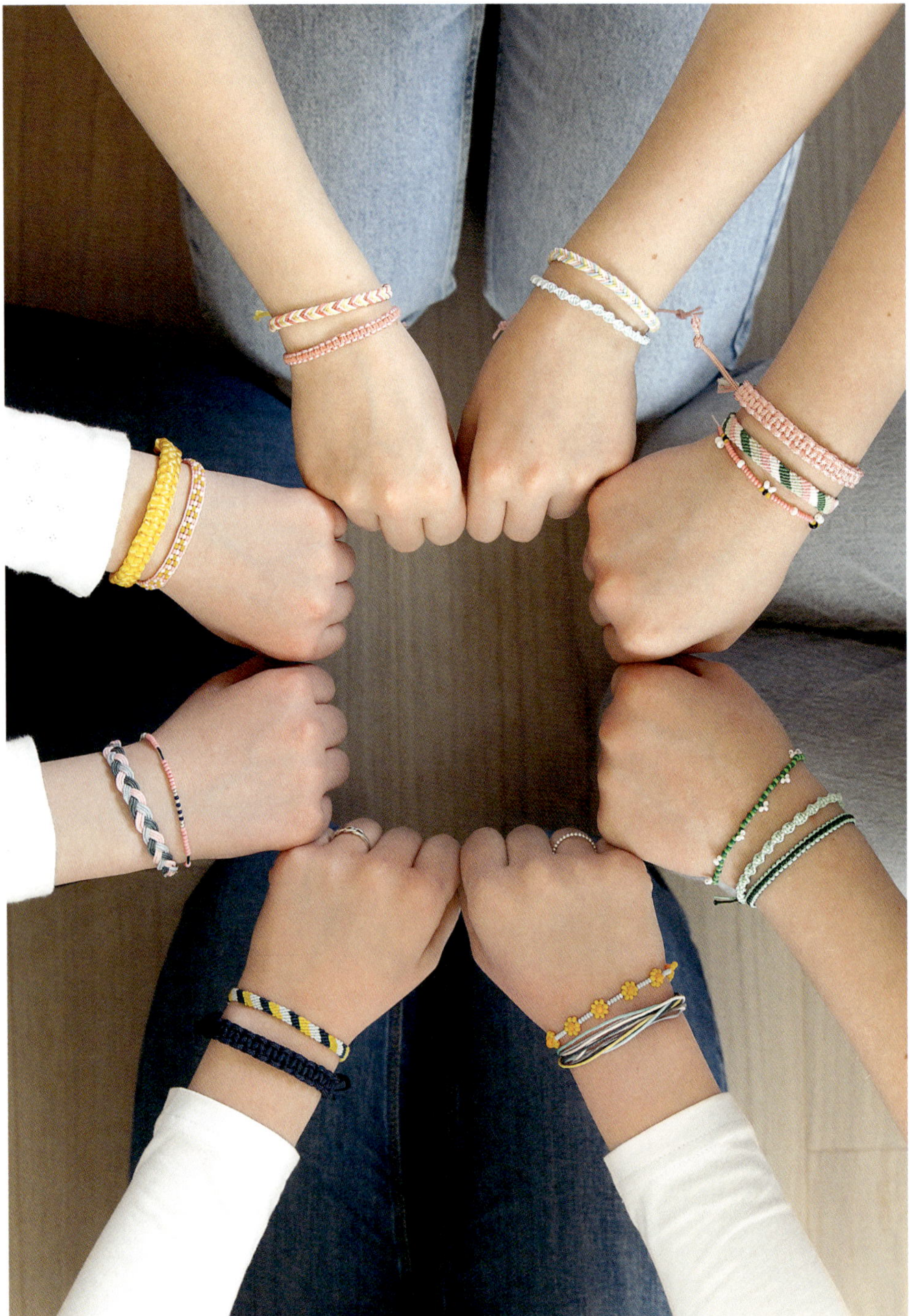

DANK

Danke an den Buchverlag Semic und meine Redakteurin Linnéa, die begeistert gelesen, geknüpft und Texte mit mir geglättet hat.

Danke an meine liebe Freundin Helena, die die hübschen Modelle Freja, Annie, Elin und Bianca fotografiert hat.

Danke auch an meine Testtruppe: Malin, Hanna, Lisa, Sharon, Sofia, Liv, Helena, Annie, Linnéa, Ida, Paula, Minna und Freja, die nach meinen Anleitungen geknüpft, geflochten und aufgefädelt haben, um herauszufinden, ob die Anleitungen nicht nur richtig sind, sondern auch Spaß machen.

Und schließlich danke an meine Liebsten, Marcus, Björn und Freja, die geduldig Fadenreste und heruntergefallene Perlen unter dem Küchentisch ertragen haben.

Deutsche Internetseiten für Materialbestellung z.B.: basteln.de, basteln-de.buttinette.com, dreambeads-online.de, idee-shop.com, perlenscheune.de

INSPIRATION

Suchst du nach mehr Inspiration? Besuche meine Lieblingsseiten:
pysselbolaget.se
craftandcreativity.com
annamarialarsson.femina.se
diysweden.se
melinaede.se

EINKAUFEN

Viele Materialien aus diesem Buch gibt es bei Panduro, zum Beispiel Seed beads, Nylonfaden in den Stärken 1 und 3 mm, Stickgarn, Perlen- und Schmuckfaden, Perlennadeln, Kombizangen und Verschlüsse.
www.panduro.com

Die Clipboards und gewachsten Baumwollfäden, die ich für viele Projekte verwendet habe, kommen von Creative Company.
www.cchobby.de

Buchstabenperlen gibt es bei PY Hobby, sowohl in großen Mischpackungen als auch in kleinen mit einzelnen Buchstaben.
www.pyhobby.se (nur auf Schwedisch)

Bei Pärlgrossisten gibt es den 2 mm starken Nylonfaden, den ich für die glatten Makrameearmbänder verwendet habe.
www.parlgrossisten.se
(nur auf Schwedisch)

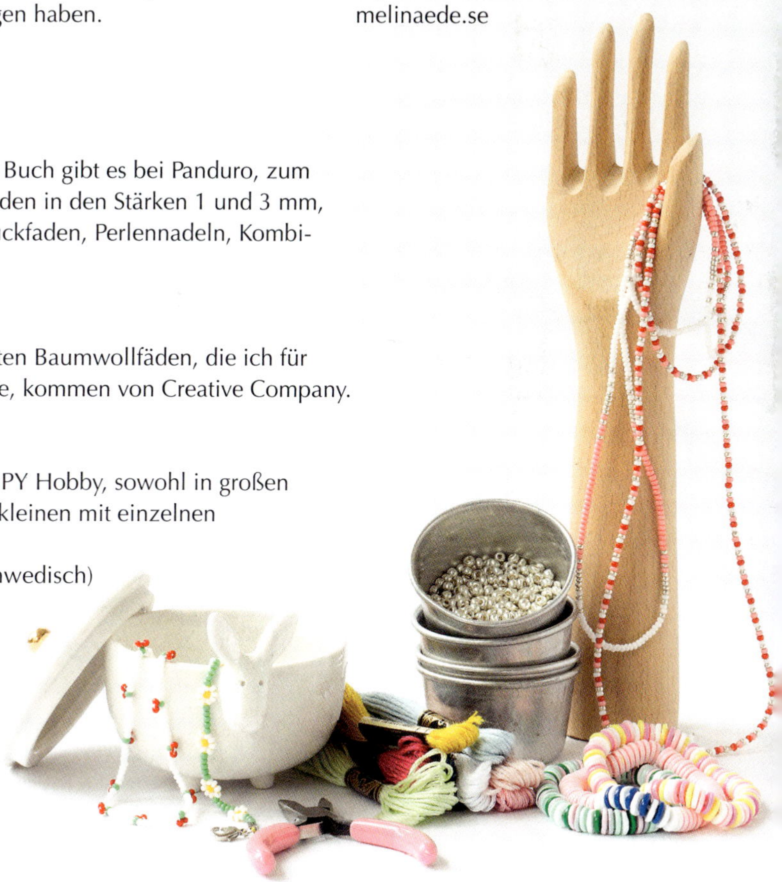

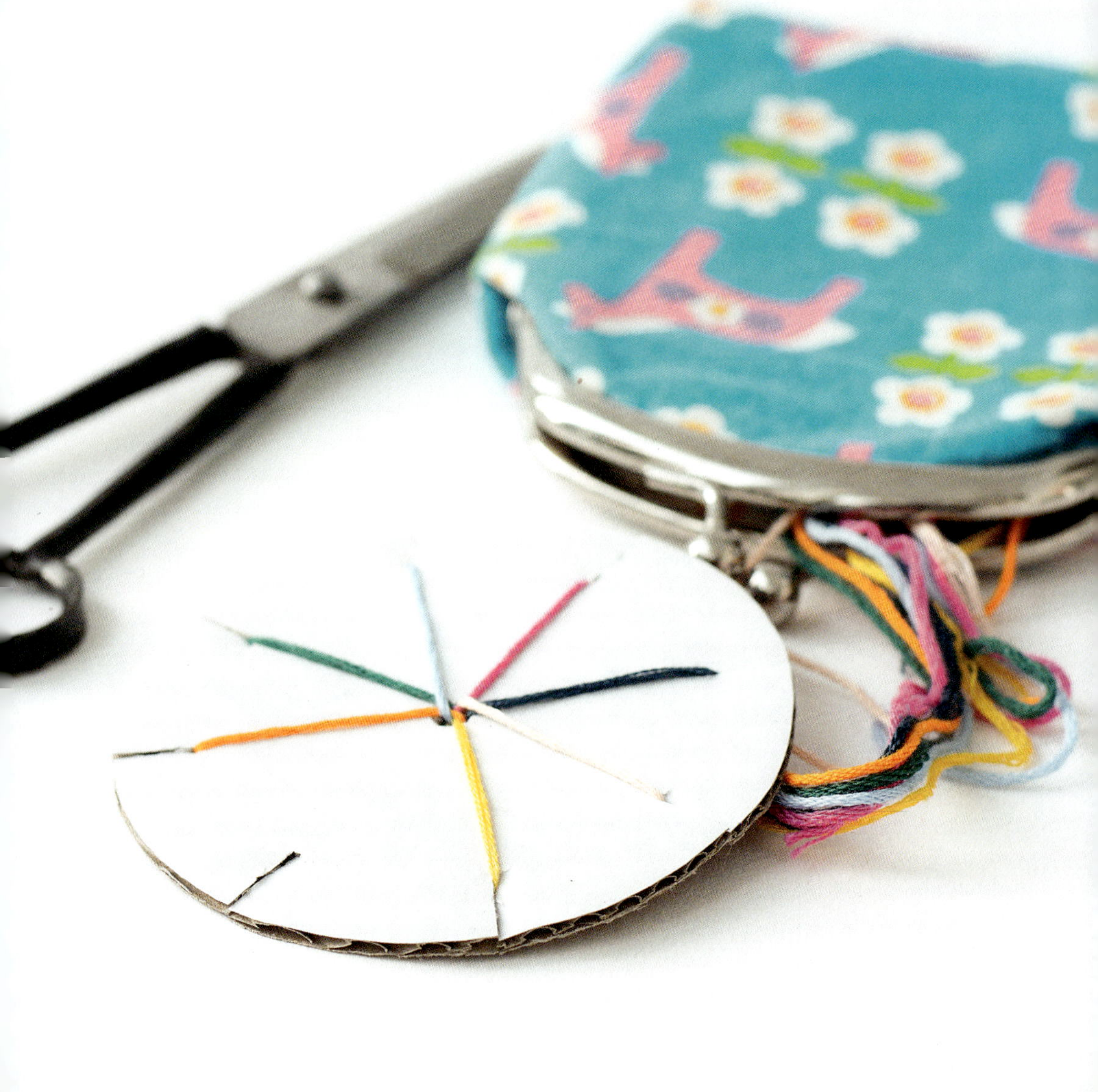

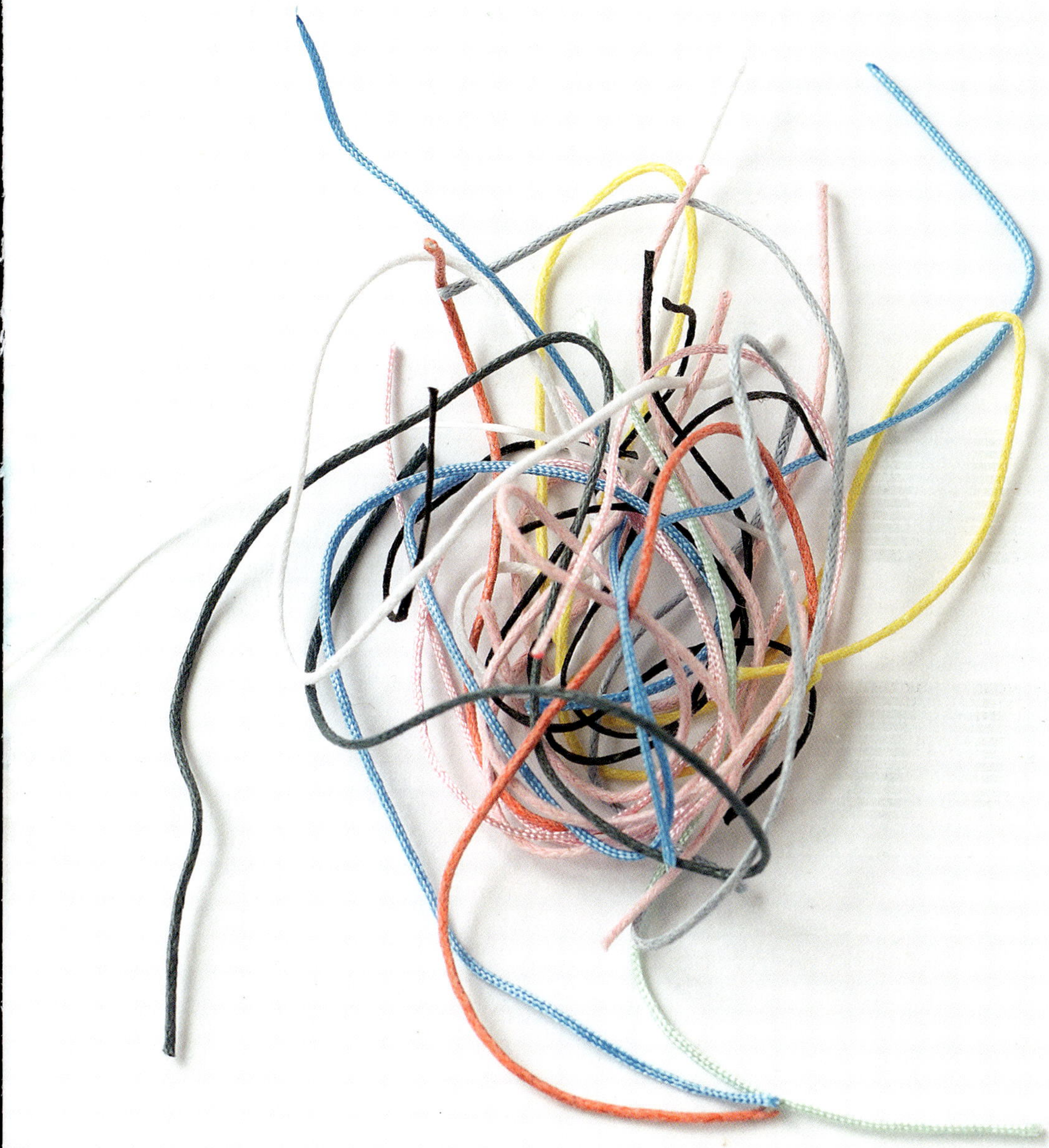

IMPRESSUM

Originalausgabe unter dem Titel *Vackra Armband* erschienen bei:

Foto: Karin Schaefer und Helena Schaeder Söderberg Seiten 4, 14, 34, 36, 43, 50, 57, 72, 80, 85, 96, 108
Layout: Karin Schaefer
Redaktion: Linnéa Raadik

Für die deutsche Ausgabe:
Verantwortlich: Svenja Wiglinghaus
Übersetzung: Dr. Sabine Blocher
Lektorat & Projektmanagement: Mareike Weber
Satz: satz & repro Grieb, München
Umschlaggestaltung: Mathias Frisch
Herstellung: Julia Hegele
Printed in Slovenia by Florjancic Tisk

★★★★★

Sind Sie mit diesem Titel zufrieden? Dann würden wir uns über Ihre Weiterempfehlung freuen. Erzählen Sie es im Freundeskreis, berichten Sie Ihrem Buchhändler oder bewerten Sie bei Onlinekauf. Und wenn Sie Kritik, Korrekturen, Aktualisierungen haben, freuen wir uns über Ihre Nachricht an:
Christophorus Verlag, Postfach 40 02 09, D-80702 München oder per E-Mail an lektorat@verlagshaus.de.

Unser komplettes Programm finden Sie unter

www.christophorus-verlag.de

In diesem Buch wird aus Gründen der besseren Lesbarkeit das generische Maskulinum verwendet. Weibliche und anderweitige Geschlechteridentitäten werden dabei ausdrücklich mitgemeint, soweit es für die Aussage erforderlich ist.

Die Deutsche Nationalbibliothek verzeichnet diese Publikation in der Deutschen Nationalbibliografie; detaillierte bibliografische Daten sind im Internet über http://dnb.d-nb.de abrufbar.

3. Auflage 2026

Infanteriestraße 11a
80797 München

ISBN 978-3-8388-3903-5

Kreativ-Service

Sie haben Fragen zu den Büchern und Materialien? Wir sind für Sie da und beraten Sie rund um alle Kreativthemen. Rufen Sie an! Wir interessieren uns auch für Ihre eigenen Ideen und Anregungen. Sie erreichen uns per E-Mail: kreativ-service@c-verlag.de oder unter der Telefonnummer 0049 (0) 89 13 06 99-577.

Besuchen Sie uns im Internet: **www.christophorus-verlag.de** & **www.selbstgemacht.de**